On the Run

Fugitive Life in an American City

Alice Goffman

AKISHOBO

逃亡者の社会学　アメリカの都市に生きる黒人たち

逃亡者の社会学　目次

凡例

・本文中〔　〕で表記されるのはアリス・ゴッフマンによる注釈・補足であり、［　］で割注の形で示されるのは訳者による注釈を示す。
・原文においてイタリックで示される強調は《　》で括って表記した。
・特殊概念やキーワードは（　）内に原文を表記した。

プロローグ

マイクとチャック、そして友人のアレックスは、小学校の壁に向かってサイコロを振っていた。真夜中になろうとする頃で、九月中旬のフィラデルフィアにしてはとても涼しかった。サイコロが振られる合間に、チャックはお椀の形にした両手に息を吹きかけて手を温めた。

男性たちがクラップス〔二個のサイコロでその出目を競うゲーム〕をすると、大抵勝つのはマイクだった。この晩、マイクは彼らの負けをしつこくあげつらい、地面に散らばったドル紙幣を拾い集めると肩をすくめ、ちょっとした勝利のダンスを踊った。ブラックジャックで九のペアが出た後、アレックスはマイクをけなし始めた。

「おまえは自己中だな、痩せ細ったクソ野郎」

「俺たちはいつも嫌われるのさ」と、マイクはにやりと笑った。

「自分が他のやつらよりもましだと思ってるんだろ。そんなことねえよ！」

チャックは二人の親友をせせら笑った。それからあくびをし、住人たちが警察を呼ぶ前に黙るようアレックスに言った。しばらくしてチャックは、今晩はお開きだと言った。マイクは儲けたお金でチーズステーキ〔炒めた薄切りの肉をチーズとともにパンに挟んだファストフード〕を買うぞと言い放ち、一緒に行くかと私を誘った。

「《俺》はチーズステーキを食えるのか？」とアレックスが割り込んだ。

「おい、家に引っ込んでろよ」とチャックは笑った。

「おお、歩いて帰れってか?!」

＊＊＊

マイクの車で店に行く途中、彼の携帯電話が鳴った。彼が電話に出ると、助手席にいても叫び声が耳に入ってきた。マイクは大声を上げる。「今どこだ。どこにいるんだよ」

彼は急ブレーキの音を立てながら古いリンカーンを個人商店の前で停め、六番ストリートに引き返した。私たちが目にしたのはヘッドライトの明かりに照らされた、一〇〇キロ強もあるアレックスの姿だった。彼は縁石のそばにしゃがみこんで何かを捜しているようだった。こちらに顔を上げると、血が白いTシャツ、ズボン、そしてブーツに流れ落ちた。アレックスのつぶやきは聞き取れなかったが、彼が歯を捜しているのだと気がつき、私も地面を捜し始めた。

「アレックス、あなたを病院に連れて行かなきゃ」と私は言った。

アレックスは裂けた唇で首を横に振って手を挙げ、何かを伝えようとした。「行きやしねえよ。無理強いするな」とマイクが言うまで、私は粘った。

このとき、私はアレックスがまだ仮釈放中の身であることを思い出した。実のところ、彼は二年の仮釈放期間を間もなく満了しようとしていた。彼が怖れたのは、地元の緊急治療室に群がり、そこにやって来る黒人の若者の名前をデータベースで検索する警官たちに、仮釈放の遵守事項違反を通告されたり、最悪その場で逮捕されたりするのではないかということだった。そうなれば刑務所に戻されるだろうし、刑務所の外でおとなしくしていたこの二年間が水の泡になる。多くの友人は、重傷を負って治療を受けに、あるいは子どもの誕生に立ち会おうと病院に行って、身柄を拘束された。

マイクはシャツを脱ぎ、顔の血を拭うようアレックスに渡した。チャックはすでに戻ってきていて、アレックスがマイクの車の助手席に座るのを注意深く手助けした。私たちは数ブロック先にある私のアパートまで車で向かった。アレックスの体を少しばかりきれいにすると、彼は何があったのかを話し始めた。サイコロゲームからの帰宅途中、黒いパーカーを着た男が個人商店の裏口から出てきて、彼の背中に銃を突きつけて路地に押し込んだ。男性は何度か彼を銃で殴り、お金を奪って、コンクリートの壁に彼の顔を打ち付けた。のちにアレックスは、この男がアレックスの弟と彼を取り違えていたことを知った。どうやら前の週に彼の弟がこの男性に強盗を働いたらしかった。

マイクとチャックは、医学の基礎知識のある人を探そうと何度も電話をかけたが、三時間たっても見つからなかった。マイクのベビー・ママ〔未婚で子どもを産んだ女性〕であるマリーは、看護助手になるため学校に通っていたが、彼女はこのところ彼と口を利いていなかった——浮気に気づき、彼女は彼の車の窓にレンガを投げつけた。結局、アレックスは朝の六時頃にいとこに連絡した。彼女はガーゼを詰め込んだビニール袋と針、そして消毒液を持ってやって来て、顎と眉毛のあたりの皮膚を縫った。鼻だけでなく、顎も明らかに折れていたが、これ以上できることはないと彼女は言った。

翌日の午後、アレックスは恋人と息子と暮らすアパートに戻った。マイクと私は夕方に彼を訪ねた。私は治療をもう一度受けるようアレックスに訴えたが、彼はまたも拒否した。

〔仮釈放期間を満了するために〕俺がやってきた馬鹿げたこと全部がぶち壊しさ。緊急治療室になんか行くつもりはねえぜ。根掘り葉掘り質問して、俺の情報を書き留めるお巡りたちが病院にやって来て、知らねえ間に俺はあそこ〔刑務所〕に連れ戻されるのさ。仮にやつらが俺を捕まえようと病院に来たわけじゃねえにしても、やつらのうちの何人かが俺に見覚えがあれば、こっちにやって来て俺のことを調べ上げるだろうぜ〔未決令状〔駐車違反など緊急度の低い令状〕が掲載された警察のデータベースで彼の名前を検索するということ〕。行くつもりなんてねえよ〔彼に対する仮釈放の遵守事項は、彼が傷を負った六番ストリート界隈に彼が行くのを禁じていた〕。二時に外になんか出ていけるかよ［午後一〇時以降、彼は外出禁止だった］。それに、［二年前の裁判終了時に彼がまだ納めていなかった訴訟費用のせいで］やつらはまだバックス郡で俺のアレ［令状］を持ってるだろうよ。やつらに名前を調べられるなんてごめんだぜ。そんなことしたら裁判所に行くか、手錠をはめられちまうじゃねえか。

このとき、彼の恋人が寝室から現れ、自分のジーンズを両手で撫でながら言った。「彼は病院に行かなきゃ。話したり食べたりできなくなるより、拘置所で六ヶ月過ごしたほうがましでしょ。それが彼に残された人生よ」

＊＊＊

アレックスに対する襲撃は一〇年以上も前のことだった。彼はまだ鼻で息がしづらそうだし、はっきりと物が言えない。両目の位置はずれていた。しかし彼は刑務所に戻ることはなかった。アレックスは仮釈放期間を無事に満了した。それは友人の中では他に一人しか成し遂げていない、幸運と決意のなせる業だった。

まえがき

合衆国の収監者数は、およそ一〇〇〇人に一人で、二〇世紀の大部分にわたってほぼ一定だった[1]。この割合は一九七〇年代に増加し始め、その後の三〇年間でさらに上昇し続けた[2]。二〇〇〇年代までに、獄中にいる人の数は成人の一〇七人に一人と、米国史上、類を見ない割合に達した[3]。合衆国は今や、西欧諸国の五倍から九倍の人間を投獄し、その数は中国やロシアよりも多い[4]。全米の成人のおよそ三パーセントに当たる人が今現在、矯正監督下に置かれている。二二〇万人が刑務所か拘置所に投獄され、さらに四八〇万人が保護観察か仮釈放の状態にある[5]。近代史において、スターリン政権下のソ連の強制労働収容所だけが、こうした刑罰上の収監に近い水準にあった[6]。

米国の拘置所と刑務所の収監者数が過去四〇年間で五倍に増加しても、表立った抗議はほぼ起きなかった。事実、多くの人はこの変化にほとんど気づいていない。囚人の数は、不均衡なまでに貧しくかつ分断された黒人コミュニティで増えているからである。黒人は米国の人口の一三パーセントを占めるが、囚人数の三七パーセントを占める(7)。若い黒人男性は九人に一人が服役中であるのに対し、若い白人男性のほうは全体の二パーセントにも満たない(8)。こうした人種的な差異は、社会階級の差異によって助長される。まったくもって驚異的な割合で刑務所へと送られるのは、貧しい黒人の若者たちなのである。高校すら卒業していない黒人男性のおよそ六〇パーセントが、三〇代半ばまでに刑務所に行くことになる(9)。

本書は、米国の刑務所の急拡大を現場から伝えるものであり、ある貧しくかつ分断された地域の黒人コミュニティに暮らす若い男女の生活世界を詳細に検討するものである。このコミュニティは、前例のない投獄水準とそれに伴ってより不可視化した取り締まりと監視のシステムによって変質してしまった。逮捕と収監という恐怖は、日常生活での基本的な活動、すなわち仕事、家族、恋愛、友情、そして本当に必要とされる医療にさえ浸透している。本書は、《逃亡する》(on the run)コミュニティに関する報告である。

＊＊＊

ペンシルベニア大学の学生だったときに、私はこのプロジェクトを偶然見出した。大学二年生になって、私は高校生だったアイシャの家庭教師を始めた。キャンパスからさほど遠くない低所得者層が暮らす黒人居住地区で、彼女は母親と兄妹たちと暮らしていた。夕方、私たちは彼女の家族が住む、剝き出しの壁に囲まれた、寝室が二つあるアパートのプラスチックと金属でできたキッチンテーブルに座り、古いテレビが出す音を耳にしながら、英語や数学の宿題をやっていた。その後、彼女の母親とおばはアパートの建物の玄関口に集まって子どもたちについて話したり、通り過ぎる人々を眺めたりしていた。私は少しずつアイシャの親戚や友人、そして隣人たちについて知るようになった。私の部屋の家賃が値上がりすると、アイシャと彼女の母親は近くのアパートに部屋を借りるよう提案した。

その年の冬、アイシャのいとこで一四歳のロニーが少年院から戻ってきた。彼は車で一〇分ほど離れたところで祖母と暮らしていた。彼を訪ねようと、私たちはバスに乗り込んだ。

ほどなくしてロニーは、彼のいとこであるマイクを私に紹介してくれた。無精髭を生やし、目つきの鋭い、やせ細った若者だった。二二歳で、私より一歳年上だった。会ってすぐ、一時的にお金に困っていた彼は、おじの家に身を寄せており、運転する車もないのだと説明した。前年には車とアパートがあり、早く生活を立て直そうとしていた。マイクはその地区に暮らす若者たちから尊敬を集めているようだった。ある隣人が、裏口のポーチによくあんたといる白人女は何をしているんだと尋ねると、彼は近所に住んでいるアイシャの家庭教師だと答えた。別のときには、私をアイシャの名付け親〔キリスト教の洗礼式の立会人を名づけ親、その名づけ親の立ち会いのもと洗礼を受けた子を名付け子という〕の娘だと説明した。

それから数週間のうちに、マイクは私を、母親、おば、おじ、そして親友のアレックスに紹介した。マイクより背が数センチ低く体重は二倍近くあるアレックスだが、とにかく酷い目だけには遭わないようにするあまり、出世しようという努力すらやめてしまったかのように、疲れ果て絶望しているように見えた。私は少しずつ、マイクとアレックスが、結束力の強い友人グループのメンバーであることを知っていった。三人目のメンバーは、校庭での喧嘩で加重暴行罪に問われる公判を待ちながら、高校の最終学年を郡拘置所で過ごしていたチャックである。マイクはチャックが三人の中で楽観的なほうだと言いながら、彼のことをとても懐かしがっていた。チャックはのちに、拘置所から電話をかけてきて私にこう言った。「大したことない。調子はいいぜ。見た目も悪くない。分かるかい？　俺は幸せ者さ」

マイクとアレックスと一緒にいた最初の月は何も起きなかった――退屈ですらあった。私たちはマイクのおじの家の玄関口に腰掛けてビールを分け合い、友人や隣人の家々を出入りした。夕方にはチャックの母親の家に行き、拘置所にいるチャックが夜になってかけてくる電話をマイクが取れる日もあった。

その後、警官たちが真夜中にマイクのおじの家を家宅捜索した。マイクはあらゆる関与をきっぱりと否定したが、警官たちは発砲事件の容疑者として彼を捜していた。逮捕令状が出されている中、マイクは友人や親戚の家に身を隠しながら数週間を過ごした。それから彼は自首し、保釈金を払い、長期にわたる裁判が始まった。

私はそれ以前に刑事罰に問われる男性を見たことはなく、これはマイクの人生において深刻かつ重大な出来事であると考えた。私はすぐに、彼が前年に別の二つの罪を犯していたことを知った。一つは麻薬所持で、もう一つは未登録の銃の所持だった。チャックは郡拘置所で公判を待っていて、アレックスは麻薬で一年間服役した後、二年の仮釈放期間を満了しようとしていた。マイクのいとこは保釈中だった。彼の隣人は自宅拘禁されていた。ホームレス状態で車で寝泊まりしていた別の友人には、訴訟費用の滞納で令状が出されていた。

大学二年目が終わろうとしていた頃、私はマイクに、ペンシルベニア大学の社会学部に提出する卒業論文で彼の生活について書いてもいいか尋ねた。秘密にするよう頼んだことを書かないならと断った上で、彼はすぐに承諾してくれた。その年の春に拘置所から戻ってきたチャックにも許可を得た。ゆっくりと時間をかけて、他の若者たちとその家族にも同じ依頼をした。

翌年、私は毎日のようにマイクとチャック、そして彼らの友人、隣人たちと時間を過ごした。法律事務所や法廷、保護観察・仮釈放事務所、郡拘置所の面会室、更生訓練施設、地元の病院、そして近所のバーとパーティーに付いて行った。

フィラデルフィアのダウンタウンにある裕福な白人居住地区で育った私は、合衆国の投獄率がこの数十年で劇的に上昇してきたことなど知る由もなかった。犯罪撲滅キャンペーンと麻薬撲滅キャンペーンに対して漠然とした印象しか持っておらず、これら連邦政府主導の政策が、貧しくかつ分断された地域に暮らす黒人の若者たちにとって何を意味するのかを意識したこともなかった。警察のヘリコプターが頭上で旋回していることや、若者たちが街で捜索され手錠をかけられることを理解しようと努力した。基本的な法律用語と法的手続きを学ぼうと懸命に勉強した。

その年の春、マイクの銃絡みの事件が終わり、判事は彼に、州刑務所での一年から三年の服役を言い渡した。少ししてから、私はプリンストン大学の博士課程に合格した。大学院での四年間、通学以外の時間のほとんどを過ごした、六番ストリート・ボーイズが本拠地とする六番ストリート界隈に入りびたりながら、アイシャが暮らす地区に住み続けた。週末には、この地区出身で、各地の刑務所に服役しているマイクとチャック、そして他の若者たちに面会に行った。警察が家宅捜索したあとに家を掃除したり、公判に出席したり、面会のために刑務所へと長時間の運転をしているうちに、彼らの家族や恋人たちについて知るようになった。

ここで描いた家族たちは、いつか出版するために記録することを了承してくれ、私たちはこのプロジェクトについて長時間にわたって何度も議論した。ほとんどの場合、正式なインタビュー形式の質問はしなかった。ここで詳述したことの大部分は、人々や出来事や会話を直接観察することで得られたものである。土地の名称に加えて、人名や身元が分かる特徴は変えてある。マイクは当初、私がメモや期末レポートで彼らが暮らす地区を六番ストリートと呼ぶことを提案し、私はこのプロジェクトが本になる際もこの仮名を使用した。

たくさんの警察官や判事、保護観察官、そして刑務官がインタビューで提供してくれた情報をありがたく活用しているが、本書は六番ストリートの住人たちの視点に立っている。そうすることで、フィラデルフィアにある比較的貧しい黒人居住地区に暮らす若者たちが経験し理解している、刑務所の急拡大とそれによってさらに不可視化している取り締まりと監視について説明する。おそらくこれらの視点は、今も画策されていると思われる刑事司法政策に関する議論の的となるだろう。

序章

一九六〇年代から七〇年代にかけて、アメリカの黒人たちは数世紀にわたって得られなかった十全な公民権を手に入れた。選挙で投票し、自由に移動し、大学に通い、自ら選んだ職業に就く権利を守ることに成功したが、一方でアメリカ合衆国は、歴史的にも国際的にも類を見ない刑罰制度をつくり始めた。

七〇年代半ばになると、連邦政府および州政府は、麻薬の所持や売買を厳罰化する一連の法律を制定した。暴力犯罪に対する刑罰を極度に重くし、街に立つ警察官の数と検挙数を増やした。六〇年代から七〇年代には都市部での路上犯罪が劇的に増加し、共和・民主両党の政治家たちは、麻薬と暴力に対する厳重な取り締まりが政治的かつ現実的な解決策であるとみなした。八〇年代までに、クラック〔高純度に精製された結晶状のコカイン〕は貧しいマイノリティの居住地区に犯罪の連鎖を引き起こした。これはその数年前に始まった懲罰的な犯罪取り締まり策の強化を促進することになった。

アメリカ合衆国における犯罪と暴力は九〇年代に緩やかに減少していったが、厳しい刑事政策は続いた。九四年には「暴力犯罪抑制および法執行法」によって数十億ドルもの予算が国中の都市部の警察につぎ込まれ、五〇もの連邦法違反行為を新たにつくり出した。第二期ブッシュ政権下、警察と市民団体のリーダーたちがほぼ満場一致で承認した犯罪厳罰化政策は、連邦政府と州の警察機関、特殊部隊、そして官庁各局の急拡大を同時に引き起こした(1)。こうした政策は、暴力犯罪だけでなく、売春や路上生活、ギャンブル、麻薬所持に対しても厳罰を課した(2)。

この厳罰化の時代は、アメリカ合衆国が都市部のゲットー化した地域をどう管理するかという点において重大な変化をもたらした。二〇世紀の大半を通して、警察は六番ストリートのような、貧しくかつ分断された黒人居住地区を無視した。三〇年代から八〇年代は、黒人の大移動や人種差別的な賃貸契約、公民権運動、失業率の増加、社会福祉の縮小、麻薬取引の拡大、黒人中流階級による主要都市の貧しくかつ分断された地域からの脱出があった時代だった(3)。当時の分断された黒人居住地区の警察は、無関心で、怠惰で、腐敗にまみれていたと、実際に目撃した者たちは報告している(4)。

こうした状況は、主要都市での暴動、とりわけ都市部での暴力と薬物使用の急増が、犯罪に対する国家的関心を駆り立てた六〇年代に変わり始めた。二〇世紀後半に都市部の人口一人当たりの警察官の割合は全国規模で劇的に増加した(5)。フィラデルフィアでは、一九六〇年から二〇〇〇年にかけて警察官の数が六九％増加し、市民一〇〇〇人に対して二・七六人だった警察官の数は四・六六人となった(6)。八〇年代には、より強力な薬物法とより厳重な刑罰が導入された。犯罪厳罰化の動きは九〇年代にも続いた。全米の都市警察は容赦ない《ゼロ・トラレンス》取り締まり策を採用し、すぐにコンプスタット〔犯罪の抑制と防止を目的としたコンピューターシステム〕を導入して、警察活動の経過を追った(7)。

フィラデルフィア市警は、何十年にもわたって、貧しい黒人コミュニティで続いていた売春や麻薬取引、そしてギャンブルに対してほとんど見て見ぬ振りをしてきた。しかし八〇年代後半、フィラデルフィアや他の都市の警官たちは、賄賂や見返りを拒み始めた。事実、汚職は一般的な慣行としてはほとんど撲滅されたというのが、少なくとも警官に賄賂を渡してお目こぼしをしてもらいながら麻薬取引の末端で働く人々の印象である。また同じ時期に、多くの人々が麻薬の使用や所持で逮捕され、拘置所や刑務所に送られた。

貧しい黒人居住地区での麻薬取引に対する取り締まりは、貧困家庭が受ける援助と援助期間を減らす福祉制度改革と同時期に実施された。福祉支援の縮小と並行して、麻薬撲滅キャンペーンによって麻薬取引を行う人々が大量に逮捕された。

二〇〇〇年までに、アメリカの囚人数は七〇年代初めの五倍にまで増加した。刑務所に送られる男性たちの圧倒的多数が貧困層で、黒人が異様なほどに多い。今日、大学教育を受けていない黒人男性の三〇パーセントが三〇代半ばまでに投獄された経験を持つ。九〇年に生まれた黒人の子どもたちの四分の一が、一四歳になるまでに父親が投獄されている(8)。

社会学者のデービッド・ガーランドは、この現象を《大量投獄》と名付けた。これは歴史的かつ相対的な基準を著しく超えた投獄水準のことであり、「犯罪者の個別投獄をやめ、集団全体の計画的投獄となる」(9)ような、特定の層に集中したものである。社会学者のロイック・ヴァカンと法学者のミシェル・アレクサンダーは、対象を絞ったこの投獄水準はアメリカの人種弾圧に関する新たな章に相当するものだと論じている(10)。

八〇年代以降、犯罪撲滅キャンペーンと麻薬撲滅キャンペーンは、数百万人もの黒人の若者を、学校や職場、家庭生活から追いたてて拘置所や刑務所に送り、重罪判決を下して社会に戻してきた。拘置所や刑務所で過ごすことは、雇用面での低賃金と格差につながる。刑務所暮らしは、他の若者たちが学位を取得し結婚する重要な時期にやって来る。多くの州の法律は、重罪を犯した人間に投票権と立候補権を認めていない上に、様々な政府関係の職や公営住宅、その他の福祉手当を得ることを認めていない。前科持ちの黒人は、労働市場ではたいへん不当な扱いを受けるため、法的には応募が認められている職でも、その職に就くのは非常に難しい(11)。こうした制約と不利な状況は、刑務所暮らしを経験した男性たちだけでなく、彼らの家族やコミュニティにまで影響を及ぼす。非常に多くの黒人男性が投獄され、重罪判決付きで家に戻されるため、刑務所は今やアメリカ社会で不平等な集団を生み出す上で中心的な役割を果たしており、公民権運動で黒人たちが勝ち取った公民権と社会経済的地位は再び失われつつある(12)。

＊＊＊

六番ストリートは商店が建ち並ぶ広い通りで、南に続く五つの住宅ブロックは通りの名を冠した小さなコミュニティを形成している。六番ストリート地区は五〇年代から六〇年代には中流のユダヤ人が暮らす地域だったが、七〇年代初めには黒人住民たちにも開かれ始めていた。

二〇〇二年に私がこの地区を初めて訪れたとき、住民の九三パーセントが黒人だった。男性たちと少年たちは人通りが一番多い交差点に立って、海賊版のCDとDVD、盗品、食料品を、運転手や通行人に売りさばいていた。目抜き通りには中国人が経営する防弾対策が講じられたテイクアウト専門店があり、鶏手羽の唐揚げやルーシーと呼ばれるばら売りのタバコ、コンドーム、ベビーフード、クラックを吸うためのグラシン紙が売られていた。この通りには小切手を現金化する店や美容院、ペイデイローン〔給料を担保に高利で貸しつけるアメリカの消費者金融〕、フライドチキンの店、そして質屋もある。隣のブロックでは、プエルトリコ系の家族が食料品店を経営していた。この地区に住む世帯のおよそ四分の一が住宅補助を受けており、二世帯を別にすれば、彼らは政府から何らかの援助を受けていた(13)。

六番ストリートは、フィラデルフィアにある大きな黒人居住地区の中で、最貧困でも、もっとも危険な地区でもない――断じて違う。警官へのインタビューで、私は六番ストリートが警官たちにとって最優先地区でないこと、さらにはこの地区がとりわけ危険だとも犯罪が多発しているとも考えられてはいないことを知った。隣接する地区の住民たちは、六番ストリートは閑静で落ち着いた地区だと語った――十分なお金があるなら喜んで移り住むような地区だと。

それでもやはり、六番ストリートは三〇年に及ぶ懲罰的な麻薬および犯罪取り締まり政策からは逃れられなかった。二〇〇二年まで、一八歳未満の若者たちを対象として警察による夜間外出禁止令がこの地域で敷かれ、警察のビデオカメラが主要な通りに設置された。私がこの地区で過ごした最初の一八ヶ月間、少なくとも一日一回は、警察が歩行者や車内にいる人たちを呼び止め、所持品検査をし、令状が出されていないか名前を照会し、出頭するように求め、時には逮捕した[14]。この一八ヶ月間、私は警察がドアを破り、家宅捜索し、取り調べ、逮捕し、家々で人々を追いかけ回すのを五二回も目にした。警察のヘリコプターが九回頭上を旋回し、サーチライトを一般道路に照射した。警察が証拠を捜す――警察用語で言えば、犯罪現場を確保する――ために規制線を張ったり、通行止めにしたりしたことが一七回あった。ほぼ毎日観察を行った一八ヶ月間のうち、警察が若者たちを殴り、押さえ込み、蹴り、踏みつけ、警棒で叩くのを一四回目撃した。

六番ストリートのコミュニティでは、麻薬と銃による暴力は現実的な問題であり、この地区にやって来る警察は、そうした問題を、脅しや逮捕といった、彼らに与えられたわずかな権限を行使して解決しようとする。しかし彼らの取り組みが、マイクやチャックのような若者たちが麻薬を売ってお金を稼ごうとしたり、あるいは暴力沙汰を起こそうとしたりするのを防いでいるようには思えない。彼らが犯罪率全体の低下に貢献しているかどうかは本書の範囲を超える。

彼らの犯罪に対する取り組みいかんにかかわらず、貧しい黒人居住地区での実際の取り締まりや投獄が、その対象である若者たちだけでなく、彼らの家族やパートナー、隣人のコミュニティ生活をも、深刻かつ永続的に変えている。

クリーンな人々とダーティな人々

まともで稼ぎのいい仕事が常に不足しているため、黒人コミュニティは長らく、堅気の職を手にすることのできる人々と、危険で汚れた仕事をしながらお金を稼ぐ人々とに分かれてきた。一九八〇年代、W・E・B・デュボイス〔ブラック・ナショナリズムの先駆者で、全米黒人地位向上協会の創立者でもある公民権運動の指導者の一人〕は後者を最下層階級（the submerged tenth）と呼んだ(15)。四〇年代には、シカゴの社会学者であるセント・クレア・ドレイクとホレス・ケイトンが、これらの集団をまっとうな集団（the respectables）といかがわしい集団（the shadies）と呼んだ。よく知られているように、社会学者のイライジャ・アンダーソン〔一九四三〜。アメリカの社会学者。著書『ストリートのコード』で知られる〕は、黒人コミュニティで頻繁に使われる言い回しを用いて、この対比を《まとも》(decent)と《がさつ》(street)と呼んで区分した(16)。まともとがさつを分かつ境界線は、研究者らによって認識され詳しく調べられてきたが、これらの区分は当初、分断された黒人居住地区の住民たちが自分たちを分類するために用いたものである。

警察のヘリコプターが頭上を旋回し、刑務所の脅威が地区住民に重くのしかかる今日、長年にわたる黒人コミュニティ内の社会的格差は法的立場の問題によって悪化してきた。六番ストリートのコミュニティに暮らす者にとって重要な社会的事実は、人々の法的立場である。よりはっきり言えば、将来的に警察に目を付けられそうか、警察の職務質問を乗り切ることができるか、法廷審問を切り抜けることができるか、保護観察面談で「尿検査」にパスできるか、ということである。係属中の法律上の問題を持たない人々、あるいは警察の職務質問や法廷審問、保護観察面談をうまく乗り切れる人々は《クリーン》と呼ばれる。当局が呼び止め、名前を照会し、所持品検査をした場合に逮捕される可能性がある人々は《ダーティ》と呼ばれる。

これらの名称は、当局との遭遇が差し迫っている、あるいはまさに生じてしまったときに前面に出てくる。ある若者が警察に呼び止められたことを友人や仲間が耳にすると、彼らがまず抱く疑問は、大抵の場合、「やつはダーティか?」というものだった。この問いが意味するのは、彼に未決令状が出されているのか、警察に遭遇したとき保護観察や仮釈放判決での遵守事項に違反していたか、そして何らかの麻薬を持っていたか、ということである。要するに、警察に遭遇して、彼は今夜家に帰って自分のベッドで寝るか、あるいは逮捕されるか、ということである。

しかしクリーンとダーティという呼び名は、単に刑事司法制度に抵触することによって生じるその場限りの格付けではない。これらは時間とともに個人や場所に結びつく、より一般的なレッテルともなる。法的に問題がないと知られている人々がいる一方で、当局に呼び止められれば逮捕される可能性があると一般にみなされる人々もいる。これらの呼び名は、まったく異なる種類の行動や態度、能力と結びついているために、警察に呼び止められるわけではないときでさえ、重要な意味を持つようになる。例えば、クリーンな者は車やホテルの部屋を借りたり、多くの建物で入館時に要求されるＩＤを提示することができる。ダーティな者は、当局に通報できないだろうと足下を見られるために、様々な形でつけ込まれる可能性がある。

刑事司法制度において捕まる者は主に男性であることから、ジェンダーによる格差がある程度存在する――多くのカップルにおいて、女性はクリーンで、男性はダーティである。そして女性は単に法律上の問題から自由であるだけではない――女性はおそらく合法的な仕事をしているか、政府からの援助を受けている。一方で男性は、逮捕されるリスクを冒しながら、不定期に街で収入を得ている。また、年齢格差もある――法律上の問題で苦境に立たされているのは年配者ではなく若者であることが圧倒的に多い。そして三つ目に、階級格差もある。警察を本気で避けていたり、保護観察処分を受けていたり、公判を待っていたりする者の典型は、高校を卒業していない失業中の若者たちである。

黒人が白人よりも頻繁に人種について考え、ゲイの人々が異性愛者よりも頻繁に性的嗜好について考えるのと同じように、ダーティな人々はクリーンな人々よりも自分の立場により自覚的な傾向がある。しかし六番ストリート地区とその周辺地域に暮らすクリーンな人々には、やましいことのある親戚、友人、知人がいることがあまりにも多いため、ある者がどちら側であろうが、これら二つの区分はそれほど問題にされない(17)。

その地区の住民たちは、当局が通常の取り締まりをすれば身柄を拘束される可能性のある人々と、当局が積極的に捜査している人々との間にさらなる線引きをする。警察がとくに関心を寄せる人々は「ホット」と呼ばれる。警察による直近の取り締まりが盛んになっているブロックや射殺された若者の葬儀などの場所もホットになりうる。そうした場所では、事件に関与していたり、他の未決令状が出されている人々を警察が捜索している可能性が高い。そのような場合、その場所や人物が落ち着く(クールになる)まで、その地域に立ち入ったり、出来事に首を突っ込んだり、その人物に関わったりすべきではないと言えるだろう。

クリーン／ダーティ、ホット／クールといったカテゴリーは、ある者が逮捕されるリスクや、警察の注意を引く可能性のある場所に焦点を合わせたものだが、住民たちはまた、他の者の法律上の問題にどう対処するかに準じて、彼ら自身の間に線引きをする。指名手配された若者に関わり続けたり、彼が潜伏し逃亡するときに彼を匿ったり助けたり、または彼が収監されているときに彼を支援したりする人々は、《乗っかり屋》(riders)――度胸と献身を示唆する言葉――と呼ばれる。令状が出された者に背を向けたり、拘置所や刑務所に送られた者のパートナーや家族を支援し損なった人々は、「乗っかりぞこない」(not riding right)と言われる。さらに一歩進んで、法的に危うい者の居場所や行動に関する情報を警察に流す人々は、「垂れ込み屋」(snitches)や「裏切り者」(rats)と呼ばれる。クリーンな者やダーティな者、ホットな者、垂れ込み屋、乗っかり屋などの呼び名は、警察の取り締まりが厳しい黒人居住地区に暮らす若い男女にとって、基本的な社会的カテゴリーとなっている。

本書の前半では、ダーティな世界に目を向ける。つまり警察から逃げ回り、拘置所を出たり入ったりして、保護観察や仮釈放の期間を満了しようとする、一〇代から二〇代前半を過ごす若者たちを取り上げる。これらの章は、マイクとチャック、そして彼らの友人たち――逮捕や収監の不安に日々晒されながら暮らしている若者たち――の視点からこの世界を理解しようとする試みである。後半では、刑罰制度がその主な対象である若者以外にも及ぶものであることから、生活の中で警察と男性たちの板挟みとなっている恋人や母親の視点、仲間の法的な逆境から利益を得る斬新な方法を編み出した若者たちの視点、さらには刑罰制度に関わるまいとする地区住民とそこに巻き込まれる人々の視点を取り上げる。付録では、本書が依拠した調査についても詳しく記すとともに、貧しく若い黒人男女の経験を伝える、中流階級の若い白人女性である筆者の実践上の、そして道徳上のジレンマに関していくつかの個人的な考えを述べる。

全体として各章は、歴史的に高い投獄率とそれに伴う徹底的な取り締まりと監視が、貧しい黒人居住地区を容疑者と逃亡者のコミュニティに変えている実例を提示する。恐怖と疑惑の風潮は日常生活全体に浸透し、住民の多くは当局によって逮捕され、連行されるかもしれないという不安を日々抱えて暮らしている。収監という脅威の下で新しい社会機構が出現している。それは、疑惑や不信、そして秘密主義と言い逃れと予想だにしないことのパラノイア的行為の中で生み出されたものである。

それでもなお、地区住民たちは警官による職務質問と保護観察面談の狭間で、彼らにとって価値ある人生を切り拓いている。刑罰と監視の影響下にあっても、尊厳と自尊心を見出すことのできる道徳的世界を構築することは阻まれてはいない。収監という脅威の下、この過度に監視された地域で、仕事や家族、恋愛、そして友情の折り合いをつけようとする若い男女の奮闘は、深夜に行われる家宅捜索や身体検査に劣らぬ物語を紡いでいる。

第一章　六番ストリートの少年たちと彼らの法律上の問題

チャックとティム

穏やかな午後、チャックは時折、一二歳の弟ティムに警察からの逃げ方を教えて時間を過ごした。彼らが暮らすブロックにあるそれぞれの家は、フェンスで囲まれた小さな裏庭を備え、コンクリートの路地を挟んで隣のブロックの裏庭に面している。二階建ての家の裏口のポーチには鉄製の階段があり、チャックたちは路地のほうを向きながらそこに並んで座っていた。

「サイレンを耳にしたらどうする？」チャックは尋ねた。

「逃げるよ」と弟は答えた。

「どこに逃げるんだ？」

「ここだよ」

「ここはダメだ。やつらはおまえがここに住んでいるのを知ってるんだから」

「地下室の奥の部屋に隠れるよ」

「やつらがあんなちっぽけなドアを壊せねえとでも思ってるのか？」

ティムは肩をすくめた。

「ミス・トーヤを知ってるか？」

「うん」

「あそこに逃げるんだ」

「でも、あの人のことほとんど知らないよ」

「いいんだよ」

「なんでジーンおじさんのところはダメなの？」

「だってやつらはおまえのおじさんだって知ってるからさ。関わりのある人のところはダメだ」

兄の言うことが何であれ、構ってもらえて嬉しかったのか、ティムは頷いた。

チャックは三人兄弟の長男である。彼は七歳年下のティム、それから彼らの間に生まれたレジーと、二階にある小さな寝室をシェアしていた。レジーは一二歳の頃に少年院に入ったため、ティムは彼のことをよく知らない。ティムはチャックを父親のように尊敬していた。

ティムが赤ん坊の頃、彼の父親はサウスカロライナ州に引っ越し、そこである女性と結婚した。そして彼は連絡を絶った。レジーの父親はもっとひどかった。取るに足らない、何の価値もない役立たずで、長らく刑務所に入っていて、出所後は昏酔強盗で食いつないでいた。通りで会っても誰だか分からないだろうとレジーは言う。一方、チャックの父親は、彼がまだ幼い頃、よく当てもなくやって来た。なぜ自分には分別があり、弟たちにはないのかを説こうとするとき、チャックは時折このことを引き合いに出した。

母親のミス・リンダは、チャックを身ごもる五年前から、そして息子たちが成長するあいだも、重度のクラック中毒だった。社会福祉が縮小されたために、家族はごくわずかな政府の援助しか受けておらず、ミス・リンダは数ヶ月ずつしか職に就くことができなかった。生活費は彼女の父親の郵便年金で賄われていたが、彼は食料や衣類、学用品にお金を使うことはなかった。払える金額ではないし、そもそも自分の義務ではないと言った。

お金のない母親に頼ることなく、自分とティムが食べていくために、チャックは一三歳で地元の売人の下で働き始めた。クラックを手に入れられるようになり、母親の中毒にうまく対処できるようにもなった。彼のところに来れば麻薬が手に入るので、彼女はもう麻薬のために売春したり家財道具を売り払ったりすることをほとんどしなくなった。高校生のときにチャックは何度も逮捕されたが、裁判沙汰には一度もならずに売人の下で働き続けた。

高校二年になるまでに、チャックの脚はティムと一緒に使っていた二段ベッドの端からはみ出るようになった。そこで彼はコンクリート打ちっ放しの地下室を片付けて、そこにマットレスと服を移した。地下室は水浸しでカビ臭く、時折ネズミに嚙まれたりもしたが、それでも彼だけの居場所だった。

　チャックが部屋を出たときティムは八歳だったが、彼は平気なふりをしようとした。眠れないときはそっと地下室へ下りていき、兄のベッドに潜り込んだ。

　私たちが出会ったのはチャックが高校三年のときで、彼は一八〇センチまで背が伸び、大好きなバスケットボールとボクシングで体は鍛え上げられていた。その冬、彼は校庭で母親をクラック・ホアー〔売春をしてまでクラックを手に入れようとする中毒者〕呼ばわりした少年と喧嘩した。警察の報告書によれば、チャックは相手の少年をほとんど傷つけておらず、相手の顔を雪に押し付けただけだったが、学校警備の警官は加重暴行罪で彼を告発した。バスケットボールチームに所属し、成績もＣとＢであったことなど何の意味もなかったとチャックは言った。ちょうど一八歳になった頃のことで、彼はこの加重暴行事件でカラン・フロムホールド矯正施設に送り込まれた。ここはノースイースト・フィラデルフィアの州道沿いにあるピンクとグレーに塗られた大きな郡拘置所で、地元ではＣＦＣＦあるいは単にＦと呼ばれている。

　チャックが拘置所に入ってから約一ヶ月後、ティムは口を利かなくなってしまった。彼は頷いてイエスかノーを示すだけで、ひと言も話そうとはしなかった。チャックが拘置所から電話をかけてきたとき、彼はティムを電話に出すよう母親に頼み、家に戻ったらどうするか、彼が思い描いたことをよく弟に話した。

「たぶんマイクはもう来ないだろうな。あいつのベビー・ママがちょうど産気づいてる頃だからな。今頃、きっとアホみたいに腹をでっかくしてるぞ。男の子ならあいつの親父みたいに痩せこけたようになるだろうし、女の子なら母親のようにでっかいケツになるんだろうな」

ティムは返事をすることはなかったが、時々微笑んだ。チャックは持ち時間がなくなるまで話し続けた。

チャックは手紙や電話で母親を説得し、拘置所の面会時間に弟を連れてこさせようとした。

「あいつはただ俺に会う必要があるんだ。誰もあいつを外に出してやれねえから」

ミス・リンダは郡拘置所で受刑者と面会するのに必要な州発行のＩＤを持っておらず、社会保障カードと古い有権者登録カードしか持っていなかったが、どちらにしても囚われの身の息子に会うのをひどく嫌がった。チャックの友人であるマイクとアレックスがティムを連れて行くと持ちかけたが、ティムは未成年であるため、親か後見人が同行しなければならなかった。

チャックが身柄を拘束されてから八ヶ月後、判事はほとんどの告発を棄却し、彼を悩ます数百ドルの訴訟費用を請求して、チャックは家に戻ってきた。路地を歩いてくる兄を目にすると、ティムは泣いて彼の脚にしがみついた。その晩に開かれたお祝い会が終わるまでティムは起きていようとしたが、結局チャックの膝に頭を乗せて眠り込んでしまった。

それから数ヶ月の間、チャックはもう一度口を利くよう弟を根気強く説得した。ほとんど毎晩家にいて、リビングにある古いテレビでティムとテレビゲームをして遊んだ。夜中にティムが一人にならないよう、しばらくの間ティムの部屋に戻ってきたことさえあった。彼は折りたたみ椅子を使ってベッドを長くし、そこに脚を乗せて、落ちると悪態をついた。

「ティムは元通りになるさ」とチャックは言った。「あいつにはただQT〔クオリティ・タイム。充実した時間〕が必要なんだ」

ティムは期待を込めて頷いた。

翌年の秋、チャックは高校三年生に復学しようとしたが、高校は彼の復学を認めなかった。彼はすでに一九歳になっていた。そして、彼が以前起こした暴行事件を担当した判事が彼に逮捕令状を出した。暴行事件の裁判が終了した数週間後が納付期限となっていた訴訟費用二二五ドルを払っていなかったからである。数ヶ月間の逃亡生活を送った後、彼は判事と折り合いをつけることができるかどうか確かめようと、ダウンタウンにある刑事司法センターの令状・出頭局に出向いた。これには大きなリスクが伴った。その場で身柄を拘束されるかもしれなかったからである。その代わりに裁判所書記官は月々の納付計画を提示し、その日の午後、チャックは嬉しそうに家に帰った。

その年の秋、ティムは再び口を利き始めた。相変わらず口数は少なく、小さな笑みを浮かべたり首を振ったりしてコミュニケーションを取った。

ティムが初めて逮捕されたのはその年の暮れで、彼が一一歳を迎えた後だった。チャックが恋人の車でティムを学校まで送る道中、彼は警官に呼び止められ、その車がカリフォルニアで盗まれたものであることが判明した。恋人の親戚の一人がその車を盗んだことをチャックは知っていたが、彼は黙っていた。「言ったところでどうしようもなかった」と彼は言った。

警官は二人の身柄を拘束して署に連行し、贓物罪《ぞうぶつ》でチャックを告発した。彼らはティムを共犯として告発し、その後、少年裁判所は彼を三年間の保護観察に処した。

この保護観察処分はティムの心に重くのしかかり、警官と遭遇すれば遵守事項違反で少年院へ送られかねなかった。そのためチャックは、ティムや周りの人間がそれ以上ひどい目に遭わないように、警官から逃げる方法、つまり覆面パトカーを見破る方法や、どこにどう隠れるか、そして警官に呼び止められたときの対処法を、弟に真剣に教え始めた。

レジー

その頃、三人兄弟の次男であるレジーは、数ヶ月ほど家に帰っていた。彼は肥満体型の一五歳の若者で、強盗の用心棒としてすでに評判だった。その地区に住む年長の男性たちは彼を、度胸があり、かつ着実に仕事をこなすという意味で大砲《キャノン》と呼んでいた。レジーには根性があると彼らは言った。彼は危険を顧みなかった。ミス・リンダは真ん中の息子をチンピラと形容した。母親とも長男のチャックとも違い、レジーは近所のゴシップにまったく関心がないようだった。誰がお金を稼いだとか、誰が女の子をものにしたのかといったことに興味がなかった。彼は《自分》のことだけに関心があった。

「怖いもの知らずだったのよ」とミス・リンダは少し誇らしげに言った。「冷酷なならず者だったの」

レジーにはまた、隠れた芸術家肌の一面があった。彼は塀の外にいるときは詩を書き、少年院に収監されている間もいくつかの「アウトロー」小説を書いた。

今回レジーが家に帰ってきたとき、彼は現金輸送車か名の知れた麻薬の売人から盗みを働くという大胆な計画を練っていたが、六番ストリート界隈で彼と組もうとする者を見つけることはほとんどできなかった。「あいつらは土壇場で手を引いちまうんだ！」彼は冗談交じりに私に嘆いてみせた。「やつらには度胸がないのさ」

チャックはレジーを思い留まらせようとしたが、レジーは麻薬をさばいて辛抱強く小銭を稼ぐつもりはなさそうだった。彼は思い出したようにたまに家にお金を入れた。「俺の弟は稼ぎ手だ」とチャックは認めた。

一五歳になってからひと月後、レジーは定期の保護観察面談でマリファナの検査を受け、陽性反応が出た（尿検査で陽性だと、ホット・ピスと呼ばれる）。保護観察委員会は彼に遵守事項違反の処分を下したが、身柄を拘束される前に、彼は建物から逃走した。彼らはすぐさまレジーに勾引状を出した。

その晩、少年院で過ごすのは逃亡生活よりずっとひどいから自首するつもりは決してないとレジーは弁明した。

「どれくらい逃げ回るつもりなの？」と私は尋ねた。

「自首するまでさ」

「いいや。そうすることも《できなくはない》けど、するつもりはない」

「自首するつもりなの？」

「そうね」

「だって俺がこの前自首したときはどうなった？　問題は時間さ」

「この前捕まったのは自首したからだったの？」

「そうとも」(1)

「裁判が始まるまで、どのくらい待ってたの？」

「九ヶ月くらいかな」

この保護観察の遵守事項違反で逃亡している間、レジーは武装強盗事件の容疑者にもなっていた。そこで警察は、収監状――新たな犯罪に関わったとして告発された者に対して出される未決令状――を発行した。強盗の様子は録画されており、その映像は六時のニュースで放送された。警察はレジーの写真を持って地区を巡回し、彼の身元を割り出すために聞き込みを開始した。彼らは真夜中にレジーの母親の家を家宅捜索し、翌朝、彼は私に次のように言った。


よお、昨日の晩、サツが突然家にやって来たんだ。武装強盗の収監状が出てるってさ。去年、兄貴の保釈金を稼がなきゃならなくなってからは誰からも盗んじゃいねえよ……。俺をパクるまで毎晩やって来るってやつらは言ってた。だからおふくろは俺を自首させるって言ってる。自分ん家にサツが来るなんて勘弁だって……。そんなのごめんだね。刑務所に戻るつもりなんかない。自分の車で寝るほうがましさ。

実際、レジーは自分の車で睡眠をとり、警察に捕まるまでの数ヶ月、逃亡生活を送った。

＊＊＊

この地区の住人の中には、チャックと彼の弟たちが実に多くの問題を起こすのは、父親が近くにおらず、母親が手本を示し損ねたからだと言う人たちがいた。実際のところ、誰に聞いても、ミス・リンダは麻薬常用者で、息子たちを立派に育ててこなかったと口にする。彼女の家に足を踏み入れさえすれば、そのことはたちまち明らかになった。小便と嘔吐物、そしてタバコの嫌な臭いが漂い、ゴキブリが流しの上を這い回り、リビングの家具にシミを作っていた。しかしチャックには、クラックに屈することなく二つの仕事を抱え、教会に通うような母親を持つ友人が何人もいた。こうした友人たちも、警察と裁判所への対応に多くの時間を費やしていた。

マイクとロニー

マイクはチャックよりも二歳年上で、一ブロック離れた、祖父から母親とおじが相続した二階建ての家で育った。母親は家を並外れてきれいに保ち、二つ、ときには三つもの仕事を掛け持ちしていた。

マイクが初めて逮捕されたのは一三歳のときだった。警察に呼び止められて所持品検査を受けた際、彼は少量のマリファナを持っていた。彼は保護観察下に置かれ、母親の飾り棚にある大きな卒業写真が証明しているように、夜間の授業に通ってなんとか問題を起こさずに高校を卒業した。

母親が二つの仕事を掛け持ちしていたおかげで、マイクは大半の仲間たちよりもお金をかけて育てられた——新しい制服とクリスマスプレゼントを買うのに十分なお金があった。チャックとアレックスは時々、マイクは比較的恵まれた育ち方をしたせいで、美しい女性や最新のファッションのように、生活する上でより良いものに対する欲求が強過ぎるのだと冗談を言った。服のアイロンがけや髪のケア、ボディローション、靴磨きといった、彼の念入りな朝の日課は笑いの種だった。「シャワーから家を出るまでたっぷり二時間」とチャックは皮肉を込めて言った。マイクはこうした習慣や趣味を、天性のものというよりは、自分を高めようという気持ちがそうさせるのだと弁解した。

二二歳のとき、マイクは医薬品の倉庫でアルバイトをする傍ら、クラックを売りさばいて小遣いを稼いでいた。高校に通う恋人がもうすぐ二人目の子どもを出産する頃だった。

娘が生まれた数週間後、マイクは倉庫の仕事を失った。出産に伴うごたごたで、何日も続けて仕事を休むことになったからである。娘が生まれてから半年間、仕事が見つからず惨めな日々を送った。そこで彼は、他の地区に住む友人にクラックを後払いで少し譲ってくれと頼んだ。

マイクに兄弟はいなかったが、弟のようにかわいがり、感傷的になると名付け子《ゴッドサン》と呼ぶ弟分のロニーとよく行動を共にしていた(2)。ロニーは小柄だがたくましい少年で、ショートアフロを隠すドゥーラグ〔アフリカ系アメリカ人の間で二〇〇〇年代初めに流行した頭に被る布〕を被り、顔のほとんどを覆うくらいまでパーカーのフードを下ろしていた。母親は彼が大きくなるまでクラックを常用し、彼は幼少期にホームレス向けの施設と自宅を往復していた。父方の養子であるおばは、ロニーが一二歳になるまで彼を育てた。この最愛のおばが亡くなると、母方の祖母が彼の面倒を見ることになった。少年院への出入りが始まったのはこの頃である。

自称トラブルメーカーのロニーは、教師に暴力を振るったり、校長の車を盗もうとしたため、たびたび放校処分になった。祖母が更生してほしいと頼むと、彼は口の端を上げてにやりと笑い、こう言った。「僕もそうしたいんだ、おばあちゃん、でも約束はできないよ。努力するなんてこともね」。彼女は少年院に送ると毎日のように彼を脅した。ロニーは一三歳のときに銃を持ち、一五歳のときにはバスに乗っている際に自分の脚を撃ってしまった。

ロニーはすばらしいダンサーであり、彼の言葉でいうと「小さなポン引き」でもあった。実際に彼と初めて会話をしたのは、私たちが町にあるいくつかの拘置所を車で回っていたときである。その日の早朝に逮捕されたマイクがどこに勾留されているのかを私たちは探し当てようとしていた。車の中で、ロニーは私の歳を尋ねた。二一歳だと私は答えた。しばらくして、彼ははにかんで言った。「君よりも年上の女性と付き合ったことがあるよ」

私たちが出会ってからほどなくして、ロニーは近所で有名になった。ウェスト・フィリー〔フィリーはフィラデルフィアの愛称〕からサウス・フィリーまで、最初はパトカーで、その後は徒歩で、ガソリンスタンドやコインランドリー、そしてアーケードで警察に追われたからである。彼はその後の六年間のほとんどを、ペンシルベニア州北部とメリーランド州にある少年院で過ごした。

アレックス

アレックスは六番ストリートから数ブロック離れたところで育ったが、少年時代はずっと六番ストリートをぶらつき、高校でチャックとマイクの親友になった。彼は母親と暮らしていたが、一五歳になったときに父親が家族と再び連絡を取り始め、彼らの暮らし向きはかなり良くなった。父はその地区で小さな会社を二つ経営していて、アレックスはそこに放課後顔を出すようになった。

二三歳の頃、アレックスは不機嫌そうでくたびれ切った肥満男性になっていて、よちよち歩きの赤ん坊二人とその母親を世話することが耐え難い重荷になっていた。彼は一〇代のときに近所でクラックとピルを売り、麻薬で有罪判決を受けて刑務所で一年過ごした。二年間の仮釈放判決に従い、二〇代前半まで、生活のために一生懸命働いた。父親が経営するエアコン修理店でアルバイトとして働き、二〇〇四年の暮れにはフルタイムで働くようになった。マイクとチャックは時折、もし父親が小さな会社を経営していたら自分たちも仕事にありつけたのにと不満げに漏らすこともあったが、アレックスのことをおおむね喜んでいるようだった。そして彼がまっとうな暮らしを続けられるよう願っていた。

アンソニー

私たちが出会ったとき、アンソニーは二二歳で、六番ストリートの外れに放置されていたジープで暮らしていた。彼は否定したが、その前年におばの財布から盗みを働いたところを彼女に見つかり、家から叩き出された。たまに建設現場でのちょっとした仕事を見つけては日雇いで働き、数週間続く現場作業に加わることもあった。その間、マイクは時々少量のクラックを渡して彼に売らせようとしたが、盗まれても抵抗しなかったこともあって、まったくうまく売れなかった。「ここ［車の中］で暮らしているから、俺はあいつらに一発お見舞いすることもできないんだよ。分かるかい？」とアンソニーは説明した。「みんな俺がどこにいるか知ってるんだ。俺を守るものなんてないのさ」

アンソニーと出会ったとき、その年に結審した事件の訴訟費用一七三ドルを納めていなかったため、彼には勾引状が出されていた。判決を待ちながら、彼はすでに一年のうち九ヶ月間を拘置所で過ごしていた。その後すぐに、アンソニーに勾引状が出ていることを知っていた二人の隣人が警察に通報して彼を逮捕させた。アンソニーに靴を三足盗まれたと彼らが言ったからである。

「俺がスニーカーを三足もどこに置くってんだ？」と、ジープの後部座席を指差してアンソニーは問い返した。

「おそらくやつは売ったんだ」とマイクは言った。「食いもんとハッパを買うためにね」

肺炎と思しき病気をアンソニーが患ったとき、チャックは祖父の就寝後に彼を裏口からこっそり連れ込み、地下室にある自分のベッドの隣に毛布を敷いて寝かせ始めた。チャックの母ミス・リンダはお金がかかると言ったが、その年にチャックが逮捕された後も彼女はアンソニーを家に置いた。腹を立てたときにアンソニーがしきりに漏らしたのは、ミス・リンダの元を離れて自分の居場所に戻れないということだった。彼女はよく、彼が寝ているすきに、彼が貯金しようとポケットに入れていたお金をくすねていたからである。

＊＊＊

チャックと六番ストリートの友人たちが悪戦苦闘した法律上の問題は、私にとって途方もないものであるように思えた——詳しい注釈なしでは事実を正確に説明できないほど、あまりに頻繁に起こり、複雑だった。二二歳から二七歳までの間に、マイクは拘置所や刑務所で約三年半を過ごした。投獄されていなかった一三九週のうち、八七週は五つの判決が重なったため、保護観察か仮釈放の状態だった。三五週は、逮捕令状が出されている状態で、合わせて一〇の令状が彼に出されていた。また、五年間に少なくとも五一回出廷し、そのうちの四七回は私が付き添った。

私は当初、チャックとマイク、そして彼らの友人たちが、町外れの非行グループ、つまりその地区の鼻つまみ者たちだと決めてかかっていた。案の定、彼らの何人かは、機会さえあればマリファナとクラックを地元客に売りさばき、激しい銃撃戦を起こしたりもした。私は六番ストリート出身の若者たちの多くが、少なくとも断続的に麻薬を売ってお金を得ていて、チャックと友人たちが抱える刑事司法の問題が、その地区に住む失業中の若者たちの多くが経験しているものと同じものであることを理解するようになった。二〇〇二年にチャックが高校三年生に進級するまでに、彼のクラスでは女子の数が男子の数の二倍以上になっていた。二二歳になったとき、彼が高校の新入生名簿に目を通すと、中学三年生のときの同級生男子のおよそ半分が拘置所か刑務所にいることが分かった(3)。

指名手配中

二〇〇七年、チャックと私は六番ストリート地区の一軒一軒を訪ねて、世帯調査を実施した。私たちは一八歳から三〇歳までの男性三〇八人にインタビューを行った。そのうち一四四人は、過去三年間に、裁判所が科した罰金や訴訟費用を滞納しているか、公判期日に出廷しなかったかで逮捕令状が出されていると明かした。一一九人は、同じ期間中に、保護観察か仮釈放の遵守事項に違反(例えば飲酒や門限破り)したために、令状が出されていると明かした。

フィラデルフィア令状係の関係者によると、二〇一〇年の冬、フィラデルフィアでは八万もの未決令状が発行されていた。そのうちのごく一部は新たな刑事事件に対する令状——いわゆる収監状——だった。ほとんどは裁判所へ出頭しなかったか訴訟費用を滞納したために発行された勾引状か、保護観察や仮釈放の遵守事項違反で発行された規定違反令状だった。

一九七〇年代まで、未納令状が出されている人々を検挙するための市の取り組みは、二人の男性によって担われていた。彼らは夕方にオフィスに出勤し、令状リストに記載された人々に電話をかけては、出頭して公判期日を新たに設定するか、未納の訴訟費用の納付計画を立てるよう促した。日中、この二人は受刑者の移送をしていた。一九七〇年代に入ってからは、未決令状が出されている人々を積極的に追跡するために、専門の令状係がフィラデルフィア裁判所に設置された。新たに就任した警部は、追跡システムの改善と更新、そして事件ファイルのデータベース化を誇らしげに語った。

一九九〇年代までに、フィラデルフィア市警のすべての刑事部は、それぞれに令状係を有していた。今日では、連邦捜査局（FBI）、アルコール・タバコ・火器及び爆発物取締局（ATF）、連邦保安局も、フィラデルフィア市警とは別に令状係をそれぞれ独自に運営している。

令状が出されている人々の検挙に重点的に取り組む警官と特殊班の数が増加するにつれ、彼らを捜索し身元を割り出す技術が改良された。パトカーにはコンピューターが導入され──まずは市警内で、それから国中の警察署で──、市民の犯罪歴と係属中の訴訟が同期された。国中のどの管轄からでも、ほぼ瞬時に、あらゆる種類の令状から個人の名前を検索することが可能になったのである。

警官や特殊班による逮捕件数は、少なくとも一九六〇年代以降、捜査実績の重要な指標となっている(4)。技術の向上によって、令状が出されている人々を連行することは、警官にとって犯罪に積極的に取り組んでいることを示すための手っ取り早い方法になった。より多くの令状を処理し、より多くの人々を逮捕する警官や部署は非公式に報奨が与えられ、比較的逮捕者の少ない警官や部署はそれに追いつけと促された。

フィラデルフィア市警の警官たちは、インタビューの中で、ある特定の人物を捜索している際には、社会保障記録、訴訟記録、入院記録、電気やガスの請求書、そして雇用記録を調べると語った。彼らは容疑者がよく出入りする場所（例えば、自宅や仕事場、街角）に、容疑者が顔を出すと予想される時間を狙って立ち寄る。もし容疑者の家族や友人が協力的でないなら、逮捕すると彼らを脅す。優先度の低い令状が彼らに出ていたり、保護観察中であったり、係属中の訴訟がある場合はなおさらである。こうした方法に加えて、フィラデルフィア市警の管轄外にある令状係は、令状が出されている者や、保護観察中ないし仮釈放中の者、あるいは保釈中の者を追跡する、高度なコンピューター・マッピング・プログラムを使用する。警官たちはこうした潜在的な情報提供者を逮捕し、警察が捜索している者の情報が提供されないとなると、投獄をチラつかせて脅すのである。ある地元のFBI捜査官は、旧東ドイツの秘密警察シュタージのドキュメンタリーを見た後に、コンピューター・プログラムの開発を思いついた。捜査官たちは別のコンピューター・プログラムを使用して、携帯電話の位置情報を追跡して指名手配犯をリアルタイムで追う。

＊＊＊

六番ストリート地区における逮捕と収監の恐怖は、令状が出されている若者だけでなく、裁判中だったり、保護観察や仮釈放の期間を満了しようとする者にも重くのしかかる。こうした若者たちは、保護観察や仮釈放中に遵守すべき規則によって、夜中に出歩いたり、車を運転したり、州境を越えたり、お酒を飲んだり、友人と会ったり、市内の特定エリアを訪れたりすることを禁止される。厳しい取り締まりの状況とあいまって、こうした規則は当局と遭遇する可能性が高いことを意味し、また多くの場合、釈放期間中の遵守事項違反や、拘置所ないし刑務所への速やかな送還という結果をもたらす。収監の脅威は、自宅拘禁中もしくは更生施設で暮らす男性たちにも同様につきまとう。たとえ告発が後に取り下げられたとしても、判事が再逮捕によって保釈を取り消し、再び自分たちを収監しうることを、保釈中の人々は理解する。加えて若者の多くは、法的にこみ入った事情を抱えていようがいまいが、新たな告発を懸念する。今日明日にも警官に呼び止められるかもしれず、そうなればささやかな自由が奪われるかもしれない。

マイクとチャックが午前中に友人たちと外で集まっているときにしばしば最初の話題に上るのは、誰が前夜に身柄を拘束され、誰が警官を振り切って逃げたかということだった。彼らは、警官がどうやってその者の身元を割り出して所在を突き止めるのか、何の容疑で告発されそうか、捕まって逮捕されるとどんな身体的危害を加えられるのか、何を押収されるのか、そして追跡中に何が壊され何がなくなるのかについて話した。

普段の会話に、警察用語、刑務所用語、そして法廷用語が頻繁に出てくる。チャックとマイクは、何か問題を起こして友人や家族から非難されると、恋人をCo-Ds（共同被告人）と呼んだり、パクられる（ある犯罪で逮捕され告発される）ことについて話したりした。刑務所や拘置所から電話することが許されている家族や友人たちの電話番号のことをコールリストと言うが、これは親しい友人たちを表す言葉となった。

六番ストリートで過ごした最初の一週間、私は五歳と七歳の少年たちが追いかけっこをして遊んでいるのを見かけた。一人の少年が警官役で、もう一人の少年を追いかけていた。「警官」がもう一方の少年に追いつくと、相手を押し倒し、手錠をかける仕草をした。令状が出されていないか、銃や麻薬を所持していないかと問いただしながら、彼はボディチェックをしてポケットを探った。中から二五セント硬貨を取り出し、笑いながら「押収するぞ！」と大声を上げた。その後の数ヶ月、私は子どもたちが追いかけっこするのをやめて、手錠がかけられているかのように、単に両手を背後に回したり、求められてもいないのに車に身体を押し付けたり、地面に伏せて両手を頭に置いたりしているのを見かけた。「おまえをブチ込むぞ！　おまえをブチ込んで、もう家には帰さないぞ！」と子どもたちは怒鳴り散らした。私は一度、六歳の子が別の子のズボンを押し下げて「体腔検査」〔薬物などを口腔、鼻、耳、肛門などの体腔に隠し持っていないかを調べるための検査〕をしているのを目にした。

一〇代初めに、チャックとマイクは、警察を怖れること、そして警察が近づいてきたときには逃げることを学んでいたのである。

第二章　逃走術

警察に身柄を拘束される心配のある若者は、日常生活でのありふれた行動に危険を覚えるようになる。刑務所の外で生き延びるため、何でもない路地に入っていくのをためらい、人が気づかないことに目を向け、人が信頼し当然と思っていることに怖れを抱く。

そうした若者が最初に発達させるものの一つが、警官に対する強い意識である――どんな姿で、どのように移動し、いつどこに現れそうか。覆面パトカーの車種、警官たちの体形や髪形、彼らが巡回するタイミングと場所を覚える。警官に対して意識を働かせつづけているのである。私服姿の警官がショッピングモールのフードコートで子どもたちと一緒に座っているのに気づく。幹線道路では、三車線離れた一〇台分後方にいる警官をバックミラーで見つける。そして警官の出現を示す何かしらの兆候を察知する前に、発汗と速まる鼓動で身体が警官の接近を予期していることに時折気づく。

マイクに初めて会ったとき、警察に対する意識の強さは彼だけがもつ特別な才能だと思っていた。その後、チャックもまた警察がやって来るのが分かるようだと気づいた。アレックスも同じだった。警官が近くにいると感じると、彼らはその地区に住む他の若者たちと同じように行動した。逃走して隠れたのである。

チャックは一二歳の弟ティムにその策を分かりやすく教えた。

サツがやって来る物音を耳にしたら、やつらからずらかる［逃げる］んだぞ。自分が何をしたかとか、やつらに何されるかなんて考えてるヒマはねえ。やつらが来たらつべこべ言わずにずらかるんだ。やつらが捜してるのが誰だろうと、それがおまえじゃなくたって、十中八九やつらはおまえをブタ箱にブチ込むんだからな。

ティムはまだ警官からの逃げ方を学んでいる最中で、ひよっ子ゆえの失敗は、兄たちや彼らの友人たちにとって格好の笑いの種だった。

ある晩遅く、私の大学の友人で白人の子が、レジーと彼の友人を私のアパートまで車で送った。当時一一歳だったティムが友人の車に気づくと「覆面パトカーだ！　覆面パトカーだ！」と叫びながら通りを走ってきたと、チャックとマイクは電話をかけてきた。

「おい、あいつはアリスの友だちだ」とマイクは笑った。「昨日の夜、彼女は俺たちと飲んでたんだ」
うまく逃げ切ることが警官の見分け方の習得にかかっているとしても、逃げ方の習得も必要になってくる。チャック、マイク、そして彼らの友人たちは、互いを追いかけたり、車で追い回すことで、この技術を磨くのに幾晩も費やした。きっかけとなったのは、誰かがCD、ポケットの中の五ドル札、マリファナ入りの小袋などを誰かから取ったというようなことだった。レジーと友人たちは、走ったり車を使ったりして恋人から逃げることもあった。

ある日の夜、私はレジーと、通りの向かいに住む一八歳の彼の友人と共に、ロニーの家の外に立っていた。おしゃべりの途中で、その友人は自分の車に飛び乗って走り去ってしまった。彼は恋人から逃げているんだとレジーは説明した。彼女は別の車で彼を追いかけていた。彼女は家で一緒に過ごしたがったが、彼は断り、その代わりにバーに行きたがったのだとレジーは言った。この追いかけっこは一晩中続き、彼女は居所を教えてほしいと友人や親戚たちに協力を求め、彼も同じことをした。午前一時頃、彼女はビール店に向かっていた彼を捕まえ、家に連れ戻したらしい。

こうした追いかけっこがゲームなのかもっと真剣なものなのかは、いつもはっきりしなかったが、本気に見えるときもあった。そのとき、あるいは後にこの追いかけっこをどう意味づけるかにかかわらず、若者たちは追いかけっこによって逃げる技術とすばしっこさに磨きをかけた。仲間、恋人、場合によっては母親から逃げながら、レジーと友人たちは、路地を通り抜け、車の間を縫うように走り回り、少しの間彼らを匿《かくま》ってくれる地元住民を見定める方法を学んだのである(1)。

六番ストリートで過ごした最初の一年半の間に、若者たちが警察から逃走し隠れるのを、私は一一一回も目にした。これは平均して五日に一回以上のペースである(2)。

警察とめったに関わることのない者は、警察からの逃走を無意味だと思うかもしれない。下手をすると、逃走は告発の増加や暴力につながるのではないかと。後者は明らかだが、前者はそうではない。六番ストリートでの最初の一八ヶ月間、私は四一もの異なる状況で、ある若者が警察に呼び止められて逃げるのを目撃した。このうち、八件が家宅捜索の際の自宅からの逃走であり、二三件が歩いているときに呼び止められての逃走（グループでいるときに警察が近づいてきたため逃走したものを含む）、六件がカーチェイス、二件が車と足を使った逃走の組み合わせで、カーチェイスに始まり、その後車を降りて走るというものだった。

これらのうちの二四件で、その男性は警察から逃げ切った。二四件のうちの一七件は、彼が何者か分からなかったらしく、警察は逃走した彼に対して何の告発もできなかった。その後逃亡罪や他の罪で彼を告発したときでさえ、彼はうまく逃走したおかげで、単に警察に手錠をかけられ連行されるよりも長く刑務所の外にいることができた(3)。

単独行動のほうが逃走はうまくいくが、集団でもうまくいくことがある。若者は、友人、知人、隣人を当てにし、警官がやって来るのを見かけたら知らせてもらい、警官がどこにいて、次にいつどこに現れるのかについて情報をもらう。警察が捜査を行うと、友人や隣人たちは知らないふりをするか、誤った情報を警察に摑ませる。彼らは罪に問われるような物を隠し、若者が潜むことのできる隠れ家を提供し、逃走の手助けをすることもある。

以下は二〇〇六年九月のフィールドノートからの抜粋である。

午前一一時頃、私はチャックの家の裏手に向かって路地を歩いていた。裏口のポーチに着く間際、チャックが隣人に何かを叫びながら鉄製の階段を駆け下りてきた。レジーもまた声を上げながら彼の後に続いた。母親のミス・リンダは二階のバルコニーに出てきて警官が近くまで来ているから、OKサインを出すまで、とくにレジーを戻ってこさせないでと私に言った。レジーには訴訟費用滞納で令状が出されていて、警官が名前を照会すれば間違いなく連行されることを私は思い出した。

チャックとレジーが路地へ向かうのを見守っていると、チャックは引き返してきて、来いと私に叫んだ。私たちは裏庭を二つ突っ切り、小さな柵を乗り越えて進み、およそ三ブロック走った。私たちが通ると犬たちが吠えた。私は半ブロック遅れ、チャックとレジーを見失った。息を切らし、警察が来ているかどうか確かめようと振り返りながら、私はペースを落として歩いた。そのとき、「おい」という声が聞こえ、見上げると二階建て住宅の二階の窓から身を乗り出しているチャックが目に入った。見るからに信心深そうな五〇代の女性がドアを開け、私が近づくと

「上よ」とだけ言った。

　チャックとレジーは彼女の衣装部屋にいた。このとても保守的に見える女性は、二階にある予備の寝室を大きなウォークイン・クローゼットに変えていた。そこには店で買って自分で取り付けたような白い金属製の棚があり、靴、ハンドバッグ、衣類が色別に並べられていた。

　私たちは逃走のせいで気分が少し高揚していた。レジーが靴のコレクションを見ようとチャックの横をすり抜けるとき身体が触れた。チャックはどれだけ汗まみれなんだと弟をからかい、自分の腕をおおげさに拭った。

「兄貴はどうなんだよ。肩に弾の欠片《かけら》が入ってるから走らねえんだろ」一ヶ月前に撃たれたチャックの、うなじのすぐ下に残った銃弾の欠片の話をレジーは持ち出した。

　チャックは笑った。「絶好調さ」肩の傷は単にバスケットボールをしていたときに負ったものだと彼は説明した。

　レジーは小さなヒョウ柄のスツールに座って言った。「俺より速く走れるブタ野郎の名前を言ってみろ。ここいらだけじゃなく、フィリーのどこにもいねえだろ」

「勝手に言ってろ」とチャックは文句を言った。

　チャックは、ミス・トーヤがこんなだとは知らなかっただろうと言って、膨大な靴のコレクションを冷やかした。レジーはスエードのハイヒールを一足引っ張り出し、片方を履こうとして、私にストラップを留めてくれと言った。そしてミス・トーヤのパソコンを立ち上げ、ピットブル〔闘犬用の犬種〕のウェブサイトを閲覧してから、YouTubeのストリートファイト動画を眺め始めた。有名なストリートファイターであるキンボが対戦相手の目の辺りを繰り返し殴ると、チャックは恐怖で身をすくませて叫び声を上げ、彼は血まみれの叩き潰された眼球組織を「スパゲティとミートボール」と呼んだ。

私はチャックに、走りたくもないのにスニーカーを汚させてまでなぜ走らせたのか尋ねた。

「いい練習だろ」

レジーはにんまり笑って言った。「マイペースで走れよ、A《アリス》」

「あなたは陸上選手でもないのに」と私は返した。

「なんだって⁉　俺は足が速いんだぞ」

チャックは、誰の捜索で何人の警官が自宅のあるブロックにいるのかを確かめるため、まず母親に、次に隣人に電話をかけた。どうやら警察は、オフロードバイクを呼び止めた際にバイクを捨てて走って逃げた男性を捜しているようだった。彼らはこの男性を見つけることはできなかったが、隣の家で別の男性を二人捕まえた。一人は出頭拒否で勾引状が出されていて、もう一人はポケットに少量のクラックを所持していた。電話に向かってチャックは言った。「ちくしょう、やつらはジェイ・ジェイをパクったのか？　ちくしょう」

およそ一時間後、母親がチャックに電話をかけてきて、警察が去ったことを伝えた。私たちはもう一〇分様子を見てから、街角にあるパピーの店に向かった。チャックは七面鳥のサンドイッチとバーベキュー味のポテトチップスを頼み、お礼としてミス・トーヤに持って行った。それから私たちは葉巻とソーダを手にブロックに戻った。

逃走は、警官たちがやって来る際に取るべきもっとも賢明な方法とは必ずしも言えなかったが、逃げようとする衝動が強く染み付いているため、その場にじっとしていることが難しいときがあった。

警察がレジーを捜索しに来たとき、彼らは私が立っている場所から数えた限り、少なくとも五台のパトカーを使って路地の両端を同時に封鎖した。彼らはその後、レジーの母親の家に駆け込んだ。チャックとアンソニーと他の二人の若者は外にいて、罠にかかってしまった。チャックと二人の若者は《クリーン》だったが、アンソニーには出頭拒否に対する令状が出されていた。警察はレジーを家から引きずり出し、地面に伏せさせ、身体検査をした。一人の若者が、落ち着いてじっとしているよう、アンソニーに耳打ちした。アンソニーは、レジーに手錠がかけられ、パトカーに乗せられるときはおとなしくしていた。だが、その後レジーが彼に妙な視線を向けて、警察に何か言っているような気がすると小声で言い始めた。アンソニーは汗ばみ、手をぴくぴくさせ始めた。若い二人の若者と私は冷静になるよう彼にもう一度ささやいた。一人が言った。「大丈夫だ。あいつはおまえを見ちゃいない」

私たちはその場に立ち尽くし、そのままだらだらと時間が過ぎていった。パトカーに乗り込む前にレジーが何かを捨てたのではないかと警察が地面を捜し始めたとき、アンソニーはそれ以上耐えきれない様子だった。ぶつぶつ言い始めると、彼は路地に向かって走り出した。警官の一人が彼を追い、それまで彼の隣に立っていた若者は落胆してやれやれと首を振った。

アンソニーの逃走のせいで、その場に立っていた二人の若者は別の警官に車に押し付けられ、身体検査をされ、名前を照会される羽目になったが、幸運にも彼らは《クリーン》だと判明した。その後、さらに二台のパトカーがサイレンを鳴らしながら路地にやって来た。警官たちが若者たちを検査し終えて五分ほどしてから、若者の一人が通りにいる友人から一通のメールを受け取った。彼が携帯電話を黙って手渡してきたので、私も読むことができた。

《アンソニーがたった今パクられた。やつらにボコボコにされてる》

この事件が起きたとき、チャックは母親の自宅の地下室にある自分のベッド脇の床にアンソニーを泊めるようになったばかりだった。そのため、アンソニーが警察署から最初に電話をかけたのがチャックの家だった。

ミス・リンダは電話を取り、すぐさま彼を怒鳴りつけた。

「あんたはなんて間抜けなんだい、アンソニー！　誰もあんたの足を引っ張ってないし、あんたを見ちゃいないよ。なんで逃げ出したのさ？　バカだね。最低のバカだよ。あんたなんかブチ込まれて当然さ。ぼんくら野郎だね。女に電話しな。私にかけるんじゃないよ。出所したら、どこかよそに寝床を見つけるんだね」

＊＊＊

警察を避けるためのテクニックが役に立たず、壁に押し付けられて手錠をかけられたり路地に追い詰められたりしても、望みがなくなったわけではない。捕まると、彼らはときに協力し合って黙秘し、騒ぎを起こして攪乱《かくらん》し、自分たちの権利を主張し、警察を告発するか、新聞沙汰にするぞと脅す。私は折に触れて、こうした手段の一つひとつが、警察がストリートで身体検査や職務質問を続けることを思い留まらせるのを見た。警察に連行されると、若者たちは署内の留置所の鉄格子を使って指先の皮膚の表皮を数枚こすり取ることもある。彼らの身元を割り出し、すでに係属中の法的な問題と関連付ける上で必要な指紋を、警察に入手させないようにするためである。私は指先を血まみれにして釈放された六番ストリートの若者たちを四度目にした。

もめごとの解決で警察と裁判所を避ける

近づいてくる警官から逃げ隠れするだけでは十分ではない。どうしても拘置所の外に居続けたいのなら、危害を加えられても警察を呼んだり、もめごとを解決するために裁判所を利用したりすることはできない。脅迫されるか危険な状態にあるときは、警察や裁判所に訴えることなく、身を守るための別の手段を見つけなければならないのである。マイクが一年間の服役から戻ったとき、逃亡者ではなく受刑者として少し前まで生活していたため、こうした感覚が鈍くなっていた。友人たちは塀の外での生活が危険であることをわざわざ改めて教えてくれたりはしなかった。

マイクは仮釈放されて更生施設に入れられ、毎日門限までに戻らなければならなかった。彼の母親が休暇旅行に出かけていたとき、彼は一緒にテレビゲームをしようと、刑務所で仲良くなった男性を母親の家に招いた。翌日、マイクとチャックと私が一緒に帰宅すると、私たちは、マイクの母親のステレオ、DVDプレーヤー、テレビ二台がなくなっていることに気がついた。後日、隣人の一人が、早朝にその男性がそれらを運び出しているのを目撃したとマイクに言った。

隣人によって泥棒が特定されると、マイクは警察に通報するかどうかじっくり考えた。マイクは泥棒を逃したくなかったが、自力で問題に対処したいとも思っていなかったし、だからといって仮釈放の遵守事項違反という危ない橋を渡るつもりもなかった。結局、彼は警察に電話し、その男性の人相を知らせた。私たちがブロックに戻ったとき、レジーともう一人の友人は、マイクが危険を冒したことを咎《とが》めた。

レジー：おまえは仮釈放中だろ！　昨日戻ったばかりだ！　なんだってサツに通報なんかしたんだ？　やつらがおまえら二人をパクらなくてラッキーだったな。

友人：つまりだな、やつらはおまえに違反がねえから、パクりにこなかったんだ。コンピューターで別の［令状］が見つからなかったのさ。だからって調子こくんじゃねえ［まだ仮釈放中の身であるマイクを責めた］。はっきりしてるのは、おまえが通報しちまったってことだ。俺の言ってることが分かるだろうが、おまえのもの［実名］をやつらにバラしちまったってことなんだぞ。もう、やつらは最新の情報［住所］としておまえのおふくろの住所を記録しちまったんだ。やつらが今度おまえを捜しに来るときは、おまえのおじきのところだけじゃなく、間違いなくそっち［彼の母親宅］にも寄るぞ。

この件では彼らの忠告が正しいことが証明された。数日後、マイクが更生施設に戻ると、警備員たちがアルコール検査をしていることに彼は気づいた。陽性の結果が出て、遵守事項違反でもう一年間刑務所で過ごすことになると思い、彼は検査を受けずに立ち去った。彼はしばらく逃亡生活を送るつもりだったが、三日後に警察が母親の家で彼を発見し、身柄を拘束した。私たちはテレビゲームで遊んでいて、彼はコインランドリーで衣服を着替えようと通りを横切ったところだった。二台の覆面パトカーが停車し、三人の警官が飛び出して彼を追いかけ始めた。彼は二ブロック走ったところで舗道に押し倒された。自分が盗難を通報したことが、後に警察が母親の新しい住所を知った原因であるのは明らかで、通報した自分の軽率さを嘆いていると彼は語った。

若者たちは裁判所も危険だと考えるようになる。チャックは暴行事件による収監から戻った一年後、高校の卒業証書と建築技能証明書を手に入れようと、高校を卒業していない若者向けの職業訓練プログラムを受けた。彼は見事に二二歳で修了し、ある建築作業員の元で見習いの働き口を見つけた。この頃、彼はベビー・ママと口論するようになっていて、彼女は一歳半と六ヶ月の娘二人を彼と会わせるのをやめた。考え抜いた末、チャックは部分的親権を申し立てようと、彼女を家庭裁判所に呼び出した。彼は白人男性を家族の問題に介入させることに悩んだと言ったが、彼に何ができただろうか？ 彼は子どもに会う必要があった。当時、チャックは無免許か無登録車の運転で切られた違反切符の罰金として、市に毎月三五ドルを納めていた。全額を納め、運転免許証の申請資格を満たすことを望んでいたのである。チャックが毎月期日までに納付しなければ勾引状が発行されると判事は言った(4)。その後、チャックは郡拘置所で交通違反切符の罰金を帳消しにした（罰金と手数料は勾留されると日々減免される）。

家庭裁判所で部分的親権を得るための調停が行われた五ヶ月間、チャックは建築見習いの仕事を失い、市への交通違反切符の罰金の納付を中断した。実際に令状が出されたかどうか分からず、調べようとしたがうまくいかなかったと言った。いずれにせよ、彼は翌月、子どもの親権の申し立てで裁判所に行った。ベビー・ママは、彼は麻薬の売人で、子どもたちの部分的親権を手にする資格はないと述べた。何らかの令状が出されているか確かめようと、判事はすぐにデータベースで彼の名前を検索したが、見つからなかった。私たちが裁判所の建物から出てきたところで、チャックは私と母親に次のように言った。

俺は「裁判所書記官が彼の名前を検索にかけたとき」逃げ出したかったんだが、その場から出て行く方法はなかった――お巡りと警備員が多過ぎたんだ。だが、俺のはキレイさっぱりなくなってた。だから、やつらは違反切符の令状を出してくるんじゃねえかって思ったが、そこまでは手が回らなかったんだな。

判事はチャックの申し立てを認める判決を下し、毎週日曜日に裁判所が監督する保育所で子どもと面会することを認めた。だがチャックはこうした面会に不安を覚えたと言う。「ドアの中へ入って行くたびに、今日なのかって思っちまうんだ。保育所から出てきた途端、やつらは俺を逮捕しに来るんじゃないか？　ってな。俺には、『パパ、どこ行くの？』っていう［娘の］顔しか思い浮かばねえんだ」

一ヶ月後、親権の条件に基づき、チャックは週末に娘たちを迎えに行くためにベビー・ママの家に行くことを許可された。彼はこれらの面会に興奮した様子で現れた。裁判所を介さず、さらには令状が執行されるかもしれないと身構える必要もなく、子どもに会うことができたからである。

警察はかつてきわめて存在感が薄く無関心に振る舞っていたため、貧しい黒人コミュニティの住人たちが、身を守り、もめごとを解決する上で警察を頼れなかったのだとすると、現在の住人たちはさらなる障壁に直面しているように思える。彼らは法律上の問題が原因で警察に頼れずにいるのである。警察はどこにでもいるが、治安の番人として助けを求めることはできない。

＊＊＊

法的に危うい男性たちが当局を頼る際に覚えるためらいには、重要なことがいくつか暗示されている。第一に、警察と裁判所を避けることは、犯罪被害から身を守るために、若者たちは一般的な法的手段を用いない傾向があることを意味する(5)。保護観察や仮釈放中の若者たちはこうした手段を一時的に用いることもあるが（そして、自分たちが提供した新たな情報が利用されて警察に逮捕されると、それを後悔する）、令状が出されている若者たちは普通、当局に近づかない。六番ストリートで過ごした最初の一年半を通して私は、傷害や盗難、脅迫の被害に遭って警察に連絡した若者たちに関する二四の事例をノートに書き留めた。これらの若者たちは、法的に問題がないか、もしくは係属中の法的制約の下にはなかった。六年間の調査期間中に、令状が出されている状態で警察に連絡したり、自発的に裁判所を利用したりする人物を、私は一人も見かけなかった。さらに言えば、これらの若者たちは、当局を身の安全に対する脅威としてしか見ていないようだった。

四三歳のネッドと、彼と長年交際している恋人で四六歳のジーンは、マイクと同じブロックに住んでいた。チャックはジーンが麻薬とうまく付き合っている、つまり麻薬中毒でありながらも家庭を切り盛りしていると言っていたが、彼女はクラックを大量に吸っていた。ネッドは失業中で、小遣いを稼ごうと時折一ドルパーティー——入場料一人一ドルで、飲み物、食事、一ドルを賭けるゲームを提供するホームパーティー——を主催していた。彼はまた、郵送された小切手をかすめ取る、クレジットカードを盗むといった、ひどい詐欺にも手を染めていた。このカップルは、里子を養育することで主な収入を得ていた。ネッドとジーンが市の固定資産税の滞納で家から追い出されるかもしれないと知ったとき、ジーンはレジーのいとこに電話をし、彼が長年想い続けている女性の噂話があるから家に来いと言った。彼がやって来ると、パーカーのフードで顔を隠した男性が彼に銃を突きつけた。レジーは後に、彼のいとこは自分が当時そのブロックで令状が出されている唯一の若者で、経済的に逼迫《ひっぱく》したカップルの格好の標的であることを、ネッドとジーンの家に行く前に知っておくべきだったと言った。

令状が出されていることを知られている若者たちは、誰かを食い物にしたり、金品を奪おうとさえ狙っている者たちの標的になれば、自衛や復讐のために暴力に訴えるだろう。

ある冬の朝、チャックとマイクと私は、マイクが出廷した後に当局に身柄を拘束されなかったことを祝おうとダイナーで朝食をとっていた。チャックの母親が電話をかけてきて、家の外で彼の車に火炎瓶が投げつけられ、消防士が火を消していると言った。チャックによれば、車に放火したのは、麻薬を売ったらすぐに代金を支払うという約束で、売り掛けでチャックに麻薬を渡していた男性だった。しかし、その週のはじめ、警察が所持品検査で彼のポケットから現金を押収してしまったため、チャックは代金を支払うことができないでいた。この車は、前の週にノースイースト・フィラデルフィアにある中古車販売店で四〇〇ドルで購入した一九九四年式のボンネビルで、チャックが初めて合法的に購入したものだった。その後、彼は朝食の残りを食べ終えるまで口を開かなかった。それから、私たちがマイクの車のほうに歩いていくと、チャックは言った。

マジでイカれてるぜ。俺がお巡りのとこに行くわけねえだろ。「えー、ちょっとお巡りさん、少年が僕の四輪［自動車］を燃やしたようなんです」。そいつは俺の名前や何かを照会して、今度こそ俺に令状が出てるって気づくんだ。その次はだな、俺が黒いってことでパクられるんだ。俺は、あいつが俺の四輪を燃やしたせいでブチ込まれるんだ。何てこった。あいつにハメられるなんて。

チャックとマイクは、チャックが自ら行動を起こすべきかどうかを議論した。何もしなければば彼はこれ以上の法的トラブルを抱えることはないが、二人とも気がついていたように、指をくわえて見ていれば、二人を「意気地なし」（sweet）だと解釈する者たちにつけ込まれる。

数日後、チャックはマイクともう一人の友人とともに八番ストリートに車で向かい、車をスクラップにした張本人と思われる男性の家に向けて、数発の銃弾を浴びせた。負傷者は出なかったが、近隣住民がその事件を通報し、警察は殺人未遂でチャックに収監状を出した。

警察署に出向いたり裁判所を利用したりするのをためらう六番ストリートの若者たちは、彼らは告発しないと知っている者たちから窃盗や暴力の被害に遭いやすい。警察の手の届かぬところで、彼らはもめごとを解決したり、身を守るための方策として、時にさらなる暴力に訴えるのである(6)。

おとり捜査の網

警察に身柄を拘束されることを心配する若者が、警官と裁判所の両方を避けるようになることは想像に難くない。しかし、六番ストリート界隈の若者たちは、単なる法務当局以外にもいろいろなものを怖れるようになる。警察の力が及ぶ範囲は、彼らの周囲——街の公共の場、彼らが日頃関わっている活動、彼らが日頃過ごすことの多い地区——から外部へと網の目のように広がっている。

六番ストリートが位置する市内の多様な所得階層が暮らす黒人居住区域を受け持っているのは三つの病院である。警官たちはとくに夜間や週末にそれらの病院の待合室や玄関ホールに詰めかける。パトカーや囚人護送車が病院の外に駐車し、制服姿や私服姿の警官が救急車の近くに立ち、さらに多くの警官が緊急治療室のそばを歩き回り、中で待ち構えている。発砲事件を捜査したり、そこにやって来る目撃者に職務質問するために病院を訪れる警官もいる。逮捕時に殴られた若者たちが、所轄署や郡拘置所に連行される前に医療を必要とするので、別の警官たちも病院にやって来る。緊急治療室の待合室に座っていると、警官たちが手錠をかけられた黒人の若者たちを連れて二重のガラス扉から出てくるのを私はたびたび見かけた。

私が行った警官たちへのインタビューによれば、警察が黒人コミュニティを受け持つ病院で待機しているあいだに来院者や患者の名前を照会し、令状が出されている者や、傷の具合や態度が新たな逮捕や保護観察・仮釈放の遵守事項違反の根拠となる人々の身柄を拘束することは、標準的な慣行である。

アレックスはこれを二二歳のときに直接経験した。当時、恋人のドナが第一子を身ごもっていた。彼は出産時に病院まで彼女に付き添い、一四時間もの陣痛のあいだ、彼女のそばにいた。赤ん坊が生まれてから数時間後に私が到着すると、まさにそのとき、二人の警官がドナの部屋に入ってきてアレックスに手錠をかけた。彼が両手を後ろに回して立ち上がったので、ドナは泣き叫んだ。それから警官たちが彼を連れて出て行こうとすると、彼女はベッドから出て、彼の身体を強く摑んでうめくように言った。「お願い。連れて行かないで。お願い。明日私が警察署に彼を連れて行くから。誓います。今夜だけは彼と一緒にいさせて」。警官たちは勾留中の銃撃事件の負傷者と一緒に病院にやって来て、いつもどおり来院者リストにある男性たちの名前を照会したのだと私に言った。アレックスには仮釈放の遵守事項違反で令状が出されていると分かったため、彼らは分娩室がある階で他の二人の若者とともに彼を逮捕したのである。

私は令状についてアレックスのパートナーに尋ねた。そして彼女の話から、その違反はガソリンスタンドに車を停めたアレックスを警察が呼び止めた、クリスマスにさかのぼることを私は思い出した。運転免許が取り消されていたため、車の運転は仮釈放の遵守事項違反となった。

産科病棟で警察がアレックスの身柄を拘束してからというもの、六番ストリートにいる友人たちにとって、病院はどんな犠牲を払っても避けるべき場所であるということがますます明白になった。チャックが二一歳になって間もなく、二二歳の恋人は第二子の出産を控えていた。チャックは、たとえ門限を破って保護観察期間の遵守事項違反で勾留されても病院にいるつもりだと彼女に伝えた。彼は彼女が病院に向かうために彼女のおばの車に乗り込むところまで付き添った。ところが土壇場になって、先に行け、自分もすぐに向かうと彼は彼女に言った。

その後、チャックは私とポーチの階段に座り、その状況について話し合った。「あいつに俺は向かってる途中だと伝えた」と彼は言った。「俺が病院にいないからあいつは頭にきてるんだ。あいつの言ってることは分かる。要するに『あんたは約束を破ったのね』ってところさ。でも俺は［逮捕された］アレックスみたいに出かけようとは思わないね。分かるだろ？」

私たちが話しているとき、彼女は繰り返し彼の携帯電話に電話してきたが、着信音が一度鳴ると彼はマナーモードにし、画面に出た彼女の写真をじっと見つめた。

警察に連行されることを心配する若者は、子どもが生まれるときに病院を避け、ひどく殴られても正規の治療を受けるのを拒むのと同様に、刑務所や拘置所の友人や親戚たちに面会することもないだろう。一部の刑務所は面会者の氏名を照会することを一般的な慣行にしている。他の刑務所では、面会者の車に警察犬による捜索を無作為に行い、駐車場の車のナンバープレートと所有者の名前を照会している。

捕まることを心配する若者たちにとっては、葬儀もリスクを伴う。六番ストリート地区で殺された若者たちを弔うために私が参列した九つの葬儀のいずれにおいても、列をなす会葬者を撮影するために三脚付きのカメラを設置し、外で待機する警官たちが目についた。さらに多くの警官が通りの反対側に立ち、近隣のブロックにパトカーを停めていた。私が葬儀についてある令状課の警官に質問すると、葬儀は容疑者を一斉検挙するための絶好の場なのだと彼は答えた。「だが俺たちは一、二ブロック離れて待機することにしている。そうやって自分たちの写真が新聞に載らないようにしてるのさ」

病院や葬儀と同様に、職場もまた令状が出されている人々にとっては危険である。仮釈放で更生施設に移されてすぐ、マイクはタコス店を経営する古い友人を介して職を見つけた。当時二四歳になっていたマイクは、その二週間後、まだ拘置所に入っているみたいに男性だらけの中に一晩たりとも閉じ込められて過ごせないと言い、門限までに更生施設に戻るのを拒否した。彼は恋人の家に泊まり、翌朝になって遵守事項違反を宣告され、判事の判決はまだだが刑務所に送還される可能性に気づいた。戻るつもりはないとマイクは言い、当局は彼を捕まえなければならなくなった。翌日、二名の仮釈放担当官は、マイクが給料の受け取りで立ち寄ったタコス店から出てきたところで彼を逮捕した。彼はこの違反のために刑務所でもう一年過ごすことになった。

マイクがタコス店で捕まったとき、チャックは彼を徹底的に怒鳴りつけた。マイクはチャックが捕まったときのことを覚えていなかったのだろうか？

一九歳の頃、チャックは地元のマクドナルドで働き始めた。彼の運転免許証はすでに保護観察処分の一環で取り消されていたが、その年のうちに、彼は車を運転して保護観察の遵守事項違反を犯した。チャックには令状が出されていたが、警察がやって来たら裏口から逃げ出すだけだと言って、彼は働き続けた。

数週間後、元従業員が他の従業員三人と喧嘩沙汰になり、警察が目撃者から事情聴取をし、関係している女性たちを捜索する間、彼らはそのマクドナルドを封鎖した。喧嘩が始まったとき、チャックは倉庫にいて恋人と携帯電話で話していた。店内に戻ると彼をじっと見つめる六人の警官に気づいたと、彼は言った。家の鍵を持って来るよう私に電話してきた時点で、彼が身柄を拘束されるのは間違いなかった。私が店に着いたときには手遅れだった——パトカーはチャックを後部座席に座らせて走り去るところだった。

警察に追われている——少なくとも見つかり次第身柄を拘束されるかもしれない——と心配する者は、友人、隣人、そして家族すら危険な存在とみなすようになる。第一に、彼は「ホットな」人々を避けなければならない。レジーがコンビニで強盗を働き、防犯カメラの記録映像が夜のニュースで流された後、警官たちは、彼が保護観察の遵守事項違反で令状を出されたとき以上に決然とした態度で彼の捜索にやって来た。レジーがあまりにもホットだったため、同じブロックの他の若者たちは彼と一緒にいるところを見られないようにした。警察の捜索が自分たちにも及ぶのではないかと心配したからである。マイクは私に次のような忠告をした。

一度だけ言うぞ、A《アリス》。レジーには近づくな。あいつはいまホットで、逃走中なんだ。そんなのに巻き込まれるんじゃねえ。サツはあいつを捜しにやって来るだろうよ。だからおまえにはこの辺にいてほしくねえんだ。あいつを車に乗せたりするなよ、電話もダメだ。電話してきても、叩っ切るんだ［電話を切るんだ］。サツはたぶん逆探知してる。下手するとおまえもパクられるぞ［逃亡者を匿ったことで共謀罪で逮捕される］。このブロックには立ち寄るんじゃねえ。あいつに手を振ったりもするな。もうあいつには電話しねえように言っといたが、念のためにな。

若者たちの疑念は警察の特定の標的になっている者たち以外にも及ぶ。警官たちは、標的について情報を提供するよう、彼の親族やパートナーに強い圧力をかけるかもしれない。父、夫、兄弟、息子としての彼の過ちに対する不満や怒りから、パートナーや家族たちは、彼の指名手配の立場につけ込んで、彼に仕返しをしたり、罰するために警察に進んで通報するかもしれない。

通報するよう警察から圧力をかけられるからにせよ、彼を支配したり罰するために指名手配の立場を利用するからにせよ、友人や親族、恋人のせいで当局の注意が向けられると、彼は身近な者たちを潜在的な密告者とみなすようになる。病院に行ったり、警察に通報するのと同様に、友人、家族、愛するパートナーと時を過ごすことは、若者たちを危険に晒すのである。

予測不能な日常を心掛ける

マイクとチャックと友人たちは、普段の行動を危険とみなすようになった。警察を怖れ、裁判所、病院、職場、自宅、そして家族すら、収監につながる潜在的な道筋だと考えるようになったのである。馴染みのある場所や人間関係、そして人々が引き起こすリスクを下げるために、彼らは徹底的に避けることを学んだ。警察から逃げ隠れし、病院を避け、仕事を休み、家族や親しい友人たちといるのをためらうようになった。

六番ストリートの若者たちがとるもう一つの方策は、秘密主義的で予測不能な日常を心がけることである。一五歳のときにロニーが自分の脚を撃ってしまった際、私はこの方策に初めて気がついた。彼が病院に着くと、六人の警官が緊急治療室のロビーを占拠していた。そのうちの二人が素早く彼に付き添っていた若者に手錠をかけた。

ロニーの祖母、おば、いとこ、そして姉妹がロビーに座り、知らせを待ち受けていた。当時逮捕令状が出されていた六番ストリートの若者たちの何人かはまったく姿を現さず、「あいつのことは好きだし」、病院に行きたかったが、そんな危険は冒せなかったと他の者たちに釈明した。マイクを含め、病院にやって来た若者たちは外にいて、駐車場の端を行ったり来たりしていた。中にいるのはどの地元警官で、彼らに見つかることなくロニーに会いに行くチャンスはどれくらいあるものかと話し合っていた。ロニーの友人の一人は緊急治療室のドアから数メートル離れた場所で数分待ち、どんな状況かを聞くと立ち去った。彼はその晩、定期的に戻って来ては、待合室にいる誰かに、近くに来て最新情報を教えてくれとドア越しに合図を送っていた。マイクは私に、病院に残って携帯で彼と連絡を取るよう頼んだ。

マイク：おう、何か分かるまでここにいてくれ。俺はもう行く。

マイク：ロニーの代わりにパクられる気はねえ。俺の記録が照会されれば、三つの令状が出てくるだろ？

アリス：分かった。

その年にロニーのいとこが射殺されると、六番ストリートの若者たちは病院に出向いたときと同じように、素早くこっそりと、葬儀に出入りした。

レジー：俺たちはマジで葬式とかには長居できねえんだ。とにかく、サツが俺につきまとってる［警官たちが彼を捜している］のさ。だがな、俺たちはこっそり出入りして、遺体や何やかやを拝んだ。墓には行かなかったが、やつの［故人の］ばあさんに会ったぜ。ばあさんは後［彼女の家でのお悔やみの会合］から俺たちに［料理の］皿を出してくれたんだ。教会にあんなにたくさんの人間がいたのは幸運だったな。サツは絶対、混乱してたぞ(7)。

予測不能な行動を心掛けることは、単に警察を避ける一助になるだけではない。それはまた、友人や家族による密告のリスクを減らすことにもなる。端的に言えば、隣人、恋人、母親は、若者の居所が分からなければ通報できない。

当時二〇歳だったチャックは、一三歳のいとこに、本気で逃げ回る感覚を次のように説明した。

夜は、何をするにしても最高だ。もし俺がおふくろとか女とか、ブロックを突っ切ってダチに会いに行きたくても、真っ昼間に出かけたりなんかできねえ。影みたいに動かねえとな。俺がさっと出入りして、おまえは俺を見つけたと思うだろ。すると、《どろん》だ。俺が何を着てたか、どこへ行ったか気づかれる前に、俺は消えちまう。

若者たちは、親戚や恋人、隣人たちに対してとても用心深くなっている。会いに来てほしい、あるいは立ち寄ってほしいと親しい者たちから頼まれれば応じてしまうかもしれない。自分たちを陥れる可能性のある潜在的な脅威と捉えているのである。

マイクは次のように述べる。

たいがい、誰かに通報されたり垂れ込まれたりするからブチ込まれるのさ。もし女から電話があって、「ねえ、どこにいるの？　時間を決めてこっちのブロックに来てよ」なんてことになったら赤信号だ。分かるな？　その瞬間に考えるんだぞ。「さて、あいつはなんで俺を待ってるんだ？」ってな。

一九歳になるチャックの隣人は、裁判所への出頭拒否で勾引状が出されたとき、二度と拘置所には戻らないと決意した。彼は一ヶ所にせいぜい二、三泊ずつ、いくつもの家に寝泊まりした。彼は電話で、自分がどこに泊まっていて、その次はどこに行くつもりなのかについて、家族や恋人、そして同じブロックに住む仲間たちによく嘘をついていた。次の家に車で送ってもらうときには数ブロック手前で降ろしてくれと頼み、車が視界から消えるまで待ってから家に入った。六ヶ月間、ブロックの誰も、彼が泊まっている場所を知らないようだった。

警察はいないかと肩越しに後ろを確認する若者たちは、誰もが知る決まりきった日常生活こそ収監へ至る道だと知っている。決まりきった日常生活を送れば、警察が若者の居所を直接突き止めたり、友人や家族が彼を警察に通報することがいっそう容易になる。秘密主義の予測不能なスケジュールに従うこと——すなわち、寝床を変え、不規則に働き、自分の居所について他人を欺き、事前の計画の約束をしないこと——は、逃走の一般的なテクニックであり、若者たちがここで取り上げた多くの道筋を通って拘束されるのを避けるのに役立つのである。

感づかれずにやり過ごす代償

ほとんど文無しだったとき、マイクとチャックと彼らの友人たちは、なけなしの金をはたいて数々の非合法の品物やサービスを手に入れた。それらは、彼らが当局から身を守ったり、拘置所や刑務所への収監を遅らせたりするのに役立つはずのものだった。

彼らが探し求めた主な品が《クリーン》なＩＤだった。

読者の多くは、彼らが一日のうちにどれくらいの頻度でＩＤを提示したり、クレジットカードや住所証明書を手渡すよう求められたりするのか知る由もないだろう。これらのＩＤを所持し、警察の脅威に縁のない人々は、こうした書類が要求されてもその頻度など考えない傾向にある。ところが、警察に追われていたり、その場で身柄を拘束されることを心配する六番ストリート界隈の若者たちにとって、合法的なＩＤは大きな悩みの種なのである。

一方で、マイクとチャックと友人たちは、警察に発見されるのを怖れ、身元が知られるのを望んでもいなかった。彼らは、ＩＤを携帯したり、本名を言ったり書き留めることに二の足を踏んでいた。六番ストリート界隈では、親友同士であっても互いに名字を尋ねることは不適切だとみなされており、若者たちは、万一を考えて、会う者に偽名を伝えた。親しい関係にある仲間同士が、ときに互いの名字を何年間も知らずにいる。それでも若者たちは、自身の身元を隠すのを望み、ＩＤの使用を怖れ、生活する上で必要なあらゆる身元の証明書を入手できない。仕事に応募し、警備員がロビーに常駐する建物に入り、携帯電話を購入し、店に車を停めるために必要とされる公的な文書は、貧困、住所不定、法律上の問題、そして恐怖が複雑に組み合わさることで、彼らには手の届かないものとなるのである。

私がレジーと知り合ってからの一一年間、彼は係属中の訴訟、令状、保護観察・仮釈放判決のいずれかに対処したり、もしくはその三つが組み合わさった状況を乗り越えながら、拘置所や刑務所で過ごしてきた。再び刑務所から仮釈放となり、珍しく係属中の訴訟も令状もない状態だったある月、彼は州発行のＩＤを手に入れるために手を貸してほしいと私に頼んできた。ほぼ取得不可能と思えた運転免許証ではなく、非運転者向けに州が発行するＩＤカードである。このＩＤがあれば、仕事に応募し、拘置所にいる家族や友人たちに面会に行き、ホテルの部屋にチェックインすることができる上、警察に呼び止められても即座に名前の照会が可能で、未納令状が出ていないことが確認される。

私たちはまず、彼の出生証明書を申請する必要があったが、彼の母親は、レジーが生まれてからの数年間を家族が過ごしたホームレス向けのシェルターを出るまで持っていたことをおぼろげに記憶しているだけだった。この書類を入手するために、ダウンタウンの役所を幾度も訪れる必要があり、別の身元の証明書、すなわち社会保障カードと二通の郵便物（手紙ではなく請求書のようなもっと公式のもの）が必要だった。これらの書類を三週間かけて集め、ダウンタウンの出生登録課で無駄に長い二日間を費やした後、レジーはＩＤが基本的に裕福な人々のためのものだと指摘し、不満げに頭を振った。「ＩＤを手に入れるためにＩＤを持ってなきゃいけねえなんて」と彼は言った。「金と同じじゃねーか」

どこからも入手できずにいたタイミングで、私たちは出生証明書その他のＩＤ申請を専門に扱う男性を六番ストリートで見つけた。人々が身元の証明書を見せると、彼はダウンタウンの役所から各人の出生証明書を取り寄せ、このサービスの対価として四〇ドルを受け取った。結局、この男性は出生証明書の申請用にレジーがなんとか用意したどの書類にも納得せず、ついには身元と住所を証明するために近親者の死亡証明書を使うことを提案してきた。当初、レジーの母親は彼が家から死亡証明書を持ち出すのを許さなかったため、私たちは再び行き詰まってしまった。

六週間にわたってさんざん手を尽くしかなりの金額を費やした後、レジーは出生証明書、住所の証明とみなされる二通の郵便物、そして、社会保障カードを手にした。これら貴重な書類を持って、私たちは車でペンシルベニア州運輸省まで行った。

建物に隣接した駐車場に近づくと、レジーはそわそわと身なりを整えながら、座席でもぞもぞし始めた。私が駐車しても、彼は降りようとはしなかった。私は彼のほうに向き直って、先に行って整理券を取ろうかと尋ねた。彼はしばらく黙って座っていたが、その後、懸念していることを説明し始めた。窓口に行ってこのＩＤを申請すれば、職員たちは彼の名前を照会し、いくつかの罰金未納の違反切符や令状を見つけるだろう。きっと覆面警官が運輸省でもうろついていると言いながら、彼は警備員たちを用心深く見つめた。「今は、その、家に戻ってるだろ。明日ブタ箱に戻りたくねえんだ……」

レジーが勇気を出して建物の中へ入ろうとするまで、私たちは一〇分以上も運輸省の駐車場にいた。だが結局彼は入ることができず、私たちはブロックへ引き返した。

レジーと同様、六番ストリート地区に住むかなり多くの人々は、政府発行のＩＤを持っておらず、持っていたとしても自分のＩＤを使うことを怖れているか、ＩＤを持ちながらも罰金未納の違反切符や未納令状があったり、保護観察や仮釈放の遵守事項があるためにＩＤをあまり使えずにいる。地元の仲介業者は、貧しく法的信用を欠いた人々が抱えるこの主要な問題に気づき、二つの方法でこれを解決しようとする。一つは偽のＩＤと書類を販売すること、もう一つはＩＤの提示を通常は必要とするような品物やサービスを、身元が問われない売買取引で提供することである。

二〇〇〇年代初めに、マイクと友人たちは、偽の運転免許証、社会保障カード、自動車保険証券、車両登録証、出生証明書を買った。六番ストリート界隈の商店主たちは、顧客が適切な形で依頼すれば、不正にこれらのものを提供した。行商人もまた、バー、理髪店、個人商店を回ってこれらを提供した。

当時、マイクは警察に呼び止められたときに偽の車両登録証と自動車保険証証券を使った。警察は実名を照会しなかったので、彼が運転免許証や登録証を取得していないことに気づかなかった。彼が保護観察中で、そもそも車の運転を禁じられていることも見破れなかった。また、チャックはかつて、靴店前の露店商から購入した偽名とＩＤを使って、一つの訴訟を丸々切り抜けることができた。この偽の身元の証明書のおかげで、以前関わった係属中の訴訟に触れられることなく、そのときの事件だけで彼は裁かれたのである。

法執行のテクノロジーが進歩したことで、警察の制止を切り抜けるための偽造IDの使用がますます困難になっている。実際、警察に対して偽名を使うことは、ほとんど不可能になった。二〇〇〇年代半ばから、パトカーにはID照会用コンピューターが装備されているからである。六番ストリート界隈では、フィラデルフィア市警は、今や運転免許証や非運転者向けの州発行IDを受け付けず、代わりに逮捕写真番号を尋ねる。この番号は当該人物の初回逮捕時に発行され、ある警官が私に語ったように、「番号を持っていないと言う男は全員嘘をついている」。逮捕写真のID番号を使い、警官はパトカーのコンピューターからその人物の顔や体の写真と共に、詳細な人相書を引き出すことができる。今ではフィラデルフィアの一部のパトカーにも指紋スキャナが装備され、その結果、警察署に連行する手間もなしに、指紋を素早くその場で照会することが可能となっている。

警察に察知されないための別の方策として、六番ストリート界隈の若者たちは、アパート賃貸契約、公共料金の支払い、さらには事故の損害賠償請求なども他人名義で行うために、身元に問題のない者にお金を払う。そうすることで、警察が彼らを追跡するのが一層困難になる。一年半の実刑判決が下されるまで、マイクはお金にはとても余裕があった。彼は二人の女性の名義で二台の中古車を所有し、友人の名義でアパートに住み、おじの友人の名義で登録された銃を所持し、ベビー・ママの名義で携帯電話を持ち、以前の所有者の名義でオフロードバイクを一台所有し、母親の名義で家具を借りていた。彼らのIDを借りる見返りに、彼は親族や隣人たちそれぞれに、現金、食べ物、麻薬、ＤＶＤを渡した。マイクの持ち物を随時使っている者たちもいた。

この地区で過ごした六年間で、私は五度、警察に呼び止められた者たちが《クリーン》とされる他人の名前をうまく使っているのを目撃した。かつてマイクが交通違反の取り締まりを切り抜けるために友人の名前を使い、速度違反の罰金の滞納で裁判所に行ったときも、やはりその男性のＩＤを使用した。埋め合わせとして、マイクはその若者にイーグルス〔フィラデルフィアに本拠を置くアメフトチーム〕の革ジャケットをワンシーズン貸した。

地区内で行われる多くの取引のおかげで、人々は身元を問われずに買い物ができる。指名手配中の者たちは、そもそもＩＤを入手することが逮捕につながるため、何の書類も求められない店舗を探す。ＩＤを使用して買い物をすると、警察の追跡をいっそう容易にする。刑事司法制度との関わりが、彼らのＩＤを使用できなくするのである（例えば、運転免許が停止される）。通常は身元確認を求められる品が、ＩＤの提示、署名、保険証券の提示なしに購入できるこれらの店は、申し分ない場所として知られている。

身柄の拘束を懸念する若者は病院の利用も怖れており、法的に危ういコミュニティの人々に薬、医療用品、一般的な専門知識を提供する近隣の医療従事者から、様々な医薬品やサービスを購入する。チャックは、警察の追跡から逃れる最中に瓦礫の中を走り回って足に感染症を患い、抗生物質を得るために、地元の病院で守衛として働く隣人におよそ四〇ドルを支払った。

チャックの二〇歳の隣人は激しい歯痛が二週間続いた後、ペンチで自分の奥歯を抜き、ある医師のクリニックで働くいとこに、抗生物質治療の費用として八〇ドルを支払った。レジーは、彼を刺そうとする者から逃げる際に、縁石につまずいて腕を骨折した。彼の隣人は、職場の退役軍人病院からギプス用の材料を持ってきて、ストーブにかけた鍋のお湯でそれを熱し、レジーが五週間使用することになった強固な副木を作った。レジーはその埋め合わせとしてマリファナの大袋を彼に渡した。

マイクとチャックと六番ストリート界隈の友人たちも、沈黙と協力、また警察に関する情報のお礼に、友人と隣人たちにお金を払っていた。容疑者や逃亡者で溢れかえるコミュニティでは、あらゆる住民が警察と警察に追われる者たちのどちらにとっても潜在的な情報源である。マイクと友人たちは、彼らの居場所や行動を当局に知らせることもできる隣人たちに、確実に自分たちを匿ってもらおうとした。

セックスに対して支払われる金額が、売春から結婚までのあいだで幅があるのと同じように、法的にこみ入った事情を抱える人々が、当局から身を守るのに有益な近隣住民に支払う金額にも幅がある。あらかじめ料金が決まった一度きりの情報提供や、警察に話したり目撃者として証言したりすることを一度だけ拒否するといった、明白で、短期間の、お互い様のものから、ほとんど暗黙の取り決めや、当局から逃れる際の黙秘、周囲の見張り、全般的な手助けとの引き換えに、法的に危ういグループが幅広く資金援助をするような長期間続く関係まで、その額は様々である(8)。

私が六番ストリートで観察したこの種のもっとも大規模な関係に、その地域でマリファナを売りさばいていた二人の兄弟に関するものがある。この兄弟は地区で育ったが、他の地区に引っ越してからかなりの時間が経っていた。彼らは自分たちの取引も、いかなる人物の違法行為も、電話で口にすることはなかった。彼らはさっとやって来ては帰っていき、私の知る限り、六番ストリートの誰も彼らの家に行ったことがなかった——家がどこにあるかさえ知らなかった。

兄弟は、麻薬を届けるか代金を回収するために黒っぽいSUVでやって来て、コミュニティに恩返しをした。彼らは、私がそこに住んでいた頃に射殺された三人の若者たちの葬儀費用の一部を負担した。また、故人の母親たちに食事代を渡し、彼らの恋人にお金を貸し、息子たちに散髪代を渡した。刑務所から戻ってきたばかりの人々には現金を、つまりはやり直すためのお金を与えた。郡拘置所に収監されて係属中の地区出身の若者たちの口座にも送金した(9)。

この兄弟がブロックの若者たちを指導し、アドバイスを与えていたとき、彼らはしばしば重要な義務として、より恵まれない人々に施しをすることの大切さを説いたが、寛大に施すことが他者が当局から守ってくれることにつながる点にも触れていた。とくに彼らが念を入れて伝えたのは、警察と頻繁に取引をしている近隣住民たちが、自分たちに対して怒りや腹立ちを感じていないことだった。兄は、その点をブロックに住むある少年に次のように説明した。

なんでやつらが警察に垂れ込むかって? 憎しみ［嫉妬］さ。［警察の職務質問中に］やつらがおまえの写真を目にしたり、おまえの名前を思い浮かべたりするのは時間の問題だ。やつらに［写真を］見逃してほしいだろ。名前を言うなら別の男にしてほしいよな。やつらのために何もしなかった男の名前をさ。

こちらを見放したら、刑務所内の売店の口座がすぐ空になるような相手に送金するのはうまいやり方だと、マイクとチャックは感嘆した。だが結婚と同じように、この関係性は手堅い収入を必要とするものである。にもかかわらず、この地区の大部分の男性たちには、まともな仕事であれ非公式の仕事であれ、割に合わない低い報酬で散発的な仕事しかない。

マイクとチャックには、一定の現金や他の財産などで地区住民の協力が継続的に保証されるような、長期の関係を維持するための経済的余裕がなかった。だが彼らは、大抵は裁判中に目撃者への一度きりの支払いに足りるだけのお金を協力してかき集めることもあった。

マイクによれば、私たちが出会うおよそ二年前、彼がサイコロゲームを終えて札束を手に帰宅する途中、一人の男性が彼の頭に銃を突き付けて、有り金をよこせと言ったという(10)。マイクは拒否し、自分の銃を取り出そうとしたときにその男性に撃たれたそうだ。別の人の話では、マイクは逃げようとして誤って自分を撃ってしまい、そこでその男性にお金を奪われ、スニーカーと腕時計も剝ぎ取られたということになっている。事件の詳細がどうであれ、マイクは尻に銃弾を受けたが、その場を切り抜けた。母親は歩くことのできない彼を五ヶ月のあいだ世話し、その後も数ヶ月間にわたって、週に二度の理学療法に通院するために彼を車で送り迎えした。

マイクは私たちが出会った頃には普通に歩けるようになっていたが、走ったり、長時間立っていたり、天気が変わったりすると脚が痛むと言った。マイクはその男性が地区から出ていったと思っていたが、およそ一ヶ月後、ビュイックを運転していた人物が犯人だと確信した。マイクの話によれば、男性が彼のほうを見て、マイクもまた男性のほうを見たとき、男性に緊張が走り、マイクは発砲した。「あいつがぶっ放してくる［撃ってくる］かは分からなかったけど、あいつに近づきながら考えたんだ。後悔先に立たずだろ」とマイクは言った。

二日後、マイクは、チャックともう一人の友人と車に乗っているときに、再びその男性と遭遇した。私はその場にいなかったが、車に乗った両者はすれ違いざまに発砲したのだと、チャックはその後すぐに私に話した。マイクとチャックともう一人の友人の発砲を確認することはできなかったが、マイクの車の側面と背面のガラスは粉々に割れていて、サイドドアには七つの弾痕があった。マイクはその車をすぐさま友人のガレージに引いていった。銃撃戦で通報されていなかったとしても、警察が車を目にするのを心配したからだった。正午頃のことだった。

その日の午後、チャックと友人は私のアパートに来て、ウェット（鎮静剤PCP〔フェンシクリジン。麻酔薬として開発されたが後に幻覚剤として使用された〕）を少し喫煙し、頭を毛布で覆ってソファと床に寝そべった（11）。彼らは時折、どれだけ死にそうな目にあったか、マイクへの文句をぶつぶつ言いながら、何も飲まず食わずで、ほとんど二四時間寝ていた。

二晩経つと、警察が殺人未遂容疑で逮捕しようと、マイクの古い住所であるおじの家にやって来た。警官たちがマイクを捜しにきたことを知らせようと、おじはマイクの母親に電話をかけた。マイクは母親の家を出て、その後の二週間、複数の家に隠れ、うち四日間は私の家にいた。警察は母親の家を二度、その後は祖母の家とベビー・ママの家を捜索した。二週間後、彼は可能な限り現金をかき集め、弁護士を一人見つけて自首した。マイクは誰が警察に通報したのか知らなかったが、弁護士は裁判で主要な証人になると説明して、マイクに強盗を働いた男性の供述書を私たちに見せた。

マイクが保釈金を用意すると、その男性は共通の知人を通じてマイクに接触した。男性は粉々に割れた車の窓ガラスの修理代三〇〇〇ドルだけでいいと説明した。殺人未遂の罪を免れるなら安いものだと、マイクは喜んで彼にお金を支払った。彼はまた、警察が裁判所まで同行するために家に来るといけないからと、男性が指定された公判期日に滞在するためのホテル代も支払った（12）。この男性はその後三度の公判期日に証人として出廷しなかったため、判事は告発を棄却した。心底驚いたことに、マイクとその男性が今や「格好良く《クール》」見えた。裁判が終わった日の夜、私たちはその男性と一緒に酒を飲み、地元のバーで一緒にビリヤードを楽しんだ。

有罪になる可能性のある人々は、裁判に証人として出廷《しない》よう、他人にお金を支払うことができる。彼らは警察がやって来る際に知らせてもらおうと近隣の住民にお金を払い、警察に情報提供しないよう、彼らの居所、行動、身元について知る人々にお金を支払うこともある。近隣にこうした指名手配被疑者（当局の注意を引くと逮捕の可能性がある、違法行為を犯している人々はもちろんのこと）がたくさんいるため、六番ストリートの人々はこの種の情報や協力を活発に取引している。

法的に危うい人々のお金の支払いには注目すべきである。偽造文書の提供者や、情報提供ないし証言をする人々に対する支払いに加えて、弁護士費用や国に直接納める訴訟費用や罰金、保釈金、保護観察や仮釈放時の費用、そして違反切符の罰金もある。自由でい続けるためのこうした支払いは、彼らの収入のかなりの部分を占める。

情報提供

これまで取り上げた手段を若者が使い果たした場合、彼は警察が自分以上に捕まえたがっている者の情報を警察に提供することで、収監を避けようとすることもある。逃走、回避、予測不能な行動、気づかれずにやり過ごすための支払いとは対照的に、この方策は厳しい社会的判断を伴う。実際、情報提供をすることは、自分の法律上の問題から逃れようとする卑しい方法だと思われており、男性たちは情報を提供していてもそれを認めようとはしない。若い男女は大抵、パトカーの中や取り調べ室で秘密裏に情報提供するため、調査することは難しかった。

チャックとマイクにはスティーブという親友がいた。歳はチャックより一歳上で、マイクより一歳下だった。彼はチャックの家の向かいに母親と祖母と一緒に住んでいて、父親は彼が幼い頃に南部に引っ越していた。スティーブの母親はドレクセル大学の管理部門で働いていたので、一家はそのブロックに住む大方の家族よりも暮らし向きが良かった。小柄で、肌や瞳の色が薄いスティーブは、ずる賢そうで、チャックの母親は彼を要注意人物だと言った。また、彼はマイクの子どもたちの誕生日会で不適切にも銃を取り出したことで、切れやすいという悪評も立っていた。

チャックとマイクはどんな女性もスティーブの独身生活を終わらせることはできないと考えていたが、高校卒業後、彼は数ブロック離れたところで育ったタージャという若い女性と恋に落ちた。彼らの激しいロマンスは周囲が予想した以上に長く続き――《彼ら》が予想した以上に長かったが――彼らはときにしてやったりと思った。私がスティーブとタージャと知り合ってからほぼずっと、彼らは赤ん坊をつくろうと励んでいたが、タージャはスティーブが収監されるたびに流産し、それは交際した六年間で三度に及んだ。

スティーブは麻薬の売人であるだけでなく、麻薬常用者でもあった。私たちが出会ったとき、彼は一九歳で、麻薬所持容疑の裁判の結審を自宅拘禁の状態で待っていた。

春には、警察が銃を所持していたスティーブを呼び止め、無許可で銃を所持していたことで警察は彼を告発した。彼は保釈金を用意したが、その後すぐに飲酒運転で捕まり、保釈が取り消された。裁判期間が長引いたので、スティーブは郡拘置所に入った。

だが驚いたことに、スティーブは三ヶ月後、まだ裁判の途中だったが、自宅拘禁という形で家に戻ってきた。拘置所が満員で、逃亡の危険性がないと判事が判断したため、裁判手続きが終わるまで釈放されたのだと彼は説明した。

マイクは、銃犯罪の裁判期間に自宅拘禁という形で家に戻ってくるという話を聞いたことがなかったため、スティーブを信用していないとこっそり私に打ち明けた。彼は、スティーブが長い裁判手続きのあいだ自宅にいられるよう、取引したのではないかと疑っていた。おそらく彼のこと以上に警察が関心をもつ誰かについて密告したのだと。

一週間後、殺人容疑で裁判中の地元の男性がレジーに電話をかけてきて、弁護士からスティーブの供述書を見せられたと言った。どうやらスティーブは、その男性が殺人事件発生当時、現場にいたという宣誓供述書に署名したようだった。そして電話を受けたとき、レジーの若い友人の一人はレジーの家にいた。そしてすぐに彼はスティーブが密告者だと言いふらし始めた。

密告という本人としても周りの目からも恥ずべき事態に直面して、スティーブは三日間にわたって暴力を振るうとレジーの若い友人を脅し、この問題について話し合うため家に来るようレジーに言った。その若者が入ってくると、スティーブは大声で叫び始めた。「俺が裏切り者だとおまえに言ったのは誰なんだ？　どいつだ？」

「とにかくここに座って話を聞けよ」若者は冷静に言い返した。「サツはおまえの供述をとったんだ」

スティーブが殺すぞと言うと、若者はスティーブに手を出そうとした。マイクは二人を引き離そうとしたが、スティーブは銃を抜き、その銃でまず若者の顔面を、次に後頭部を殴りつけた。

「おまえは帰ってきてから一週間も経ってねえんだぞ！」とチャックは彼を諭《さと》した。そのとき若者は、両手で血まみれの顔を覆っていた。「おまえを垂れ込み屋呼ばわりしたやつを銃で殴るなよ。そんなことすれば、おまえは本当に垂れ込み屋だってことになるぞ」

「おまえはムショに入ってもまったく成長してねえな」と、マイクは言い添えた。

マイクは病院に行けるかどうか若者に尋ねた。彼は、いくつか係属中の事件はあるが、令状は出されていないと答えた。私たちは傷口を縫合するために彼を緊急治療室に連れて行った。裁判所への出廷拒否のため勾引状が出されていたマイクは、だいたい三〇分ごとに携帯電話で様子を確認しながら駐車場を行ったり来たりしていた。

私の知る限り、この若者はスティーブが垂れ込んだと二度と口にすることはなかった。数日後には別の銃撃戦が起き、事件の全貌は地元のゴシップ紙に小さく載った。

若者たちは、密告した後の評判を立て直そうとしていつも暴力に訴えるわけではない。彼らはむしろ、密告した相手の信頼や好意を取り戻そうとする。

ロニーは一六歳の頃、六番ストリート出身の若者たち数人と、深夜にモンゴメリー郡まで車で行き、バイク店に押し入ろうとして失敗した。店に侵入できず、乗ってきた八九年式のボンネビルまで引き返したが、そこで車が動かなくなっていることに気づいた。ロニーはマイクに迎えに来るよう電話した。

電話を受けたとき、マイクはチャックと私と一緒にアパートで映画を見ていた。午前二時頃だった。私はマイクがロニーに電話で次のように言うのを聞いた。「車はどこにあるって？よし。［そこに行くまで］一時間くれ」

マイクは私のほうに向き直った。

マイク：あいつ、よく分からねえ場所にいやがる。車が動かねえんだとさ。ケーブル［バッテリー充電用のブースターケーブル］はまだあったよな？

アリス：いいえ。彼は誰と一緒なの？

マイク：ドレのやつと、他に何人かだ。

アリス：なんでそんなところにいるの？

マイク：知るかそんなこと――たぶん、何か盗もうとしたんだろ。あいつに会ったら、ケツを蹴っとばしてやる。よし、準備ＯＫだ。［《ブーツを履く際に頭を振って》］クソッ！　スパッツをはかねえと。

アリス：じゃあまたね。

マイクはその少年たちに悪態をついたが、なんだかんだで弟分の頼みは断れないと言い、とにかく彼らを迎えに出かけた。チャックと私は四時頃まで待ったが、マイクは戻って来なかった。翌日の午後、モンゴメリー郡警察署の警官からの電話を受け、キーション・ジャクソンという名前の男性を知っているかと聞かれた。私はすぐに、未納令状が出てこないように、逮捕されるときにマイクが使用した偽名だと気づいた。

マイクが到着すると、どうやらバイク販売店のサイレントアラーム装置がすでに作動しており、警官たちは少年たちが再び強盗に入るのを丘の陰で待ち受けていた。警官たちは丘の陰から走り出て、屋根付きのプールや砂場を越え、茂みを突っ切って、マイク、ロニー、そして他の少年たちを追跡した。少年たちのうち二人は逃げ切ったが、ロニー、マイク、そしてもう一人の少年は追いつかれて身柄を拘束された。

マイクの弁護士が後に私たちに読んで聞かせた署名済みの宣誓供述書によれば、一六歳のロニーと彼の友人は別々に取り調べられ、彼らをそそのかした人物の名前がマイクだと口を揃えて言ったようだった。交換条件として、警察は未成年者たちに対する告発をやめ、ロニーと友人を車で自宅まで送り届けた。当時二一歳だったマイクは、不法侵入未遂、器物損壊、建造物侵入で告発された。

ロニーは戻ると、他の少年たちと同じように、マイクを裏切っていないと主張し、密告を強く否定した。だが、マイクは警察の調書にすでに目を通していた。拘置所からの電話で、彼はロニーを弟分と思っていただけに裏切られて深く傷ついたと私に言った。

仮にやつら［警察］が、やったのはマイクだと言え、そうすれば今晩家に帰してやる、と言ったとしても、あいつは芝居をする［沈黙を守り、正しい行いをする］べきだったんだ。かわいい弟分のために俺がしてやったこれまでのことを考えてな。あいつの持ち物はほぼ全部、俺がやった［与えた］もんなんだぜ。いくらか必要なとき、あいつは誰のところに行く？　おやじのとこには行かねえし、ばあちゃん［祖母］のとこにも行かねえんだ。「やあ、マイク。これ貸してくれ、あれ貸してくれ」ってまっすぐ俺のとこに来るんだぜ。あいつとは絶交だ。何から何まで変わっちまった。やつは誰にここで食わしてもらってると思ってるんだ？　自分で食ってる［金を稼いでいる］わけじゃねえんだぞ！　あんなバカ他にいねえだろ。

マイクはロニーが垂れ込んだと言いふらした。事実、ロニーは犯してもいない罪をマイクに着せたため、密告以上にひどい仕打ちをした。ほぼ二週間、ロニーは学校に行く以外、祖母の家から出なかった。その後、彼はマイクの銃を手に、サウスイースト・フィラデルフィアの民家に強盗に入り、テレビ、ステレオ、宝石を売って手にしたお金で、マイクの保釈金を納付した。

マイクは家に戻ってきたが、なおもロニーと口をきこうとはしなかった。ロニーは何度もマイクが住むアパートのドアの前までやって来たが、マイクはロニーが中に入るのを許さなかった。

マイクが予備審問のためにモンゴメリー郡に車で出かける頃には、彼らの関係は改善しているようだった。実際、ロニーは支援の気持ちを示そうと、その後のすべての公判期日に付き添った。私たちがこれらの公判の一つに出席して裁判所から出てくるとき、マイクは次のように私に語った。

なあ、俺はあいつが垂れ込み屋だと知ってんだ。でもな、かわいい弟分なんだ。俺はあいつがこんな背丈のときから面倒を見てんのさ。それにな、あいつには本当の家族がいねえんだ。おやじが蒸発して、おふくろもどこかに行っちまった。あいつは一人で生きなきゃならなかったんだ。

ロニーが裁判期間中にマイクを支え、マイクの保釈金を納付するため命の危険を冒してお金を手に入れたことで、彼らのあいだに和解の気持ちが芽生えたようだった。マイクはその後の数ヶ月間、ロニーをいくぶん冷たく扱ったが、ロニーを密告者だと言いふらすのはやめた。

二年後、マイクが銃犯罪で州刑務所に収監されると、ロニーのバイク強盗未遂が面会室で話題に上った。マイクと私は、ロニーと彼の友人たちがバイク店に押し入ろうとしたことがどれほど間抜けだったかと大笑いした。そしてマイクは人生で初めて屋根付きのプールを走り抜けたときのことを思い起こした。それから、自分を垂れ込んだロニーの友人を罵った。もしその少年をもう一度見かけたらぶちのめしてやると言った。私はロニーがマイクを垂れ込んだことには触れず、マイクも同様だった。

発端となったこの密告事件の五年後、マイクは釈放された。ロニーはある若者と喧嘩沙汰になり、彼を激しく殴った後、その若者は「おまえらの多くは知らねえだろうが」と、ロニーがしばらく前にマイクをどのように垂れ込んだのかを語り始めた。マイクは血を拭えと自分のTシャツをロニーに手渡し、不愉快なその若者に、「ちゃんと事実を確かめろ。みんなロニーがそんなマネはしねえって知ってるさ」と言った。

マイクのことを密告した後、ロニーが世間体を取り繕ってマイクとの関係を修復した方策は、マイクの保釈金を納付し、公判に出席し、信頼と許しをゆっくり取り戻すというものだった。また、ロニーは自分が垂れ込んだ事実を否定し、しばらくしてマイクもその否定に同調した。しかも、他人がこの過去の一コマを蒸し返そうとしたとき、彼はロニーの弁護さえした。

＊＊＊

警察による身柄の拘束を心配する六番ストリートの若者たちにとって、他人が基本的なニーズを満たすために頼るような日常の関係、居場所、活動は、おとり捜査の網となる。警察や裁判所と接触することは、職場や病院のような場所に姿を現すのと同様に危険である。母親の家は、眠り、食事をし、信頼や援助が得られる安全な場所ではなく、知られている最後の住所、つまり警察が真っ先に捜索しにやって来る場所の一つに変わる。近親者、友人、隣人は、潜在的な密告者となる。

日常生活のリスクに対処するための一つの方策は、危険な場所、人々、関わり合いを完全に回避することである。したがって若者は、警察がやって来ると逃走し、隠れることを学ぶ。子どもが生まれるときに病院に姿を見せず、ひどく殴られても医療の助けを求めない。堅気の仕事は探さず、親友の葬儀に出席することも、刑務所にいる友人に面会に行くこともない。誰かに危害を加えられても警察に連絡せず、もめごとを解決するために裁判所を利用することも避ける。第二の方策は、予測不能な日常を送ることである――秘密主義を守り、逃げ回ること。

それゆえ、親しい者たちに確実に密告されないように、若者は予想もつかないやり方で現れたり姿を消したりする。神出鬼没で疑り深さをもちつつ、寝床を変え、自分の居場所や予定について親しい者たちを欺くのである。彼は断固として本名を使おうとしない。また、潜在的な密告者を黙らせ、偽造文書や《クリーン》な尿などを買うために多くの金銭を費やす。もしこれら利用可能な手段を使い果たして警察と遭遇した場合、逃亡し、隠れ、もしくは知人を密告することで自由を手に入れようとすることもある。

指名手配された男性が日常生活のありふれた局面に見出すリスク、また、これらのリスクを回避したり減らしたりするためにとる方策は、彼自身の世界の見方、彼に対する他人の見方、そして結果としての彼の人生の行く末に、一層大きな影響を及ぼすようになる。少なくとも、危害を加えられたときに当局に出向くことをためらえば、獲物を探し求める者の標的にされることにつながる。病院に対する怖れは、ひどい暴力に遭っても医療を求めずに、怪しげな評判が立つ地下支援に頼ることを意味する。

大まかに言えば、この立場にいる男性は、他人が人並みのまともなアイデンティティを維持するために依拠している活動・関係・居場所が、当局が彼を逮捕し収監するために利用するシステムになることを知るのである。そうした男性は、収監のリスクがある限り、刑務所の塀の外にいることと、家族・仕事・友人との関わりを維持することは両立不可能な目標であることに気づく。すなわち、一方に専念すれば他方を獲得する機会が減るのである。男性が警察による逮捕を怖れるようになると、まさに仕事や家庭生活といった安定した一般的な日常が警察に居場所の特定を可能にさせる。そこにはすべてが記録されたペーパートレイル〔個人の過去について記録された文書〕があるからである。また、警察の留置場に彼を送り込むのは、まさにもっとも身近で愛する者への信頼である。有罪になる可能性のある男性は、収監されないようにする上で必要な努力とは、正直でまっとう（respectable）な行いにではなく、いかがわしくて（shady）疑り深い性格に結びついていると気づくのである。

第三章　警察がドアをガンガン叩くとき

　若者を大勢捕まえて非公式のノルマを達成し、上司たちを満足させようと、警察は貧しい黒人コミュニティを受け持つ病院の外で待ち構え、中へ入ろうとする若者のＩＤを照会する。玄関口の階段に座っている若者たちを呼び止め、麻薬がないか所持品検査をする。その一方で警察は、統計を取るためにより間接的な方策をとることもある。若者たちの居所と行動に関する情報を提供する恋人、母親、親戚に頼るのである。

　情報源として親しい人々を当てにすることは、少数の不良警官が行う不正な取引でも、専門の捜査員の権限でもない。警察は最重要指名手配者リストに載っている一部の男性たちの家族に遠慮などしない。私たちが二〇〇七年に六番ストリート地区で実施した世帯調査では、一四六人中一三九人の女性が、過去三年間にパートナーや隣人、あるいは親しい男性の親族が警察に指名手配されるか、保護観察または仮釈放中であるか、裁判にかけられているか、更生施設にいるか自宅拘禁の状態にあると語った。私たちがインタビューした女性たちの六七パーセントが、同じ期間に、男性に関する情報を提供するよう警察から圧力をかけられたと述べた。

警察が女性たちにパートナーや兄弟、息子の逮捕の手助けをするよう圧力をかけると、女性たちは男性たちとの関係や自己イメージの危機に直面する。女性たちのほとんどは、身近な若者たちの居所を警察が突き止め、有罪を立証することに手を貸す。それゆえ、公私にわたって自分たちの裏切り行為にうまく対処する方法を見出さなければならなくなる。警察の圧力に完全に抵抗して地元で多大な賞賛を集められるのはごく少数の女性だけである。女性たちの多くは、情報提供した後で自分の立場を取り戻し、人間関係を築き直そうと努めるが、成功することも失敗することもある。こうした事例は最後に検討する。

知らせを受ける

親密な者から情報提供者へと変貌する道のり（あるいは、より稀なケースだが、親密な者から抵抗者への道のり）は、身近な男性が警察に指名手配されたことや、彼が以前よりも法的に危ういことに女性が気づくときに始まる(1)。

三月にしては暖かいある日曜日の午後、アイシャと私は、彼女が暮らす家賃補助の出る四階建てアパートにある広いコンクリート製の階段に座っていた。彼女の恋人であるトミーは、彼女のそばにある手すりに寄りかかって、帰宅途中に足を止めた隣人と話していた。アイシャのおばと隣人は、アイシャよりも上の段に座り、向かいのコインランドリーで洗濯が終わるのを待っていた。私たちは、ハラペーニョ風味のひまわりの種の袋を回し食べしながら、アイシャのいとこに目を光らせていた。彼女は個人商店から六缶パックのビールを手に戻ってくるはずだった。しばらくたってトミーは、彼女はみんなで出し合ったお金を持ってバーにしけこんだのかもしれないと言った。

私たちが子どもたちが遊ぶのを眺めながらひまわりの殻を脇に吐き捨てて山にしていると、トミーは家庭裁判所からその日受け取った通知のことを打ち明けた。通知によれば、彼の二歳になる息子のベビー・ママが子どもの養育費の未払い分を要求しているため、彼は判事のところに出頭しなければならないという。もし手ぶらで裁判所に行けば、判事にその場で身柄を拘束されるかもしれないと彼は私たちに言った。出頭しなければ、逮捕令状が発行される可能性があった。

「これ以上コケにしないでってあなたに癇癪を起こしてるだけよ」とアイシャは言った。「あなたが息子の服代や靴代を払うって彼女は分かってるの。みんなあなたが息子の面倒を見るって分かってる」

「公判期日はいつ？」と私は聞いた。

「来月さ」とトミーは顔を上げずに答えた。

「行くつもりなのね？」

「彼は六〇〇ドルも持ってない！」とアイシャは叫んだ。

私たちはこの金額を帳消しにするには何日くらい拘置所に入ればいいのかを計算しようとした。しかし一日当たりの減免額が五ドルだったか一〇ドルだったか思い出せなかった。アイシャのおばは、それよりは低い金額だと思うと言った。アイシャは、拘置所で過ごすのがたとえ二週間だろうと二年間だろうと、トミーは病院の仕事を失うのだから日々減免される正確な額など大して重要ではないと結論づけた。

トミーはアイシャを陰気に見上げ、「もし俺が逃げたら、おまえは乗っかり屋をやるか？」と言った。

「うん、任せて」

隣に住む五歳の男の子が、年上の少年が自分を小突いたと訴え泣き始めた。アイシャは歩道に戻るよう彼に叫んだ。

「もしやつらが捜しに来ても、俺の居所を教えるなよ」とトミーは静かに言った。

「お巡りには何も言わないから！」

「やつらはたぶんおまえの住所も知らねえ。やつらは確実に俺のおふくろか、ベビー・ママの家に行く。でも、やつらが来ても何も言うんじゃねえぞ」

「まったく」とアイシャは言った。「来させなよ。犬でもけしかけてやる」

「そうか？」トミーは喜んでにやりと笑い、アイシャを肩で小突いた。

アイシャのおばは彼女のほうを向き、首を横に振りながら疑い深く見つめた。

「彼を逮捕させやしない」とアイシャは言い放った。「どうしてって？　彼に四ヶ月間も拘置所でただ座って、仕事を失えって言うの？　それに自分の息子にも会うなって？」

アイシャとトミーは、私が彼女と初めて会って間もない、彼女が高校一年生の頃に付き合い始めた。当時彼女が彼を好きになったのは、彼が素敵で、彼女よりもさらに肌が黒かったからだった。彼女はその後、トミーは単に初めての相手というだけでなく、初恋の相手でもあったと語った。二人はその後数年間にわたって関係を続けたが、トミーは別の女性との間に子どもを一人もうけた。アイシャもまた他の男性と真剣に交際を始めた。アイシャが二一歳になったとき、この二人目の男性はオハイオ州にある連邦刑務所での一五年の刑に処された。およそ半年後、アイシャとトミーはよりを戻した。ほどなく、トミーはペンシルベニア大学付属病院で警備員として働き始めた。彼が採用の連絡を受けたとき、二人はリビングで泣いて抱き合った。アイシャはそれまで定職に就いた男性と交際したことがなく、彼女の親戚の中ではこの栄誉にあずかる唯一の女性となった。

＊＊＊

「もし俺がムショにブチ込まれたら、会いに来てくれるか?」とトミーは彼女に聞いた。

「うん、会いに行く。毎週行くから」

「そうだろうと思ってた」とアイシャの隣人は言った。「そこの看守たちはあんたの名前を知るだろうね。『《いつも》ここに来てるな、アイシャ!』って」(2)

私たちは小声で笑った。

その晩、アイシャの女友達二人が彼女の家に立ち寄った。アイシャは彼女たちにトミーとの会話について話した。「彼は、『俺が逃げたら、乗っかり屋をやるか?』って言ったの。まったく。やつらに捕まえるなんてできやしないのに。先に私を殺しに来るべきね」

アイシャにとって、トミーが捕まるかもしれないという知らせはショックだった。しかし、それは彼女の献身を示し、彼女が二人の関係について思いをめぐらせ、将来共に過ごすことになる期間についてじっくり考える機会でもあった。

投獄が迫っている家族について、他の女性たちはもっと損得で考えていた。マイクの母親であるミス・レジーナは、私たちが出会ったとき三〇代後半だった。控えめで礼儀正しい彼女は、高校で優秀な成績を収め、地元の大学に合格した。マイクを身籠ったのはその年の夏である。彼女によれば、マイクの父親は彼女が寝た最初の相手で、彼女は彼との結婚を望んでいた。しかしその男性は重度のクラック常用者で、マイクが幼い頃、拘置所を出たり入ったりしていた。マイクが一〇歳になるまでに、ミス・レジーナは家に立ち寄るのをやめるよう、その男性に告げた(3)。

誰に聞いても、ミス・レジーナはマイクを育てる間、二つ、ときには三つの仕事を掛け持ちしていた。そして彼女は、両親の力をほとんど借りずに彼を育てあげた。マイクは高校生の頃にたくさんの問題を起こしたが、夜間の授業を受けてなんとか卒業した。

マイクが成人するまで、彼の二人の子どものベビー・ママとの劇的な事件と当局との頻繁なもめごとは、「悲嘆の生涯」をミス・レジーナにもたらした。二二歳になるまでにマイクは、主に麻薬絡みの罪で、郡拘置所と州刑務所を出たり入ったりしていた。

私たちが出会った頃、ミス・レジーナは救世軍で四人の高齢の男女の介護をしていて、彼らの家を週三回、一二時間か一八時間勤務で訪れていた。彼女は、六番ストリート地区が異常に危険で荒廃したことに気づき、私たちが出会う数ヶ月前にノースイースト・フィラデルフィアに引っ越していた。彼女が借りていた家は清潔で、彼女が吸うたばこの煙を一掃する空気清浄機もあった。

ミス・レジーナはちょうど仕事から帰宅したところで、地下室で洗濯を始めていた。電話が鳴ったとき、彼女の母親と私は、リビングで毛足の長いビロードの二人がけソファーでメロドラマ『ガイディング・ライト』を見ていた。キッチンから、ミス・レジーナは「そんなの信じない」と大声で言った。彼女は私に電話を渡した。かけてきたのはマイクで、更生施設の門限破りでPO（保護観察官）が昨夜令状を出したと言った。刑務所から戻ってまだ一ヶ月も経っていなかった。今回の違反で、判事の判決が下るまで残りの刑期を刑務所で過ごすことになった。私たちが電話を切ると、ミス・レジーナはタバコに火を点けた。そして、リビングを歩き回って手すりやテレビ台を濡れ雑巾で拭いた。

「あの子は門限破りで二年も刑務所で過ごすことになるの？　そうはさせないからね。アリス、やつらは私たちの息子全員を捕まえるつもりよ。若い子たちをね。逮捕される男はどんどん若くなっていくの」

もの静かで信心深い六〇代のミス・レジーナの母親は頷き、更生施設への帰還が遅れたことを理由に刑務所送りにするのは実に不公平だとつぶやいた。彼女は歩き回るのをやめず、今度はガラスのテーブルに洗浄液を吹きつけた。

アリス、ちょっと訊かせてちょうだい。F［カラン・フロムホールド矯正施設（CFCF）という郡拘置所］に面会に行くと、なんであなたはつなぎ姿で面会室に座っている黒人の男たちにしか会わないの？　更生施設に行くと、なぜ窓から外を眺めているのが黒人の男だけなの？　あいつらは私たちの《子ども》を捕まえるんだよ、アリス。私は法律を守る女よ。私のおじは警官だったの。あいつらはあんなことをしちゃいけないんだよ。

二〇〇二年から二〇一〇年にかけて集めた七一例で、私はパートナーや家族が警察に指名手配されていたと知った女性たちを目撃した。時にこの指名手配の通告は、午前三時に家のドアを叩き破ろうとする破壊槌の形をとってやって来た。だが、指名手配された男性の身元特定と彼を逮捕しようとする警察の企てとの間には、しばしば時間的なズレがあった。当局がドアを叩きに来る前に、女性のパートナーが多額の訴訟費用を滞納しているか裁判所への出頭を拒否したことが書かれた手紙、もしくはその男性への勾引状が出されているという手紙が裁判所から届く。あるいは、女性が息子のPOに電話し、息子がまた尿検査に引っかかったとか、門限までに更生施設に戻っていないなどで、判事の判決が下るまでに逮捕令状が発行されるかもしれないと知る。また、警察が別の場所で逮捕しようとして失敗したために、女性たちは身近な若者が指名手配されたと気づくこともある。

女性たちがこの種の知らせを受けるのを私が目にした七一例のうち五八例で、彼女たちは愛する男性を逮捕から守るという約束の下で対応していた。地元の言葉でこれは、乗っかりと呼ばれている。

乗っかりとは、広義では、人や所有物への危害に抗して自分や愛する者の身を守り、仕返しすることをいう。この文脈では、乗っかりとは警察から愛する者を守ること、そして男性を自由の身にしておくという第一の目的を果たすことができなかったなら、裁判や収監のあいだ、彼を支えることを意味する(4)。

私が出会った中で、配偶者や家族が警察によって指名手配されたと知った女性たちの大多数が、初めのうちは当の男性たちではなく当局に怒りを向け、追われている間に彼を支え守ると約束したことは驚くべきことかもしれない。私が思うに、第一に、六番ストリートのような地区では、黒人の若者がどれほど令状を出されやすいのかを女性たちが理解していたからである。彼女たちは、重大犯罪のみならず、保護観察・仮釈放の遵守事項違反、多額の訴訟費用の滞納、ひと月のうちに設定された多くの公判期日のうち一度の出廷拒否に対してすら令状が出されると理解していた(5)。第二に、女性たちの怒りの背景には、コミュニティ内で警察がその正当性をかなり失っているということがある。彼女たちは、地区内の若者たちが捜索され、職務質問され、暴力を振るわれ、逮捕される事態を目にしている。ミス・レジーナがしばしば訴えていたように、警察とは「占領軍」なのである。第三の理由は、より素朴なものである。警察や男性の行為に対する女性の意見がどんなものであれ、彼女は男性を愛していて、彼とは別れたくはなく、これまで言及されてきたような投獄の苦痛を彼が受けるのを目にしたくないのである(6)。

乗っかりは理屈の上では容易なことである。仮に当局が捜索にやって来なければ、女性は警察の圧力に耐え、男性を匿い守ろうと全力を尽くすという信念を持つことができる。警察の圧力と刑務所の脅威が迫っていても、現実にならない限り、女性はもっとも理想的な自分自身を信じることができる。男性の側もまた、彼女や彼女との関係をめぐるこの理想を信じることができる。

トミーが家庭裁判所からの通知を受け取った数日後、彼は警察署に行って自首した。警察はアイシャに職務質問しに来なかった。彼らはミス・レジーナの息子であるマイクを捜索しにやって来たのである。

警察がやって来るとき

その夜、私はミス・レジーナの家でマイクやチャックとともに、おそらく一〇〇回目になる『ギャング・オブ・ニューヨーク』を見ていた。私はリビングのソファで眠り込んでしまったが、ＤＶＤがくり返し流すテーマ曲とまじり合うようにして、夢の中でドンドンと何かを叩く音を耳にした。

ドアが叩き破られた音で私は完全に目を覚ました。ドアが蝶番ごと外れて飛んできたら当たるかも知れないと思い、避けようとソファの上でうずくまった。ＳＷＡＴの装備で脚に銃を装着した二人の白人警官がドアから侵入してきた。警官の一人は私に銃を向け、家に誰がいるのか訊いた。彼は階段を上がるときも私に銃口を向け続けていた。私はマイクとチャックが家のどこかにいるのではと思い、彼らが逃げたことを願った。

もう一人の警官が私をクッションから引き離し、両手首を掴み、ソファから床に引きずり下ろしたので、私はまず肩と背骨を打ち、両脚がそれに続いた。彼は私を素早くうつ伏せにさせ、私の顔を床に叩き付けた。彼が片方の手首を掴んだまま私の背中に固定したため、私は身動きが取れなかった。鼻と頬骨が折れるのではないかと思った（普通、頬骨が折れる経験などあるだろうか）。彼は床に腹這いになった私の背中をブーツで踏みつけ、私は彼にやめてと叫んだ。彼は後ろ手にプラスチックの手錠をかけた。金属の手錠なら冷たく感じるため、プラスチックだと分かったのである。肩はずきずき痛み、手錠はきつく締めつけた。私は両腕をよじろうとしたが、警官はブーツを私の両手にかぶせるようにして、指を数本踏みつけた。私は叫び声を上げたが、もう観念したかのように小さく、かすれた声だった。坐骨が痛み始めた――警官の体重が薄いカーペットに寛骨を押し付けていた。

背が高く、細身で、ブロンドの髪を短く刈り上げた三人目の警官は、家に入るとキッチンへと入っていった。食器が割れる音が聞こえ、彼が冷蔵庫を壁から引き倒すのが見えた。それからリビングに行き、すねの鞘から小型のナイフを引き抜いた。彼はソファの布地を切り裂き、中のウレタンを剝き出しにした。その後クローゼットに移動し、ボードゲーム、写真アルバム、履き古しの靴を床にぶちまけた。テレビ台に上がり、枡目状の吊り天井の板を押し上げては次々と床に落とした。

上の階でドタバタと物音がするのが聞こえ、それから、ミス・レジーナが撃たないでと警察に叫び、服を着させてと警官に懇願するのが聞こえた。この間私を踏みつけていた警官は、マイクの居所を言えと怒鳴り続けていた。ミス・レジーナの家が破壊されたら私のせいだと彼は言った。「この家は間違いなく彼女の自慢なんだろうな」

説得術

警察がある男性の追跡を決定すれば、彼の居所を親戚やパートナーに尋ねる可能性は高い。これら親しい者たちは法的にこみ入った事情を抱える家族やパートナーの生活に深く関わっているため、彼らの活動や日課についてかなりのことを知っていることが多い。彼らは若者がどこで買い物をしたり寝起きしたりするのか、所有物をどこに保管しているのか、誰とつながりがあるのかを知っている。

近頃は、追跡している男性の居所や犯罪行為について情報をもっているであろう家族を特定することは、警察にとって容易なことで、費用も時間もかからない。隣人や住人と密に接触して生の情報を得る必要はない。むしろ、男性の親族、子ども、パートナー、これまでの人間関係に関する情報は、今やコンピューターのキーをちょっと叩けば簡単に取り出せる。

警察が男性を逮捕したり令状を発行するとき、彼らは男性に、友人や親戚に関する大量の情報提供を求める――彼らはどこに住み、どんな名前で通っているか、どのように彼らと接触するのか、という具合である。男性が提供する情報が多ければ多いほど保釈金が減額されていくので、情報提供は大きな動機づけとなる。男性が複数回逮捕されるまでに警察は、彼の恋人がどこで働き、母親がどこに住み、子どもがどこの学校に通っているかについてかなりの情報を手にするのである。

男性が指名手配されると、警察は彼の母親か恋人を訪ねる。そして、彼を自首させるよう説得を試みる。ある元令状係の警官は次のように言う。「俺たちは携帯電話でやつらを追跡し、コンピューターの画面上でその地区の令状が出されている男たちを確認することもできる。だが、いざとなれば、恋人や祖母を必ず捜す。彼女は男の居所や、やつのやったことを知っているからだ」(7)

警察は家族やパートナーの居所を特定すると、女性の協力を得るために一連のテクニックを用いる。こうしたテクニックは、男性を捜索し逮捕するときに始まり、警察が有罪の立証を容易にする情報を収集しようとするときと同様、男性の裁判や判決が出されるときにも継続して用いられることがある(8)。

警察が女性たちに口を割らせるために加えるもっとも直接的な圧力は暴力である。つまり、彼女たちの所有物を破壊したり、場合によっては傷害を負わせる。私が六番ストリートや近隣の地区で目にした限りでは、女性たちに対する警察の暴力は家宅捜索のときにもっとも頻繁に発生する。これらの家宅捜索や取り調べでは、警察は協力的ではない女性たちの口を割らせるために暴力ほど物理的ではないいくつもの策略を展開する。主な三つの策略は、逮捕、立ち退き要求、子どもの養育権剝奪といった脅しである。

●逮捕という脅し

家宅捜索や取り調べの際、警察は犯罪を列挙して女性たちを逮捕すると脅す。警察はまず、身近な若者を守ろうとすること自体犯罪の一つなのだと説明する。チャックの母親のミス・リンダに住居への突入を阻止され、カーペットをひっくり返したり天井板を開けたりするのも拒まれた警察が説明したのは、警官に対して暴行を働き、逃亡を援助・幇助し、逮捕を妨害したため彼女を告発できる、ということだった。警察はまた、住居で発見された銃の件で罪に問われるだろうとも彼女に言った。彼女が銃の許可証を所持していなかったためである（実際には、フィラデルフィアでは銃の携帯にのみ許可証が必要になる）。アイシャの隣人が息子に不利な証言を拒否すると告げたとき、警官たちは侮辱罪で彼女を拘置所送りにすると言った。彼女が協力に同意すると、警官たちはもし供述を翻せば宣誓証言での偽証で投獄すると、彼女に伝えた。

女性が問題の男性を守ろうとする余地を与えないように、警察は女性の日課や日々の行動の多くが逮捕の理由になるとはっきり告げる。家宅捜索と取り調べのプロセスを通じて、警官たちは、日々の営みが犯罪に満ちていると女性たちに気づかせる。警察はその犯罪をきちんと把握しており、当局が男性たちを追跡する気になれば厳罰を伴う。マイクのいとこの捜索でやって来たとき、警官たちは彼のおばに、滞納している固定資産税と納付期限がとっくに過ぎている複数の交通違反の罰金が、脱税と法廷侮辱罪になると告げた。路地を這う三本つなぎの延長コードを使って二軒先の隣人宅から引いている電気（自宅の電気が長期間止められているため、電気を使わせてもらう代わりに、彼女は週に三度、隣家の二人の子どものベビーシッターをしている）は、窃盗罪、往来危険罪、都市条例違反になった。

警官はまた、男性の犯罪の身代わりで告発される可能性があるとも女性に説明している。マイクの恋人は、もしマイクを自首させなかったら、警察が彼女の家や車内で見つけた銃と麻薬の所持で告発されるのは自分だと私に語った。警察は彼女の携帯電話を盗聴し、彼女がマイクの行為に気づいていた証拠を握っているとも主張し、共謀罪で彼女を連行すると脅した。

警察の家宅捜索は、女性の身内である別の男性をも危険に晒す。マイクに逮捕令状が出されて警察が母親の家に現れたとき、婚約者が取り調べられることを彼女はひどく心配した。彼が無免許運転をし、副業として病院で少量のマリファナもさばいていたからである。身近な他の男性たちが頻繁に何らかの法律違反を犯したり、係属中の訴訟がある（あるいは麻薬取引や他の非合法活動に従事している）ため、一人の男性に対する警察の追跡が、女性が愛する他の男性たちにとってもかなり直接的な脅威となるのである。

最終的に警察は、女性の現在と過去の行動が逮捕の根拠として不十分であるなら、彼女の将来の行動を監視するために自分たちの裁量であらゆるテクニックを用いると彼女に告げる。彼女が新たに犯すどんな犯罪も、もっとも身近で、もっとも愛する男性たちがこれから犯すことになる犯罪とともに、素早く特定され訴追される。彼女が飲酒運転をしたり、マリファナを吸ったり、息子が商店からキャンディを万引きしようものなら、警官はそれを察知し、彼女または彼は拘置所に送られるだろう。

逮捕と投獄という脅しは強力な説得術であり、おそらく女性たちに対して用いられる際にいっそう強力になる。女性が刑務所や拘置所に収監されることは男性に比べて稀であるため、収監はいっそう恐ろしく感じられる。刑務所に収監された者たちに面会に行くのは、パートナーや親戚の女性が男性たちに対して行う女性の仕事とみなされており、男性たちは刑務所へ面会に行けなくなるため、男性たちが受けるのと同等の家族の支援を女性たちが受けることはない(9)。六番ストリート地区の人々は、女性が刑務所に投獄されることは、男性の場合以上に、人格やライフスタイルに対する告発とみなす傾向にある。警察がある程度日常的に男性たちを呼び止め捜索する一方で、女性たちが警察の関心を引くためにはかなり過激なことをしなければならないからである。

●立ち退き要求という脅し

逮捕と投獄という脅しに加えて、警察は協力を渋る女性たちに立ち退くよう脅す(10)。私の隣家の女性に対して彼らは、甥を引き渡さないならば建造物許可・検査局に連絡し、彼女の老朽化した家を居住不適にすると通告した。その後、警察がスティーブの捜索で祖母の家にやって来たとき、警官たちは、電気もガスもなく、水も出ず、バスタブが屋外便所として用いられていることに気づいた。こうした自治体の衛生条例や建築基準法の違反は、市当局が彼女の資産を接収する根拠に容易になりうる。警官たちはまた、住居内に出没するゴキブリ、ネズミ、ノミが、家主が賃貸借契約を取り消す上で十分な根拠になると彼女に通告した。さらには、彼女がスティーブの保釈金を肩代わりしたため、彼の逃亡を契機に、市当局は彼女が用意した保釈金の一〇パーセント相当の保証金ではなく、保釈金の全額を彼女に請求することもできる。つまり、市当局は彼女の車や将来の所得を差し押さえることができるのである。警察がアイシャの隣家の女性の交際と別れをくり返している恋人を捜索しに女性宅にやって来たとき、彼女は、もし彼を引き渡さないならば深夜に本格的に家宅捜索すると通告された。アパートには補助金が出ているため、逃亡者を匿い、隣人たちを危険に晒したという理由で即座に退去させられる。彼女は現在の自宅と将来の住宅補助金を得るためのあらゆる権利を喪失することになるのである。

●子どもの養育権剝奪という脅し

警察が彼女たちの口を割らせるために用いるもう一つの策略は、子どもを取り上げるという脅しである。マイクの隣人宅が家宅捜索を受けたとき、警察は、夫の居所を教えないなら児童保護サービスに通報し、窓がゴミ袋で塞がれ、部屋の暖房が切られて調理用コンロを暖房として使い、子どもたちがソファーで眠っていることを報告すると隣人の妻に告げた。警官たちはまた、住居内でマリファナとクラックの吸引パイプを発見した。もし彼女が協力を拒み続けたなら、育児放棄と不適切な生活環境を示す有力な証拠となっただろう。その晩、警察の動きが収まるまでおばのところに滞在するよう、彼女は三人の子どもの荷物をまとめ、全員をデラウェア州まで車で送り届けた。

家宅捜索、呼び止め、職務質問の過程で警察の女性に対する脅しの大半が実行されることはない。結果的に、当局から男性を守ろうとしている女性が逮捕されたり、立ち退きを要求されたり、子どもの養育権を失ったりすると、その知らせは瞬く間に広まる。アンソニーにはヴァージニア州に住むいとこがいた。彼女は、子どもの父親に対する訴訟で、証人としての協力を拒否したのち、麻薬売買の共謀罪と非合法銃器の所持を理由に五年の刑に処された。四歳になる娘は両親が収監された状態でフィラデルフィアに送られ、そこで親戚の間をたらい回しにされた。ミス・リンダの二人の隣人女性は、警察が銀行強盗をした男性の捜索で自宅に踏み込んできたとき、逃亡者を匿い、逮捕を妨害したとして、政府の補助金を受けた住宅から立ち退かされた。六番ストリート界隈に住む家族は、家宅捜索を予期したときや警察と接触があった後に、しばしばそうした話を思い出した。

●評価を落とすような証拠の提示

情報提供をさせるために、警察は女性に暴力を振るったり、彼女の所有物を破壊することもある。もし男性を守ることに固執するなら、警察は彼女を逮捕し、告発し、財産を没収し、立ち退きを要求し、あるいは子どもたちを取り上げると脅す。こうした暴力や脅しを《外的な攻撃》と呼べるかもしれない。それらは女性と警察が追っている男性との絆を弱めるよう外部から働きかけるからである。

当局はまた、女性のもつ男性への高い評価を台無しにし、女性が抱く二人の関係の良好なイメージを破壊する内容を女性に示すことで、彼らの関係性にも働きかける。これは《内的な攻撃》と呼べるだろう。警察の働きかけが、内部から男性と女性の間の絆を断つように作用するからである。

警察による評価を落とすような証拠の提示は、複合的で一通りの巧妙な策略として作用する。まず警察は、守ろうとしている当の男性に浮気されていると女性に教える。男性の携帯電話の通話記録、メール、地区の女性たちの供述書を彼女に示すのである。追跡技術の発達のおかげで、これらの証拠を得るのは容易くなっている。証拠はコンピューターで素早く収集することができる。もし具体的な証拠を手にしていないなら、男性が不誠実で、実際には彼女を大切に思っているのではなく、単に利用しているだけだということを暗示し、遠回しに伝える。この時点で警官たちは、最初の好機とばかりに、彼女を愛していないこの男性は、自分の保身のために彼女を差し出し、犯罪の責めを彼女に負わせるだろうと説明する。おそらく彼はすでにそうしているだろう、と。

女性のパートナーがどれほど不誠実で嘘つきで、いとも簡単に彼女を自分の犯罪の犠牲にするかを説明したそばから、警官たちは男性に《彼女の》裏切りの証拠を提示する。彼らは、警察署で女性が男性の行動について詳細に述べて署名した供述書を、あるいは自宅に家宅捜索が何度も入った後で女性が男性の潜伏場所を当局に話そうと電話したときに令状係が記入した記録シートを彼に示す。警察はまた、女性の携帯電話、請求書、購入品を調べ、カップルの周囲にいる他の男女の供述を収集し、彼女が彼を裏切っている証拠を見せることもあるだろう。

要するに、女性が男性を守れず、女性が自分をまともな人間だと考えるのをやめるところまで、警察は男性や二人の関係を中傷するのである。女性を愛していないこの男性が、自分に彼の悪事の責めを負わせ、自分を刑務所でやつれさせようとするかもしれないという新たな怖れを抱えこみ、怒り、傷つくうちに、女性はだんだんと警察に手を貸そうという気になる。

●道徳に訴える

前述の説得術は、女性と警察が追う男性との絆を弱めることで機能する。投獄の重要性を道徳に訴えることは、それとは反対の方向に作用する。つまり、女性の愛情の強さを当てにし、男性を助け、守るという彼女の決意をかき立てる。とくに道徳に訴えることは、愛する男性に関して女性が正しいと信じる行動と合致する結果をもたらす。

警察が自宅のドアを叩きに来るまで、女性は身近な若者が刑務所の外にいることが最良だと信じている可能性がある。彼が独房で正気を失ったり、刃物で刺されたり、エイズにかかったり、不健康な食事を摂ったりすることになるからである。刑務所は、糖尿病や体内に残っている厄介な銃弾の処置といった、医療上のニーズに応えることはない(11)。男性は、職を持っていればそれを失い、釈放されると仕事探しで一層の困難に見舞われるだろう。来る日も来る日も独房で過ごし、社会から切り離され、看守から乱暴な指示を受けながら、人間性を剝奪され、普通の生活はなじみのないものとなるだろう。こうした運命から彼を守るためには、犠牲が払われなければならない。

このような論理は破綻していると、警察は女性に説明する。実際、男性は収監されていることで恩恵を受けるのだ。男性は悪しき人間関係ときっぱり縁を切る必要がある。ストリートにいるのは安全ではない。麻薬の売人を続ければ殺されるかもしれず、その道を進めば麻薬の過剰摂取に行き着くかもしれない。男性は危険な行動へとさらに深くはまっていく。刑務所は彼にとって安全な避難所になるだろう。刑務所行きは男性に教訓を与える。もっと彼女や子どもに愛情をもつことのできる、以前よりもまともな男性に変貌するだろう。茶番は終わりだと、警察は彼女に告げるのである。彼の茶番、警察からの逃走劇は終わりにしなければならない。彼はあまりに多くの法律上の問題、裁判沙汰、令状、保護観察処分を抱えている。令状がなければ将来もっとうまく仕事を見つけられるようになるだろう。早くこの状況にケリをつけて新たに生活を始めれば、事態は好転するだろう。彼女は彼を助けることができる。手遅れになる前に彼を救うことができる。彼はこの不屈の愛に、いつの日か感謝することだろう、と。

こうした説得とは別の形に、刑務所行きが男性にとって最良ではないにせよ、家族にとっては総じて最良の結果になるものがある。男性を匿うことは、彼女が自分の子どもたちや家を失うリスクを負うことを意味する。保釈金の肩代わりは、彼女が市当局に借金を負い、もしそのお金を支払うことができなければ収監されることを意味する。彼が取る行動はまた、悪人や悪事に子どもたちを晒すことをも意味する。一人の責任ある母親、姉妹、娘として、彼女は自身の家族を守り、彼を警察に引き渡すべきなのである、と。

●秘密保持と他の保証の約束

警察は、女性が提供する情報が当の男性や彼女の知り合いの誰にも伝わることはないと約束することで、説得をしばしば強化する。私が目撃した二四例の家宅捜索のうち二一例で、警官たちは、家族によって引き渡されたことに男性は気づいていないと彼女たちに伝えていた。私自身も関与した二つの取り調べでは、警察は私に秘密保持を約束した。そして、女性たちが自らの取り調べについて詳しく話してくれたとき、大抵同様の約束がなされると語った。

●多方面からのアプローチ

暴力、脅し、評価を落とすような証拠、道徳への訴え、そして保護の約束は、分析上区分されうるが、警察はしばしばこれらのテクニックを同時に展開して、相乗効果を上げようとする。

通常、取り調べを受ける女性たちは警察署の締め切られたドアの向こう側に案内されるため、私がその様子を観察することは難しく、彼女たちは帰宅後にその経験を詳しく語ることをためらった。そこで、私は自分が受けた取り調べを一つの事例として用いてきた。

この取り調べは、警察が上述の多くのテクニックを用いたため注目すべきものであるが、成果はほとんどなかった。それは次の理由による。警官たちは、彼らが関心を向ける男性と私との関係を知らなかった。私は公営住宅に住んでいなかった。私には子どもがいなかったし、私にも肉親の中にも、逮捕歴のある者や係属中の法的な問題をもつ者はいなかったのである。

六番ストリートでマイクとチャックを車から降ろした私は、友人を迎えに行くために空港に向かっていた。二台の覆面パトカーが後ろから近づいてきて、一台の車の屋根に赤色灯が出たので、私は車を路肩に停めた。一人の警官が車の窓のほうへ歩いてきて、私の顔に懐中電灯を向けた。彼は私に車から降りて免許証を提示するよう命じた。すると、警官たちのうちの一人が、私に一緒に来るように言う。

私は二番ストリートに車を置き、彼らの車である緑色のリンカーンの後部座席に乗り込んだ。私と一緒に後部座席にいた白人警官は、防弾チョッキ、ホルスター、銃、警棒、その他ベルトに吊るしていたものがなければ、がりがりに痩せていただろう。彼が風船ガムを乱暴に割ると、マイクとチャックが銃の手入れに使う薬品のような臭いがした。所轄署への道中、運転している白人警官は、もし私が黒人の男を捜しているなら六番ストリートに行く必要はない、と言った。八番ストリートとヴァイン・ストリートの所轄署に直接来いと言う。助手席の黒人警官は、にやりと笑い、頭を横に振って、私には何も期待していないなどと言っている。たぶん馬鹿げたことを思いついたのだろう。

所轄署で、別の白人の男性警官が私のボディチェックをする。彼は私のお尻と太腿をさわりながら、私を見てにたにた笑っている。白人男性たちは、黒人男性――とくに逮捕される黒人男性たち――とセックスしていると彼がみなす白人女性に、幾分の軽蔑あるいはおそらく反感の視線を向ける。

彼らは階段を上がり、刑事係のある二階に私を連れて行く。私は小さな部屋でしばらく座っていた。その後、濃緑色のカーゴパンツに大きな黒いコンバットブーツ、すねに大きな銃を装着した二人の白人警官が入ってきた。彼らは銃を取り出し、銃口を私に向けてテーブルの上に置いた。一人の警官はファイルを素早くめくり、私の前にマイクの、それからチャックとレジーの写真を置いた。写真の大半が六番ストリートで撮られたもので、そのうちの数枚は私のアパートの真正面で撮られたものだった。警察が撮った顔写真も何枚かあった。警官に見せられた四〇枚くらいの写真のうち、私はそこに写る一〇人くらいの男性たちの名前を知っており、別の一〇人に見覚えがあった。彼らはおよそ一時間半にわたって私を取り調べた。以下は私が何時間も後に思い出してメモしたものである。

マイクが売人なんだろ？　俺たちがやつを逮捕するのに、やつに守ってもらえるとでも思ってるのか？　やつはおまえを守ったりしないさ。おまえの専門家としての意見では、マイクとスティーブのうち、どっちが上等なブツを持ってるんだ？　俺たちはクソったれ（クソったれですって？）全員が姿を消した先週、おまえがこの辺にいたことを知ってるんだ。俺たちは二番ストリートでおまえを見かけたし、おまえが四番ストリートにいたことも知ってる。四番ストリートで何を企んでるんだ？　俺は若くて可愛い女がこの辺をしょっちゅううろつくのを見るとムカつくんだ。おまえの両親は、おまえが毎晩別の黒人とヤッてるのを知ってるのか？　感じのいいほうの警官は全く別の仕方で説得してくる。俺たちはただ君を保護したいだけなんだ。君を助けようとしているんだよ。君が提供したどんな情報も彼に伝えるつもりはない。ここだけの話だ。文書には残らない。署へ来たとき、何かに署名したかい？　してないだろ。誰も君がここにいることすら知らない。感じの悪いほうの警官はこう言う。もし俺たちに協力できないなら、やつがおまえの頭に銃を突きつけたとき、誰に電話するつもりなんだ？　俺たちには電話できないぞ。やつは数グラム〔麻薬のこと〕の話でおまえを殺すぞ。分かってるのか？　せいぜい自分とヤッてる男がここで今見てる写真の中にはいないことを願うんだな。だって、こいつら全員を見てみろ、やつらの一人一人が月曜の朝までにムショに入ることになる。そんで、彼氏はこの机に座っておまえの名前を漏らす最初の男になるはずだ。それから、共謀罪、司法妨害、逃亡者の蔵匿、麻薬常用者の隠匿、銃火器が問われるぞ。そもそも俺たちがおまえを最初に連行したことをどう思ってるんだ？　誰が垂れ込み屋だと思う？　警察署から電話をかけて保釈金の納付を頼んだら、親父さんはなんて言うだろうな？　きっと親父さんはおまえが何をやらかしたか聞きたがるぞ。その口で父親にキスするのか？

＊＊＊

女性たちへの説得術の効果を十分に把握するためには、これらが使われる際の警察の暴力というもっと大きな文脈を理解しなければならない。

二〇〇二年一一月から二〇〇三年四月にかけて、私は毎日の大半を、六番ストリートからだいたい一五ブロック離れたところに住むアイシャ、そして彼女の友人たちと親戚たちと過ごした。私たちはアイシャの家の玄関口から、あるいは近隣のブロックを歩いているときに、月に二回余り、合わせて一四回も、逮捕時に警官が暴力を振るうのを目撃した。二〇〇七年の秋には次のような記録がある。

午後遅く。アイシャと私は玄関口の階段に座って彼女のおばや年上のいとことおしゃべりしていた。アイシャの母親は私たちの隣に座り、コインランドリーで使う五ドルをもってやって来る恋人を待っていた。

一人の白人警官が、ぶざまに身体を揺らしながら私たちに聞こえるほど息を切らして駆けていく。そのとき、まるで長い時間走ってきたかのように、同じく息を切らして警官の少し前を走る若者に私は気づいた。若者は走る速度を落とし、膝に手を置いて屈み込む。警官はよろよろと彼に走り寄り、一方の手で男性の首筋を摑んで地面に押し倒す。警棒を取り出すと、警官は半ばしゃがむようにして若者に馬乗りになり、彼の背中と首を殴打し始めた。アイシャの隣人二人は階段から立ち上がり、黙ってそこに近づくが、数メートルのところで立ち止まる。アイシャも彼女のおばもいとこも立ち上がろうとはしない。だが、私たちは身を乗り出して眺める。

パトカーがサイレンを鳴らし、赤色灯を点けて角に横付けし、一台、また一台、さらにもう一台と到着し、通りを封鎖する。彼らは若者に手錠をかけるが、若者の顔はすでに血まみれで、とくにコンクリートにこすりつけられていた側はひどかった。

警察は若者をパトカーに連れていき、一人の警官が若者の頭頂部に手を置いて後部座席へと誘導する。彼らは何かを捜しているらしく、周囲の地面を調べる。二人の警官が無線機に向かって話している。

「銃か麻薬を持ってたに違いない」とアイシャのおばが言う。

「私は何も見てない」と隣人の一人は答える。

パトカーがやって来たとき、一人の警官が手錠をかけられている若者の顔面を殴るのを見たと隣人の一人が言う。

アイシャのいとこで体格のいい一九歳の若者が階段から立ち上がる。

「アイシャ、俺はもう行く。おまえのブロックはホット過ぎるぜ」

「分かった」と彼女は笑う。「おばさんによろしく伝えて」

数分後、初老の女性が漂白剤と水の入ったバケツを持って現れ、血を洗い流そうと歩道に液体をぶちまけた。アイシャと私は、連邦刑務所で一五年間の刑を下されたばかりの彼女の恋人の話に戻る。日が暮れると、アイシャと彼女の家族がさっき目にしたことに何も触れないことに私は気づく。おそらく、あの男性は知人ではないため、この事件が起きたときにその場に居合わせていない者たちに詳しく話すほどのことではないのである。

その年の夏、警察によるいっそう厳しい取り締まりが目立った。七月のある暑い午後、目抜き通りの角の雑踏にいたアイシャと私は、四人の警官が彼女の姉の恋人を追跡し、彼を締め上げるのを目撃した。彼は武器を持たず、反撃もしなかった。新聞は彼の死を心不全が原因だと報じた。八月、アイシャのかつての恋人が郡拘置所に収監された直後、私たちは彼に面会に行った。彼の頬には深い切り傷があり、両目は開かないほどに腫れていた。逮捕される際に彼が受けた殴打とその後にかかったいくつもの感染症は、隔離期間に治療されずに放置され、右目の視力の大部分を奪った。

令状係の警官たちはインタビューで、この暴力は何人かの警官が度を越したというより、(公表されていないとしても) 公式の方針の表れだと私に説明した。私がインタビューしたフィラデルフィア市警は、何が妥当な実力行使であるかを十分理解しており、多くの警官が、ただ触れられただけでも相手を「病院送りにしろ」と上司から命令を受けていると私に語った。

要するに、警察は女性たちに口を割らせるためにある程度の暴力を用いるのだが、彼らが男性たちを追跡し逮捕する際は、それよりかなり多くの暴力を振るうのである。女性たちが目撃したり詳細を聞いたりする暴力は、警察がしかねない行為を彼女たちの脳裏にしっかりと刻みつける。それが警察の望みだとしても、このことが女性たちの協力を促す可能性が高い。

密告するか見捨てるか

警察が説得術を展開し、女性の家を家宅捜索し、取り調べのために彼女を連行すると、周囲による女性の評価付けが始まる。親戚、隣人、友人たちはまた、彼女を逮捕する、立ち退きを要求する、子どもたちを取り上げると警察が脅すとき、彼女がどう持ち堪えるのかを観察する。

家宅捜索や取り調べが始まると、女性の多くは自分の振る舞いに対する自分自身や他人の希望には沿えないことに気づく。「乗っかるか死ぬかの女」になるよりは、男性に自首するように懇願する。男性を匿ったり切り抜けるのを助けたりするよりは、自宅から彼を追い出し、一切の連絡を断ち、食事や寝床なしの状態にする。警察の取り調べに直面して沈黙を守るよりは、提供しうる限りの情報を差し出すのである。

マイクのベビー・ママであるマリーが第二子を出産してまもなく、警察は銃犯罪でマイクを捜索しに彼の母親の家にやって来た。マリーはこの知らせを聞くと、そのことについて話し合おうと私に電話してきた。そして、泣き叫びながらマイクに対する気遣いを次のように説明した。

前回のこと覚えてる？　彼は食べるのを止めたの！　それからやつらが何の理由もなしに彼を

穴ぐら［独房］に放り込んだの。彼が穴ぐらでどう過ごしたか覚えてる？　私はもうあんな電話には出られない。彼は本当にキレてた。日の光なんてない。話し相手もいない。それに、刃物で刺されたり、エイズにかかることだってありえた。私はどうやって赤ちゃんを世話していけばいいの？　やつらは彼のお尻に銃弾が残ってることも気にしない。どの看守もそんなことに気を留めないし、出てくる［皮膚から出てくる］のを待ち構えているくらい。

マリーは、マイクが拘置所の中で苦しんでいると確信し、育ち盛りの子どもと離れないと決意して、当局からマイクを守るためなら何でもすると言い切った。

その後、警察はマリーの自宅を訪問した。警官たちは早朝にやって来たので、赤ん坊は目を覚ました。彼らは家を捜索しなかったが、マイクを引き渡す必要があると、彼女と膝を突き合わせて話した。

その日の午後、私が彼女の家に立ち寄ると、マリーは見るからに動揺し、それまでとはものの見方を大きく変えたようだった。

マリー：マイクはここの間抜けなやつらから離れる必要があるのよ、アリス。ストリートにいるのは安全じゃないの。ここで殺されるかもしれない。あそこに入って、心を入れ替えなきゃ。ここから出て行く必要があるのよ――

マリーの母：――それから、まともに生きることもね。

マリー：そう。茶番は終わりにしなきゃいけないの、アリス。彼はあまりに多くの厄介事［法的な問題］を抱えてる。刑務所に入って、すべての問題に対処する必要があるの。令状を二つ出されて、どうやって仕事に就けるわけ？　やり直さなきゃ。彼にその気がなくたって、いずれそうなる。私が彼と会ったらすぐにね［警察がくれた名刺の番号に通報するつもり］。

実際にはマリーは警察にすぐに通報することはせず、マイクに自首するよう説得を試みた。マイクは拒否し、マリーはその後数日間にわたって、ずっと「彼に道理を分からせようと説得」し続けた。彼女は警察の二度目の訪問を受けた五日後、名刺に書かれた番号に電話をかけた。警官たちが手錠をかけられたマイクを車で連行したとき、私たちは玄関口の階段に座り、次のように話した。

マリー：彼がすぐに私との面会を受け入れるとは思わないけど、気にしない。こうしなきゃいけなかったの。逃走劇はもうたくさんよ、アリス。彼は私を垂れ込み屋と呼ぶかもしれないけど、私は気にしない。心の中ではわかってるの――

マリーの母：――正しいことをしたのよ。

マリーがマイクを連行させてから、拘置所にいるマイクは日々悪しざまに彼女を罵る電話をかけ、彼女が垂れ込んだと言いふらした。彼女が言うには、そのことは、二人の子どもの父親やもっとも信頼する友人を裏切ったことで感じた心の痛みに比べたら何でもなかった。収監されている彼の苦痛が両肩にのしかかっていると彼女は話した。

いつもあそこでお腹を空かせて、ひとりぼっちで、看守に罵られている彼の姿が頭から離れないの。彼はいつも子どもを恋しがってるわ——私が通報したせいよ。

真の乗っかり屋

警察に圧力をかけられている女性たちには屈服する以外に道がない。つまり、彼女たちは守ると約束した男性との絆を断ち切るのである。あるいは、彼が逮捕され、有罪判決が下されるように警察に協力する。こうなると、女性たちは周囲からの屈辱と自らを恥じる気持ちに苛まれるが、それに加えて、裏切ったあとの自分の道徳的価値の回復という難題にも直面する。ほとんどの場合、元の関係は永久に損なわれる。自分の尊厳を取り戻すために、女性は新たな社会的領域で新しい男性と再出発するだろう——おそらくは数ブロック離れた場所か、いっそのこと別の地区で。周囲から密告者というレッテルを貼られて荷物をまとめて引っ越した女性たちを、私は四度見かけた。

しかし、私は警察の圧力が具体的な形を取らない多くの状況を目撃した。男性が自首したり、結局追跡されなかったり、あるいは警察が男性を素早く逮捕した結果、恋人や親族に圧力がかかることはなかった。この場合、女性は傷ついたアイデンティティに対処したり、関係を築き直す必要がない。彼女は恋人、兄弟、息子を裏切る手段を取る必要がなかったからである。

警察がその女性を男性と結びつけて考えず、彼女や家族に直接圧力をかけないために、女性は彼を支え、守ることができる場合もある。男性にとって主要な恋人や近親者は警察に特定され、情報を得るためのターゲットになる傾向があることから、彼はしばしば内輪の関係性を信用ならないものとみなす。その結果、男性と比較的つながりが弱い者たち――新しい友人、かつての恋人、遠い親戚――が、真の乗っかり屋になる。

大抵の場合、警察によって身元を割り出される女性たちは、すぐに警察の圧力に屈することになる。しかし六番ストリート界隈に暮らす数少ない女性たちは、警察に抵抗する際に並外れた強さを示した。警察の圧力に抗するミス・リンダの力量は、六番ストリートのコミュニティに広く知れ渡っていた。マイクがかつて家宅捜索の後に彼女の自宅玄関の階段に集まった一群に公言したように、「ミス・L《リンダ》は盗人かもしれないし、家がひどく汚いかもしれないが、口を割らなかった。あの人は警官たちがドアをガンガン叩いても構わず、気にしないんだ！」

他の女性よりも三人の息子に強い愛情を抱いているため、頑張って乗っかりを遂げたのだとミス・リンダはしばしば語ったが、実際のところは、彼女はそれなりの場数を踏んでいた。チャック、レジー、ティムと彼らの友人や知人は、私が六番ストリートにいた六年の間、少なくとも二三回は、警察を家に招き寄せた(12)。

彼女の真ん中の息子であるレジーが一七歳の頃、警察は街角をぶらついていたことを理由に彼を呼び止め、彼は所持品検査を許してしまった。警官が彼のジーンズの裏布から三袋の少量のクラックを見つけると、レジーは逃げ出した。警官たちは追跡の末に彼を見失い、彼には販売目的での麻薬所持を理由に逮捕令状が出された。

その日の夜、ミス・リンダは来ると確信していた家宅捜索に備えた。彼女はレジーと兄のチャックが天井裏に隠していた二丁の銃を捜し出し、それらを隣人の家に隠した。彼女はチャックの防弾チョッキ、銃弾、そして当時彼が売りさばいていた少量のクラックを入れるために使用していた小さなビニール袋も同様に隠した。三ブロック先にある恋人の家に、自分用のマリファナをクラック吸引用の道具一式とともに持って行った。それからなんとかして、チャックの親友であるアンソニーのために寝床を確保した。彼は当時、地下室で寝起きしており、出頭拒否で勾引状を出されていた。彼女は、息子といとこがその晩どこかよそへ行けるように、警察が来ることを隣人たちに知らせておいた(前にもあったことだが、警察が別の家に間違って入ったり、警察が付近の住宅を捜索すると決めたときに備えてのことである)。警察はよく見つけた金銭をすべて没収するからと、彼女はレジーが壁の裏に隠していた六〇ドルを捜し当てた。彼女は父親のミスター・ジョージを説得し、「サツが彼に心臓発作を引き起こさせる」といけないからと、その晩は彼の恋人の家に泊まらせた。

ミス・リンダはレジーに零時になる前に家を出るよう指示したが、彼はつい眠り込んでしまい、三人のSWATチームが午前四時頃にドアを蹴破ったときまだ家にいた（ドアは壊れたまま、その日は鍵がかけられない状態だった）。ミス・リンダは準備の最中にソファで眠ってしまい、レジーがまだ家にいるかどうか分からず、警官と興奮気味の口論を始め、警官たちが上の階へ行くのを遅らせた。この策略は成功した。レジーによれば、彼は捕まる前に寝室の窓から脱出し、路地を通って逃亡することができた。

翌日の夜、三人の警官は再びやって来て、家宅捜索の間に、レジーの弟ティムとミスター・ジョージに、手を頭に置いて床にうつ伏せになるよう命じた。ティムによれば、もしレジーを引き渡せば裏切ったことを伝えないという約束を一人の警官がミス・リンダに持ちかけたという。その警官は、もし彼女が息子を引き渡さなければ、住居がゴキブリだらけで、猫の糞尿まみれで、居住に適さないという理由で児童保護サービスに通報し、一番下の息子を取り上げさせると言った。この晩も、彼女は警察にレジーの居所を教えることを拒否した。

動揺しながらも勝ち誇った様子で、ミス・リンダはこの出来事を友人や隣人たちに伝えるため、翌朝早くに外に出てきた。私たちは共有路地に面した裏口の鉄製ポーチの階段に座った。

ミス・リンダ：汚い手だとはわかってる。こんなこと認めるのは私くらいよ。私が悪い母親だと言う人もいる。好き勝手言えばいいけど、みんなわかっているように、私は自分の息子たちを守ってるだけなの。三人の息子全員をね。ここの女たちは好き勝手言っている。だけど、あのクソったれのサツがドアをバンって蹴破るのを用心することだね。ここにいる女たちは誰もそんなこと知りはしない。口では言いたい放題でも、私のように乗っかれはしないだろうよ。ほんの一握りの女たちだけが真の乗っかり屋で、私はそんな女たちの一人さ［彼女はタバコを一服し、自信たっぷりに頷き、ニヤリと笑う］。毎晩でも来ればいいさ。

彼女のいとこがそばに来て座ると、ミス・リンダは先の話を繰り返したあと、家宅捜索に備えてわざとセクシーな下着を身につけ、警察に壁に向けられて手錠をかけられる際、胸と尻を誇らしげに突き出したと付け加えた。これを身振りを交えて演じ、女性たちは笑い声をあげた。彼女は、とくにルックスのいい警官に向かって、「ハニー、あんたいい男ね。いつでも私の体を調べていいわよ」と言ってやったと語った。

その日のうちに、さらに多くの警官たちが家宅捜索にやって来た。彼らが再度家を引っかき回している間に、レジーは、警官たちはまだいるのか、母親は無事なのか知ろうと電話をかけてきた。警官たちのうちの一人から一メートルも離れていない場所に座っていた彼女は、「ああ、母さんよ、後でかけ直すから。だって警察がここでレジーを捜索してるの」と冷静に答えた。「あの子のこと見てないでしょ。分かったわ。後でかけ直す。食料の買い出しついでに紙おむつを買って行く」

警察が立ち去ると、ミス・リンダは私に言った。「ビッグ・ジョージ［彼女の父］が入って来たら、すぐにこのガラクタを片付けろと言うだろうね。だけど来月まで掃除するつもりなんてないの。やつらは何度も来るだろうし、そのたびに朝になってうんざりしながらこの家を元通りにするなんてごめんだよ」

二日後の夜、私がいたときに警察は、ミス・リンダの家に三度目の家宅捜索に入った。この夜、三人の警官は、家を捜索している間、プラスチックの手錠を私たちにかけ、リビングの床に私たちをうつ伏せにさせた。警察を叱りつけ、「私には穴が三つあるの。どれか一つ選びなよ」と言って誘いをかけたという以前の自慢話にもかかわらず、ミス・リンダは警官たちに床に伏せさせられると泣き叫んだ。警官の一人は、ミスター・ジョージが家の所有者で家族は幸運だと言った。もし、第八地区――住宅補助のある建物――だったら、ミス・リンダと息子たちは隣人を危険に晒し、逃亡者を匿ったことで即座に立ち退きを要求されていただろうと（実際、私は他の二つの家族が少し前にこうなったのを知っていた）。警察は二階でミス・リンダが許可証を提示できない一丁の銃を発見した。彼らは彼女を逮捕し、警察署に連行した。ティムと私が午後に彼女を迎えに行くと、彼女はレジーの居所を警察に言わなければ銃の件で告発されると告げられたと語った。彼らは彼女の名前を伏せると約束したが、まったく信じていないと彼女は言った。

彼女とティムの話によれば、ミス・リンダはこのときまではきわめて勇敢だったが、三回目の家宅捜索と執拗な取り調べが彼女の決意を鈍らせたようだった。レジーが後に彼女が用意したスパゲティをもらいに立ち寄ったとき、彼女は彼に自首してくれと頼んだが、彼は拒否した。

一週間後、ミス・リンダが恋人の家から戻ると、路地に自分のテレビと衣服が捨てられているのを発見した。彼女の父親のミスター・ジョージは、もしレジーを警察から匿い続けるならティムと一緒に家で暮らすことをもう許さない、と彼女に告げた。

馬鹿げたカーニバルじゃないんだぞ。あいつが誰だろうと知ったことか。やつを追ってる警察がこの家を捜したり、物を壊したり、汚水をぶちまけたり、わしの眠りを邪魔したりなんかさせないぞ。深夜の叫び声と逃走はごめんだからな。目を開けると、窓から這い出ようと俺のベッドを乗り越えるやつがいる。なんてことだ。わしはレジーに言ったんだ。もしまたサツが飛び込んできたら、心臓発作を起こしちまうってな。レジーはもういい大人だ［彼は一七歳だった］。あいつをわしの家に匿うつもりはない。わしらは馬鹿なマネをして、あのクソったれと一緒に最後は拘置所に行く羽目になる。サツはこれからもやって来て、いずれわしを逮捕する理由を見つけるだろうよ。

ミスター・ジョージがレジーを家で見かけるたびに警察に通報するようになったので、ミス・リンダはもう家にいてはいけないと息子に伝えた。レジーは近所の路地に放置されていたビュイック・ルセーバーで二ヶ月間暮らした。

こうして徹底的に脅されても、ミス・リンダはレジーの居所を警察に話すのを拒否した。最終的に彼女は彼に自首するよう懇願したが、その後、父親が彼女に出て行けと脅したときに彼を家から追い出した。しかし彼女は決して息子を警察に引き渡したりはしなかった。レジーがビュイックに寝泊まりしている間、彼女はほぼ毎晩食事を差し入れて、彼と密に連絡を取り合った。隣人たちと家族、そしてレジー本人は、彼女が他の人々以上に、最善を尽くしたと信じているようだった。警官たちがレジーを逮捕した日の夜、私はミス・リンダや何人かの隣人たちと同席した。彼女は私たちのために、小さなプラスチック製のカップに「アイリッシュ・ロゼ」の赤ワインを注いだ。

ミス・リンダ：そうね、少なくともあの子はもうビクビクする必要はないね。いつもサツが家にやって来るのを心配してたんだから。あの子は車で寝泊りするのにいい加減うんざりしてたんだ。外はますます冷え込んできてたし。それにね、レジーは体が大きいから、狭くて首が凝ってたのよ。「おふくろ、メシつくってくれ」ってよく裏口にやって来たんだ。それから二〇分してまた来て、私はあの子に窓から食事を渡してた。

チャックの恋人であるブリアナはこう応じた。「あなたはこの辺のどの女よりも一生懸命乗っかった。レジーもそれを分かってる」

乗っかり屋、再び

ベロニカは一八歳のときに一九歳のレジーと出会った。彼女はレジーの友人の一人と交際していたが、真剣にではなく、その男性は彼女のために大して時間を割かなかった。彼は忙しいときに彼女をレジーに託した。レジーが話を持ちかけると、その通りになった。ほどなくしてベロニカはほぼ毎晩のようにレジーの家で過ごすようになった。チャックとティムは彼女を姉妹《シス》と呼び始めた。

こうした関係になって数週間が経ち、「最初、私は眠ることができなかったの」と彼女は私に言った。「夜に体の上に虫が這ってきて怖かった。あの家で眠るには本当にテイラー家の兄弟を愛していないといけない」。確かに、キッチンにはゴキブリやアリが這い回り、ハエもいた。まるでサイケデリックな虫の夢のように、床自体が動いているように見えた。

ある夜、ベロニカはゴキブリがまたベッドの上を這っていると思って目を覚ましたが、窓から慌てて脱出しようとしているレジーが彼女に押してくれと叫んでいるだけだった。だが、レジーはがっしりした若者だったため、容易ではなかった。ほどなく二人の警官が寝室のドアから押し入ってきて、ベロニカをベッドから引きずり下ろした。警官たちは、家宅捜索の間の一時間、ベッドの枠に彼女を手錠でつないだ。彼女は翌日私に語ったのだが、二月で当然閉まっているはずの窓が開けっ放しになっていて、そこからレジーが逃げたことは明らかだったにもかかわらずである。彼女によれば、警官たちは、彼女が違法なこと、つまりマリファナを吸ったり飲酒運転するたびに見つけ出し、会うたびに連行すると彼女に告げた。警察は彼女の前歴ファイルに特別な星印を付け、名前を照会し、彼女と、彼女と一緒にいるのを見かける者たち全員に所持品検査をするつもりだった。警察は携帯電話に盗聴器を仕掛けたので共謀罪で告発できると彼女に告げた。こうした脅しにもかかわらず、ベロニカはレジーの逃亡先を言わなかった。彼女はただ単に知らなかったからである。

その日のうちに、レジーはサウス・フィリーの公衆電話から彼女に電話してきた。ベロニカは彼に自首するよう懇願した。だが彼は拒否し、彼女はその場で二人の関係は終わりだと告げた。

警察が捜索を始めると、ベロニカが自分を捨てたのだと、レジーは友人や親戚、隣人たちに話し、ベロニカを「非難」した。彼はその後すぐに、高校時代に交際していたシャキーラと付き合い始めた。

翌日、ベロニカは私に泣きながら電話してきて次のように言った。レジーは、彼女がちゃんと乗っかれていない、本当は彼なんてどうでもいい、厄介なことになるとすぐに出ていくと、ブロック中の人々に言いふらしたという。彼はこうなるとは夢にも思わなかったと彼女に告げた。彼女はもっとマシだと思っていたのである。

ベロニカが六番ストリートから出て行くと、シャキーラはレジーが逃げるのに進んで手を貸した。彼女はレジーの友人の家で彼と落ち合い、その後数日間を彼と一緒に地下室に潜んで過ごした。彼女は友人に二人の食事を運んでもらうよう手配した。その間、警察はミス・リンダの家、ベロニカの家、レジーのおじの家を家宅捜索した。だが、シャキーラの家を訪れることも、彼女の家族に職務質問することもなかったので、彼女は勇敢で誠実な人間としての役割を維持することができたようだった。私は三日目に彼女とレジーに会いに行った。

シャキーラ：私はずっとここにいたんだよ、A《アリス》。やつら［警察］が彼のお母さんの家に来たとき、私たちは二人ともあそこにいて、彼が裏口から出てからも、私はずっとここにいたの。
レジー：こいつはすげえ頑張って乗っかってたんだぜ。
アリス：やるわね［すごいわね］。
レジー：ベロニカのこと覚えてるか？　あいつはやつら［警察］が俺を捜してると分かると、

ブチッ［電話を切る音］て感じだったぞ。「またそのうちね」とか言ってさ。けど、シャキーラはそうじゃなかった。こいつはすげえ乗っかったんだぜ。俺のことを心配もしてくれたんだ。

ベロニカからは数週間音沙汰がなく、ほどなく、警察は近所の倉庫に隠れているレジーを発見した。警官たちはパトカーとヘリでやって来て、ブロックを封鎖し、倉庫のドアを破壊槌で叩き破った。

電話をかけることができたとき、もうシャキーラとは付き合っていないとレジーはベロニカに伝えた。ベロニカはレジーに手紙を書き、その後、彼に面会に行き始めた。郡拘置所のあるノースイースト・フィラデルフィアに到着するのにバスで三時間かかったのは、直行する路線がないからである。ベロニカはそれ以前、一度も拘置所にいる男性に面会に行ったことはなかった。そこで私たちは、拘置所の規則を遵守しつつも、どんな服を着れば彼女が一番きれいに見えるかについてじっくり話し合った。

ベロニカが州道沿いにある拘置所に毎週通っていたとき、レジーの友人たちは家にいた。彼らは何の手紙も送らず、拘置所の売店のレジーの口座に送金することもなかった。

レジーは毎日、彼の仲間たちに対する不満を電話越しに私にぶちまけた。

あいつらはまともに乗っからなかったな。あいつらには敬意ってものがねえ。Gはたぶんやる

［彼の口座に金を送る］だろうが、スティーブはごまかす［騙す、嘘をつく］気だ。家に戻っても、《誰にも》怒らねえよ。あいつらはどこにいやがるんだ。俺が戻ればすべてよしと考えてやがる。元気かレジー、おかえり、ってな。だが、何てやつらだ。俺のために乗っかってないが、俺は会っても［戻っても］あいつらに文句を言ったりしねえ。約束する、A《アリス》、俺は戻っても、誰にもちょっかいなんてだしたりしねえ。そんなことしたら俺はどアホだ。とくにブランドンだ、A《アリス》。俺は《毎日》あいつとつるんでたんだ。それが今じゃあいつはこんな調子だ。「すまん、俺はいかれてる［壊れている］」。おい、俺がシャバにいたとき、おまえはまともだったよな。あいつのことを長々としゃべっちまったぜ、A《アリス》［彼のことにこだわりすぎた］

面会と送金を約束し続けていたにもかかわらず、三ヶ月後、レジーの仲間は一人もやって来ていなかった。来たのはベロニカだけだった。彼女は彼に毎週だいたい二通の手紙を書き、彼もまた二、三通返事を出した。彼女と私は時々一緒に彼に面会に行った。レジーの誕生日に、ベロニカは二〇ドル紙幣でマリファナの小袋をくるみ、面会室で彼にその袋をこっそり渡した。

ある日の午後、ベロニカと私はミス・リンダの家の二階部分のベランダに腰掛け、トランプゲームをしていた。いつもは寡黙なベロニカが、私が聞いた中で一番の長話をした。

彼の仲間は誰も彼に面会に行こうとはしない。一人もね……。来てるのは私とアリスだけ。それで彼にはわかるはずなんだけど。彼の仲間は本当は仲間じゃないって――乗っかってるのは私だけ。私は彼の、たったひとりの本当の友だちなのよ。口座にお金を送ってるのは誰？　あいつらはそのうち送るって言ったけど、口だけよ。彼の口座に入ってるお金は私とあなたからのものだけ。

ベロニカは、逃亡中のレジーと手を切り、自分が弱くて不誠実な人間だと恥じていたが、今では面会と手紙を書くことを通じて、誠実で勇敢な仲間として生まれ変わったようだった。

女性はまた、収監されているという事実を次第に色あせさせ、男性と共に過ごして自らの行いをより前向きな光で彩ることで、自分の人間関係と自尊心を救済することもできる。私が八度にわたって気づいたのは、勾留中の男性に面会に行く女性は、収監中は自らの役割を誇示しないことで、男性の逮捕や裁判へと至る出来事を見直すために彼と共に過ごす、ということである。

マイクが二四歳で子どもが三歳と六歳だった時、彼はミシェルという、ノース・フィリー出身の女性と交際を始めた。一ヶ月と経たないうちに、二人はとても親密になった。ミシェルの三歳になる息子はマイクをパパと呼び始め、ミシェルの写真は、マイクの母親の家のマントルピースの上にある、マイクの卒業写真や彼の息子と娘の学校での写真の隣に並べられた。彼は彼女のアパートでほぼ毎晩過ごし始めた。

ミシェルは、マイクが初めて交際したプエルトリコ人女性だった。そして彼女の民族的背景が誠実さを表していると、彼は大きな期待を寄せていた。「スペイン系の娘たちにとって大事なのは結局は家族で、家族は彼女たちにとってすべてなのさ。黒人の若い女はそうじゃない。あいつらはお巡り好きなんだ」と彼は言った。

ミシェルとマイクは二人して、彼を警察にたびたび通報している彼のベビー・ママであるマリーとは彼女はまるで違うと私に説明した。ミシェルの父親と兄弟たちは麻薬を売っていたため、彼女は警察や裁判所に慣れていて、彼らの圧力にも屈しなかったのだろう。子ども時代を通じてずっと父親の法律上の問題と格闘していた母親の強い思い出があり、ミシェルは、自分が第二世代の乗っかり屋なのだと私に語った。彼女はまた、連邦刑務所で一〇年服役している息子の父親を含め、これまでに出会ったどの男性よりもマイクを愛していると言った。

ミシェルの誠実さは、交際中の三ヶ月間で試されることになった。裁判所への出廷を怠り、マイクには勾引状が発行された。ミシェルはこの知らせを聞き、何者も――警官も、判事も、間抜けな刑務所の看守も――二人を引き裂けないと私に断言した。

翌週金曜日の午前四時頃、彼女は泣きじゃくりながら私に電話をかけてきた。警官たちが彼女の家のドアを破り、マイクを捕まえたのだという。彼は逃亡を図ったが、彼らは歩道で彼を警棒で叩きのめした。彼らがマイクをひどく殴ったため、彼女は悲鳴が止まらなかったと言った。なぜ彼らはそこまでしなければならなかったのか。彼らはすでにマイクに手錠をかけていたのにである。

所轄署内で、警察は発見されたときの下着姿のままマイクを一八時間も手錠でデスクにつないだ。翌朝、警官たちはミシェルを警察署に連れて来て、三時間にわたって取り調べた。それから、彼の行動、交友関係、麻薬を売りさばく場所を詳しく述べたミシェルの供述書をマイクに見せた。郡拘置所に収監されると、マイクは彼女に手紙を書き、彼女はそれを私に見せた。

ここには来るな、手紙を書くな、送金もするな。俺のおふくろの家からおまえのガラクタを全部運び出せ。マジでおふくろにあのガラクタを放り出させるからな。おまえが裏切り者だと気づかないとでも思ったか？　やつらは俺に全部見せたんだ。ふざけるな。とにかく俺はおまえなんてどうでもよかったんだ。俺にとってはただヤるだけの女だったが、おまえのアソコはそんなによくもなかったぜ！

マイクはミシェルが密告者だという噂を広め、この噂はブロックの彼の仲間や収監者たちの間で数日間ホットな話題になった。

激怒し恥をかかされたミシェルは、マイクが彼女に腹を立てる権利はないと私に説明した。明らかに彼は彼女を大事に思っていなかった。実際、マイクは反対のことを主張したにもかかわらず、警察は彼がマリーとまだ付き合っていることを示すメールと通話記録をミシェルに見せていたのである。それだけでなく、マイクはミシェルに麻薬の罪を着せ、アパートにあった銃は彼女の父親のものだと主張しようとした。ミシェルは彼を厳しく批判する手紙を書いた。

あんたがベビー・ママと今も付き合ってることを知ってたらよかった。やつらからあんたの午前二時、三時の通話記録と携帯メールを見せられたとき、自分がバカみたいに思えたの。子どもに電話してたなんて、私を言いくるめようとしないで。七歳の子が午前二時に起きてるわけないんだから。あんたが罪をなすりつけようとしたことに気づかないとでも思ったの？　供述を全部読んだわ。あんたなんかあのビッチにくれてやる。

ミシェルはマイクの不貞の具体的な証拠を手にして、彼から尊重も尊敬もされていないということを理解した。二人の関係は偽りだったのである。彼女はマイクとの過去の関係が汚くて恥ずべきものであり、彼を守ろうとした現在の努力を屈辱的なものだとみなし始めた。その一方で、警察は彼女が裏切った事実をマイクに示していた。名誉を傷つけられ辱められたマイクは彼女を拒絶しけなしたが、ミシェルもまた彼の二枚舌の明白な証拠を突き付けられ、彼女を愛していないその男性が自分に罪を着せて自分を絞首刑にさせかねない可能性に直面した。

二日後、警官たちはマイクが麻薬を売っていた郊外にミシェルを連れ出した。警察の報告書によれば、彼女はマイクの麻薬の隠し場所、運び屋、そして彼女が知る限りの顧客を暴露した(13)。

マイクのある友人は、それを次のように説明した。

あの女は、「ふざけないで。私は彼と知り合ってまだ三ヶ月なのよ。私は自分の子どもを手元に置きたいの」って言ったんだ。それにな、あの女のおふくろは老人ホームに入ってて、彼女は二人の妹の親権を持ってるのさ。だから警察は、その場所（第八地区の建物）から追い出して、彼女の息子やら妹たちやらを連れてくと彼女に言ったんだ。崖っぷちってわけさ。あのビッチはためらわなかった。「何でもしゃべるわよ」ってノリだったのさ。

マイクの母親と祖母と私が彼の公判期日に出席し、ミシェルの供述書を見た後、マイクは彼女を密告者だと断言して、彼女としばらく口を利かなかった。その噂はマイクの仲間たち――ブロックと拘置所両方の友人たち――にすぐに広まった。

ミシェルは当初、警察に子どもたちを連れて行くと脅され、マイクには実際に浮気されていたことに気づいたため、自分の振る舞いを正当化することができた。だが、何週間か経ってこうした細かな事実は地区の人々から忘れられたようだった。彼女は次第に善良な男性を裏切ったと感じるようになった。彼の公判期日がやって来ては過ぎるにつれて、彼女はより頻繁に彼に面会に行き、送金し、手紙を書くようになった。ミシェルとマイクは、ゆっくりと和解し始めた。

数ヶ月後、マイクと私は面会室で雑談をしていた。マイクは、ある友人の恋人が少し前に、法廷でその男性に不利になる証言をしたことに触れた。「その女はクソったれの裏切り者だ」とマイクは言った。「あいつなんてどうでもいいんだからな」。私たちはこの状況について話し合った。警察から立ち退きを迫られたり、子どもたちを連れて行くと脅されて黙秘するのがどれほど難しいかを私は話した。例えば、ミシェルは明らかにマイクを愛していたのだが、まさにこうした警察の圧力をかけられて情報を提供したのだ、と指摘した。

この時点で、私たちの週に一度のゴシップ話は白熱した議論になった。ミシェルは密告者ではなかったとマイクが私に力説する様を部屋にいた別の面会者たちは凝視し始めた。実のところ、マイクに不利な供述をしたのは、彼が借りていた部屋の家主の女性だったのである。

「おまえは俺たちのことをよく見てたはずだ。それがおまえの《仕事》だろ。頭が鈍くなってきたな。前は何でも覚えてたのにな」

「本当にミシェルだと思っていたの」と私は弱々しく返事をした。

「簡単なことも分からねえなら、おまえは役立たずだ」

グループの記録者としての私の自信は完全に揺らぎ、私は何度も謝罪した。ひと月後の次の公判期日に、私はもう一度供述書を見せてくれとマイクの弁護士に頼んだ。冗長な警察の報告書をよく調べてから、私はノートの記録が正確だったことに気づいた。ミシェルは三度にわたってマイクのことを密告していた。ミシェルが黙秘を貫いたとマイクを納得させたのか、それとも、二人とも単にそのことを忘れようとしていたのか、私には確信がもてなかった。だが、私はそのことを蒸し返さないのが最良だと判断した。

次に私が面会に行ったとき、マイクは、仲間の一人がミシェルを密告者と呼び続けていると言って嘆いた。

「あいつらはこれからも憎むつもりさ」と彼は言った。「中学のときから、俺の人生はずっとこうなんだ。みんな、俺が手に入れたものを欲しがる」

私は深く頷いた。

乗っかり屋から密告者への目まぐるしい道のり

六番ストリート地区に暮らす多くの女性は、恋人、兄弟、あるいは将来の息子が突然強制的に連行されるのを、マイクの恋人がかつて言ったように、「すべての終わり」とみなす。身近な男性が警察に追われる可能性があるという知らせを受けると、当局から彼が身を隠す手助けを自分の義務だと受け取ることもある。男性を守ることで、自分は誠実な恋人や良き母親、つまり尊敬すべき道徳的な人間であると主張するのである。

警察が男性を捜索しに来ない場合、勇敢さや犠牲が求められる機会があれば自分は男性を当局からかばうために最善を尽くすだろうと女性は信じ続けることができる。だが、警察が実際にやって来る場合、大抵は情報を提供するよう圧力をかけられる。

警察や地方検事にとって、親密な者たちを情報提供者にする職務は、主に技術的な問題であり、非公式の逮捕ノルマを達成して上司を満足させようと、十分な数の若者を検挙し起訴する仕事の中で生じる数ある雑務の一つに過ぎない。だが、愛する男性の身元特定、逮捕、説得において警察から求められる役割は、女性たちにとってはもっと深刻な問題、すなわち自意識の問題を引き起こす。

確かに、私が六番ストリートで知り合った女性たちの何人かは、法的にこみ入った事情を抱える家族や近隣の人々が拘置所にいるか否かをあまり気にしているようには見えなかった。厄介な若者たちの収監を、塀の外にいる彼らに対処するよりはるかにましな代替案だとみなす女性たちもいた。しかし、こうした態度をとった女性たちは、警察に追われている男性たちから距離をおく傾向にあり、結果的に、当局にとって非常に有益な情報である男性たちの所在をよく知らないことが多かった。男性たちの逮捕を成し遂げる上で自分がもっとも役に立つ人間となるのは、法的に危うい男性たちの日常的な出来事に積極的に関わった女性たちなのである。したがって、息子や恋人が収監される可能性を重大事、つまり日常生活の破壊とみなす女性たちこそが、彼らを逮捕し収監するために警察にリストアップされる。

警察が圧力をかけ始めるとき、また彼らが女性の家を家宅捜索し、取り調べのために彼女を連行するとき、彼女は自らの人間関係と自己イメージの危機に直面する。というのも、警察は彼女が絶対に守るのが自分の務めだと考えてきた男性の投獄を手助けするよう彼女に求めるからである。彼らは依頼するだけでなく、彼女の身の安全か男性の自由のどちらかを選ばせる。私が六番ストリートで知り合った女性たちの多くが、この選択を何度も迫られている。これこそが警察と刑務所のしつこさの一つなのである。

外部からこの危機を眺めている親戚や隣人たちは、女性が脅しと暴力に直面して自らの強さを証明し男性を守ることができるのか、それとも圧力に屈して彼を裏切るのか、彼女の選択を苛酷なものと見るかもしれない。警察に抵抗すれば、彼女は乗っかり屋として周囲から賞賛を受けるだろう。屈してしまえば、男性を見捨てた薄情者か密告者としての屈辱を受けることになる。

だが、女性が警察からますます圧力をかけられるにつれ、善悪をめぐる彼女の見方は変化し始める。警察が説得術を展開すると、彼女は愛する男性からどんどん切り離され、当局とさらに頻繁にやりとりしている自分に気づく。女性の協力を得るために警察が用いる技術は、彼女の基本的な自己理解を覆し、彼女にとって大切な人々を逆転させるのである。彼女は子どもたちや自宅が安全ではなく、彼女がいとしく想う他の人々もまた安全ではないと知る。そして警察がその気になればいつでも逮捕される可能性があるため、日常生活をほとんど終わることのない犯罪行為であるとみなし始める。愛する男性から大事にされていないことを知り、彼との関係を、不潔で、恥ずべきで、くだらないものだと思うようになるのである。

恋人に騙されたり、息子に罪を着せられるかもしれないと警察にほのめかされると、彼女は当局から男性を守ることが結局はあまり得策ではないようだと気づいていく。立ち退きを要求されたり、子どもや車、そして今後の住宅手当を失うと脅されることで、男性をかばおうとする決意は鈍る。秘密は漏らさないと警察が保障する頃には、当局に協力するメリットを理解し始めるのである。

＊＊＊

指名手配中の男性たちを取り巻く興奮というものがある。彼らは決まったやり方で犯罪が起きる場所に行く(14)。だが、彼らも指名手配中は定期的にどこかへ立ち寄るのをやめる。彼らの家族への貢献は、元々乏しかったかも知れないが、完全に途絶えることもある。逃亡生活は刺激的かもしれないが膠着状態であり、前進することがない。男性が指名手配されているということで、女性はある程度、今を生きることが求められ、その今は目まぐるしく不確かなものとなる。

この泥沼から脱出するのに、警察は怪しげな道筋を女性に提案する。男性に背を向けて、警察の側に付けと言う。警察の考え方に順応し始めると、彼女は男性の逃亡と警察の圧力から生じる、めまぐるしいが膠着した状態から逃げ出す道を見つける。そうなると前へ進む何らかの道筋を描くことができ、家宅捜索や取り調べによって混乱した世界から離れることができる。彼女は彼に憎まれ、自己嫌悪に陥るだろうが、少なくとも前に進んでいる。

警察は、彼女が男性の側に留まることをいっそう困難にするため、男性が求める犯罪や警察との関わりから切り離された、彼抜きの生活がどのようなものかという展望を構築する。そして、女性が自分と他人への評価を変化させる特殊な道筋をつくり出すのである。

警察に寝返ろうと目論む女性は、利用可能なたくさんの手段の方向性を見つけ出す。自首するよう男性を説得したり、圧力が続けば男性に自首か通報かの最後通牒を突きつけてもいい。互いの家族と友人たちの目につくところで、公然と警察に通報することもできる。ひそかに彼を密告し、当局に協力したことを隠そうとするかもしれない。あるいは彼との関係を断ち切ったり、それ以上彼に言葉をかけるのを拒否したり、自宅から彼を追い出したりすることもありうる。

この過程で、警察がかける圧力によって女性は自らの行いと折り合いをつけることができ、警察の説得術は自らの行為を正当化するのに役立つ。だが、男性が身柄を拘束されて警察からの圧力がなくなると、彼女自身もコミュニティの人々も、彼女がしたことを次第に容認しがたくなる。女性はいまや、自分が面倒をみると公言していた男性を見捨てるか、密告したことに伴う公の場での屈辱と自らを恥じる気持ちに正面から向き合わなければならない。

取り締まりの性質上、警官たちは過ちを犯す者たちともっともやりとりをする傾向にあるが、女性の警察との接触は、彼女が彼らに従うことを拒絶するときに始まり、彼らの側につくときに終わる。つまり、当局との強固で親密な関係が続くのは、警察が中傷し女性が抵抗する間だけなのである。彼女が協力的になり男性を引き渡すときには、警察は彼女に対する関心を捨てる。彼女は寝返るその瞬間に、自分をあざ笑い、軽蔑し、寝返りを道義に反する裏切りとみなす隣人や家族しか周囲にはいないことに気づくことになる。

この過程を通じて、女性は感情的な矛盾に満ちた道のりを辿る。身近な男性が指名手配されたという知らせは彼女が愛情を新たにするきっかけとなる。男性は彼女の日常生活において積極的に役割を果たすことも、何らかの具体的な見返りを与えることも、金銭的に支えることもやめるが、彼女は男性への関心を強めるのである。男性の身柄が拘束され、彼を密告すべきだという圧力から解放されると、女性はもう一度献身を誓い、償うことが可能になる。逃亡生活とは異なり、男性の刑罰や裁判には明確な終着点がある。面会時間と朝晩の電話を軸に自分の生活を調整でき、男性が帰宅する計画を立てることができる(15)。だが、男性の収監に手を貸したことで、彼女が関係を修復しようとするのと同時に、男性の非常に激しい怒りが爆発する。たとえ彼に許されるにしても、彼にまた尽くすようになる。男性が拘置所か刑務所に入り、女性の日常生活からほぼ完全に消え去って初めて、再び彼を善人で立派な人物だと思うようになる。

息子やパートナーが投獄されると、彼女が元の状態に戻ることはよくある。当局が捜索に来るかもしれないという知らせを初めて受け取ったときのように、彼女は警察、裁判所、刑務所は不当だという考えに戻り、愛する男性を守り、支えるために何でもするだろう。

しかし、場数を踏んだ数少ない親密な女性たちは、警察が持ちかけるような道のりを辿らない。そもそも彼女たちは圧力に耐えられるからである。彼女たちは家宅捜索を見越して、家宅捜索による損害を減らすことを学ぶ。大騒ぎしたり、権利を声高に要求したり、多くの人々を味方につけたり、訴えるか新聞社に駆け込むと脅すことで、警察にとって厄介な存在になることを学ぶ。申し合わせて黙秘し、できるだけ情報を漏らさない方法を身につける。そして男性の逃げた方向や有罪の証拠が入った箱から警官たちの気をそらす。彼女たちは、性的な行為などを逆に持ちかけたり、あるいは警察が関心を向けていそうな他の者について情報を提供したりもする。圧力に屈しない姿勢は、彼女たちの行為がほとんど説明を要さず、また、彼女たちの関係がほぼ壊れていないことを意味する。

警察に協力した後に、人間関係や面目、自意識をどうにか取り戻そうとする女性もいるが、警察の圧力に耐えて名声と賞賛を得ることができる者は稀である。だが、次のことは指摘しておくべきである。警察と対立する男性たちの母親や恋人たちを寝返らせることで多くの若者を逮捕する警察の方策は、恐怖や疑念の文化を生み出し、自分は善人で、生活はそれなりに安全であるという女性たちの基本的な理解を覆す。そして、初めからかなり脆いことも多い家族関係や恋愛関係を台無しにするのである。

第四章　法律上の問題を個人的に使える手立てに変える

警察と裁判所は、六番ストリート地区に住む家族の生活を明らかに困難なものにしている。愛する者たちを引き離し、疑念と不信の種を播いているのである。しかし住民たちは単に抑圧的な当局に嫌々ながら操られているだけではない。男性も女性も時々、当局の介入が具体化するのを積極的に利用し、自分たちの法律上の問題を自身のために活用する。家族や職場と交渉したり、自分が立派な人間だと主張するために奮闘中の若い男女は、警察、裁判所、刑務所といった大きな存在を、当局が意図も予期もしないやり方で自分たちにとって都合がいいように利用する(1)。

安全な避難所としての拘置所

塀の外でかなり過酷な状況で生きている者たちですら、刑務所が犯罪を抑止するほど不快に設計された場所であることを知っている(2)。確かに、六番ストリート界隈の若者たちは、警察を避け、拘置所に入らずにいようと躍起になっている。だが、暴力的な衝突が続いているときには、収監されるほうが彼らには魅力的に思えるようになる。六番ストリート・ボーイズが近隣ブロックを拠点とする別の若者グループの脅威にさらされると、彼らは自発的に身柄を拘束されようと、自分たちの法律上の問題を巧みに利用し、事実上、拘置所をストリートからの安全な避難所として使うことがあった。

ある晩、サイコロゲームの最中に、ティノはジェイジェイの頭部に銃を突きつけ、有り金すべてを出せと言った。ティノはほんの数ヶ月前に六番ストリートに引っ越してきたばかりだった。そのため、チャックとマイクはグループのメンバー候補の一人――見習い的地位にある新入り――としか彼を見ていなかった。元々四番ストリート出身だが頻繁に六番ストリートにも遊びに来ていたジェイジェイは、ティノが本気で金を奪おうとしているとは思わず、ふざけるのはよせと言った。週末になるとティノはいつも「ウェットをキメて」いて(つまりウェット[鎮静剤PCP]を使用中で)、そのときは本気で強奪する気だったのをジェイジェイに拒まれて屈辱を受けていた。ティノはもう一度、ジェイジェイにポケットの中のものを全部よこせと言ったが、ジェイジェイはまた拒否した(3)。このときまで、チャックとレジーは、銃を下ろせとティノに向かって叫んでいた。スティーブはといえば、彼もその晩はラリって笑っていた――ティノはジェイジェイに強盗を働いたり、彼を撃つような器だとは思っていなかったし、後にもそう言った。ところがティノは引き金を引き、ジェイジェイは道に倒れた。

その後、チャック、レジー、スティーブ、そして私と一緒に地下室で座っていたティノは、膝を抱え、身体を前後に揺らしながら、「あいつを撃つつもりじゃなかった、撃つつもりじゃなかったんだ」と繰り返した。

「おまえが悪いんだ。それしかねえ。おまえが悪いんだ」とスティーブは言い返した。

その夜、レジーの電話が三度鳴り、「戦闘開始だ」という四番ストリート・ボーイズからのメッセージが残された。

ジェイジェイの死は、戦争と呼ばれる、あるブロックのメンバーと別のブロックのメンバーとの一連の銃撃戦のきっかけとなった。この事件では、四番ストリートから来たジェイジェイの仲間とボーイズ・アクロス・ザ・ブリッジが手を組んだ。彼らは六番ストリートを車で行ったり来たりしながら、六番ストリート・ボーイズに向かって発砲し始めた。

六番ストリート・ボーイズは当初、四番ストリートに出向いて自分たちを攻撃する男性たちを撃つのを躊躇していた。ジェイジェイが殺害されたのだから、四番ストリート・ボーイズが自分たちを狙撃するのは当然だと、スティーブは何度も言った。しかし、スティーブとチャックの家族は危険に晒された。スティーブの弟は野球の練習に行くのをやめ、妹は寝る場所をリビングの窓際のソファから地下室に移さざるを得なかった。また、一発の銃弾がテレビを見ていたティムの膝をかすめた。反撃するまでやつらは銃撃をやめないだろうと彼らは考えた。

六番ストリート・ボーイズのほとんどがこの戦争を理由に不在だった。マイク、ロニー、アンソニーは刑務所か拘置所にいて、アレックスはブロックを離れて父親の暖房・空調機器修理店で働いていた。サイコロゲームの最中にジェイジェイを殺したティノは、ノース・フィラデルフィアに引っ越し、そこで三ヶ月間身を潜めた。この状況は、チャック、レジー、スティーブ、そしてスティーブの年下のいとこだけで二つのブロックの若者たちと戦わなければならないことを意味した。数週間後、チャックとスティーブの二人は銃撃を受けた――チャックは首を、スティーブは腿を撃たれた。生々しい弾痕が、チャックの住む通りの五軒の住宅に点々と残った。

何週間か経つうちに、六番ストリート・ボーイズの残りのメンバーが身柄を拘束されるのを私は目撃した――その発砲事件に関連してではなく、さほど重大でない保護観察・仮釈放の遵守事項違反か、裁判所への出頭拒否、あるいは罰金と各種費用の滞納による勾引状が理由だった。

銃撃を受けた数日後、スティーブはPO（保護観察官）を予定外に訪ね、薬物検査を依頼した。尿検査はマリファナの陽性反応を示したが、その結果はこれまでの検査で何度も彼が上手に回避してきたものだった。POは陽性反応に対して警告を発し、次回の検査で陽性になれば遵守事項違反で拘置所に戻すと彼に通告した。二週間後、スティーブはまたPOを訪ね、再び薬物検査を受けた。このとき、判事は六ヶ月の刑期でスティーブを拘置所に送り返した。

スティーブの年下のいとこは警察署に赴き、訴訟費用滞納で一〇ヶ月前に出されていた勾引状を理由に自首した。調書を取った警官が後に私に語ったところでは、判事は釈放を提案し、訴訟費用の納付計画の提出を課したが、彼は費用を納めるつもりは全くなく、訴訟費用を償還するまで拘置所に入れられるほうがましだと断言したという（判事は、スティーブの勾留中、一日ごとに一〇ドル減免すると規定していた）。チャックに係属中の令状はなく、当時は保護観察中でもなかったので、スティーブといとこが身柄を拘束された後の数週間、彼はブロックに残っていた。その後、チャックは友人のオフロードバイクで警察署のそばを走り、わざと二ブロック追跡されてからバイクを停めて両手を挙げた。警察は逃走とオフロードバイク運転の容疑で彼を告発し、連行した。これにより、強盗容疑で収監状が出されていたレジーが残された。一週間後、彼は一人で地元の警察署に出向き、自首した。

この戦争中にブロックにいた六番ストリート・ボーイズのうちの四人が、銃撃戦とは関係ない理由であえて身柄を拘束されたようである。身柄の拘束や逮捕を自ら選んだわけではない可能性もあるが、そうした説明はもっともらしくないように思える。スティーブのいとこは軽微な罪の勾引状で進んで自首し、その後、彼は塀の外にいてよいという判事の提案を拒否した。スティーブのいとこの自首を私が知ったのは初めてのことだった。スティーブは求められていないのに保護観察官の元に出頭し、薬物検査してくれと申し出た――私が彼と知り合ってからの三年間で、彼がそんなことをしたのはそのときだけだった。彼はそれに先立つ八ヶ月間、すべての薬物検査になんとかパスし、保護観察中の他の遵守事項を守っていた。警察署のそばを街路では違法のバイクに乗って通り過ぎたチャックは、公然と当局から逃げるスリルを味わおうとしたのかもしれない。少なくともマイクは、隣人、家族、女性たちが見ている前で、警官たちから逃げ切るのを楽しんでいた。しかし、チャックはそれまで警官が近くにいるところをオフロードバイクで走ったり、まして警察署のそばを通ったことなどなかった。

　レジーにはすでに武装強盗の罪で収監状が出されていたため、もっとも自首しそうにない人物だと私は思う。彼は自首すれば長い公判期間中に拘置所に入れられ、その後もしかしたら何年間も刑務所で服役する羽目になることを懸念していた。早目に自首したチャック、スティーブ、スティーブのいとこは、軽度な違反を理由に、それぞれ数ヶ月間だけ拘置所で過ごした。それはストリートでの戦争を鎮めるのに十分な時間だった。レジーはできるだけ長く塀の外に留まろうとしたが、六番ストリートの仲間たちがまだ少ない中、一人でカタをつけようとするのはあまりに危険だった。数年間の刑務所暮らしのほうがましな選択に思われたのである。

　すでに勾留されたグループのメンバー三人は、戦争に加わらなくてもいいように、喜んで収監されると私に認めた。このことは、チャック、レジー、スティーブ、スティーブのいとこが、危険な状況から逃れるために指名手配の立場を利用して故意に逮捕されたのだということを私に考えさせるきっかけにもなった。

***

女性たちもときに、ストリートがあまりに危険になったと判断すると、息子やパートナーのことを警察に通報することによって、拘置所を安全な避難所として利用した。

スティーブが四番ストリート出身の男性と口論になったとき、恋人のタージャは警官に電話し、スティーブの居所を知らせた。彼には仮釈放の遵守事項違反で令状が出されていた。タージャによると、スティーブを銃でつけねらう男性たちのことで警察に電話したのだが、彼らの報復を怖れ、代わりにスティーブを捕まえるよう警察に告げたとのことだった。タージャの母親の家のキッチンで、彼女と私は彼女の妹を交えてこの決断について話し合った。

タージャ：彼がいなかったりするのは寂しい。だけど、「おい、病院に来い」みたいな電話をもらうよりはましじゃない？

タージャの妹：あいつらは、彼に手を出そう［彼を殺そう］としてる。お姉ちゃんはやるべきことをやったんだよ。

スティーブは恋人に命を救われたかもしれないにもかかわらず、拘置所に入ってから一ヶ月以上も彼女と口を利こうとしなかった。彼女の面会を拒否し、手紙も送り返した。このことで彼女は深く傷ついていると言った。それでも、彼女は正しいことをしたと主張し続けた。そしてスティーブは、拘置所で数ヶ月過ごした後、彼女を許し始めた。

男性たちは命に関わる危険から身を守るために黙って自首することがある一方で、女性たちは身近な男性たちが殺されるのを防ぐことを期待しつつも、拘置所がそれほど楽な選択肢ではないことを理解している。男性は、心の中ではストリートで銃撃戦に立ち向かうよりは収監されるほうがいいと思っていても、それを大っぴらには認められず、自分を収監させた女性への不満を公には示す。危険な状況にあるパートナーや親戚の安全な避難所として拘置所を利用することは、女性たちにとって高い代償を伴うのである。

銀行としての保釈事務所

裁判終了後、男性やその家族は、彼の保釈のために納めた保釈金の八〇パーセントを返還される。保釈金は結審の六ヶ月後に受け取り可能となり、一年以内に返還請求がなされなければならない。請求がなされなければ、自治体の財源となる。

人々はすぐに保釈金の返還を受けず、特別に使う必要があるときまで、そのお金を保釈事務所に預けておくことがある。事実上、保釈事務所を短期間の銀行として利用するのである。

六番ストリートに住む多くの若者たちと同様に、チャックは銀行口座を持っていなかった。

彼は母親の家の地下室に置いておいたお金を別の場所に隠しておこうとして、いろいろな壁の穴に入れたり、自分で身につけたりした。しかし、母親はしばしば札束を見つけては、麻薬に使ってしまった。恋人のブリアナが二人の最初の子どもを身ごもっていたとき、チャックは数ヶ月以内に結審する三つの公判を抱えていた。彼は保釈金をすぐに返還してもらわず、それを保釈事務所に預け、定期的に金額を確認した。ブリアナが女の子を出産したとき、チャックはそのお金を受け取り、一二〇〇ドルの大半を、ベビーカー、ベビーベッド、搾乳器、ベビーウェア、食品類に使った。

六番ストリート界隈の若者たちは、ヤミ金から融資を受ける際にも保釈金を活用した。マイクはかつて、保釈金が数ヶ月後に返還される際に利子付きで返済するという約束で、地元のマリファナの売人から一〇〇〇ドルを借りた。彼は確かにお金が入る証拠として保釈金の明細書を利用し、お金が返還可能になった日に、売人と一緒に保釈事務所に出向き、返還を受けた。

保釈事務所に保管されている間、保釈金には利息がつかない。その上、納めた額の二〇パーセントは返還されない。たとえそうであっても、お金を安全なところに保管し、使われないよう管理するのがどれほど困難かを考えれば、保釈事務所にお金を預けておくことは、返還を受けるよりはましな案のようである。このように、保釈金は普通の銀行口座を利用できない男性たちに、銀行取引の恩恵や、非公式の与信枠さえ提供するのである。

失敗を釈明する手段としての指名手配

男性が有罪になる可能性に気づくと、信頼できる友人でいること、パートナーや家族と定期的に過ごすこと、仕事に行くこと、脅迫されたり危害を加えられたときに警察に通報することは、もはや安全な選択肢ではない。これらの行為は当局の目に留まり、収監につながるかもしれない。だが、指名手配中の男性たち（あるいは社会福祉アナリストたちも）が、警察に指名手配されることは仕事を手にしたり、子どもたちに会ったり、警察を信用したり、実名でアパートに住むことができないことの根本原因であるとほのめかすとき、彼らは事実を拡大解釈している可能性がある。受刑率が上昇するよりずっと前に、黒人男性たちは警察を信用せず、仕事を見つけて家庭生活を送る上でかなりの困難に直面していた(4)。法的地位が危うい状況だとこうした困難に拍車がかかるが、指名手配中であることは、面目を保ち、個人の欠点を釈明する方法としても役に立つ。

都市人類学者のエリオット・リーボウが書いているように、一九六〇年代後半に彼が一緒に過ごした失業男性たちは、自分たちの失敗を男らしい欠点という理屈で釈明した(5)。結婚に失敗したのは配偶者を養えなかったからだと認めるのではなく、自分があまりに男らし過ぎるため良き夫になることができない——浮気をし、酒を飲み、夜遊びをするのをやめられない——と釈明したのである。この論法によって、職を確保できず妻や子どもたちを養えなくても面目を保つことができる。やはりまともな職に就けないとわかっている六番ストリートの若者たちにとって、逃亡中であることは、リーボウが述べた男らしい欠点に取って代わるか、少なくとも男らしい欠点と連動して、失敗に直面した自尊心を保つ手段となる。このように、令状は制約に加えて手立てにもなるのである。

マイクは二一歳のとき、麻薬所持事件の公判に出廷しなかったことを理由に勾引状が出された。この時期、彼は麻薬販売で自分が十分だと思うお金を稼いでおらず、息子が通うカトリック学校の学費を一ヶ月以上滞納していた。その年、学校の授業参観日に感謝祭バザーが開かれることになり、マイクは何週間もその日のことを話していた。バザーの前夜、マイクはベビー・ママのマリーを車で迎えに行き、翌朝の一〇時頃に学校に行くことに同意した。

その夜、チャックとマイクとスティーブと私は、チャックの家に泊まった。翌朝、マリーは八時半にマイクの携帯に電話をかけ、九時半までに三〇回ほどかけてきた。なぜ彼女を迎えに行かないのかと私がマイクに尋ねると、令状のことを考えれば行くのは安全ではないと彼は言った。正午になって、彼はようやく彼女からの電話に出た。その頃にはすでにバザーはほとんど終わっていて、彼女はバスで往復していた。彼女は電話から私たちに聞こえるほどの大声で叫んでいた。

マリー：自分の息子のバザーにすら来れないなら、ストリートにいて何の役に立つわけ？　なんで私が何でも自分でやらなきゃいけないのよ――息子を学校に連れて行ったり、迎えに行ったり、医者に連れて行ったり……。あんたはいつも「俺は引っ込んでる。俺は隠れてるよ。これはできない、あれはできない」って調子じゃない。あんたの息子になんて言ったらいいわけ？「マイケル、パパは今日バザーに来られないの。だってお巡りさんたちがパパを捜してて、パパには捕まってほしくないでしょ」。私にそう言わせたいの？

マイクは彼女に何度か悪態をついて、電話を切った。再び眠りにつく前に、ベビー・ママはなんて「大バカ」なんだ、と彼は言った。

マイク：あいつは俺に逮捕されてほしいのか？　逮捕されたら、どうやって子どものためにそこにいるんだ？　あいつには思いつかねえんだ。自分はビクビクすることなんてねえからな。言ってる意味、わかるだろ？　俺はやりたいことを何もできねえし、行きたいところにも行けねえってことをあいつは忘れちまってるのさ。

マイクは、バザーに行くことが自分の身の安全を危険に晒すと確信しているようだったので、そのとき私は、これがマイクが家に残った理由なのだと思った。だが二、三ヶ月後、彼はまだ同じ勾引状で指名手配されていたにもかかわらず、保護者会に出席した。

アリス：学校には行きたくないのかと思ってた。この前、あなたが行かなかったとき、マリーがすごく怒ってたでしょ。

マイク：今の俺はクールだぜ。学費を納めたところだからな。キレる［腹を立てる］のはイヤでね。「カネはどこに？　なぜ滞納を？」とか、そんなたわごとは聞かねえようにした［聞きたくなかった］のさ。

この話から私は、マイクがその年の初めの授業参観に行かずに家にいたのは、少なくとも学校の経営陣と対面したくなかったからだと推測した。学費を納めるとすぐに、彼は堂々と次の行事である保護者会に出席したのである。

令状が学費滞納の不面目を避けるのに役立つなら、それは職に就かないことの重要な釈明ともなる。スティーブは二一歳の頃、訴訟費用一四一ドルの滞納で数週間のあいだ令状を出されており、彼はそのせいで仕事を得られないことを次のように繰り返し語った。

車《ウィップ》があったら、俺はキング・オブ・プロシア［隣の郡にあるショッピングモール］とかで職に就くんだ。だけど、俺はフィリーのどこでも働けねえ。ダチがしくじっちまってるところだからな。おまえ、チャックがマクドナルドで働いたときのことを覚えてるだろ？　あいつ、「いや、やつら［警察］に俺は見えねえよ。俺は裏で働いてんだ」みたいなこと言ったんだ。だがな、ずっと奥にいられるとは限らねえ。誰かが休んだらな、カウンターに出されることだってある。言っていること分かるだろ？　やつら［警察］がやって来てパクるまであいつはどのくらい働いたっけ。一週間ってとこか。やつら、「おい、カウンターにポテトのLサイズとおまえの両手を出せ。おまえみたいな黒人はしょっ引かれるんだ」だとさ。それで、あいつも泡食って逃げようとしたが、やつらはそこ［マクドナルド］の外で四人で張ってて［四人の警官が見張っていて］、あいつが逃げ出そうとするのを待ち構えてやがった。

スティーブは失業の釈明としてたびたび令状を引き合いに出したが、実際には、私が彼と知り合ってからの六年に、逮捕令状が出されていなかった多くの期間も含め、職に就いていなかった。

一八歳のジャマルはおばと一緒に地区に引っ越してきて、しばらくしてレジーの弟分になった。他の若者たちと同様に、彼はしばしば自分の裁判沙汰について語ったり、保護観察官に会いに行かなければならないと言った。ある日の午後、スティーブ、マイク、チャックと私がチャックの自宅裏のポーチの階段に座っていると、レジーが路地に車でやって来て、「おう、弟分のジャマルは《クリーン》だぜ。あいつは令状も持ってねえしブタ箱にも入ってねえ。自分の名前で駐車違反切符すら切られてねえんだ」と言った。レジーが街の向こう側に住むジャマルの母親に会いに行くと、彼女は息子がまだ職を見つけていないとこぼしていたと言う。彼女は、ジャマルには係属中の裁判や、「彼を拘束するような制度上の」問題も抱えていないのだから、勤め先を見つける上で何ら支障はなかったはずだとレジーに告げた。

それからレジーは、もし令状を撤回されたらしたいことについて話した。若者たちはジャマルがそうだったのではないかと思ったのである。

俺のやつ［令状］がまっさらになったらなあ。J－O［職］持って、A－P［アパート］借りて、銀行に直行してやる。「おい、おまえ、俺を調べろ。記録を《照会》しろよ。俺はクリーンだぜ。口座を作らせろ」とかな。俺はひじ《タイヤ》［運転免許証］でも何でも手に入れてやる。

ここでレジーは、指名手配という立場が、職を手にし、銀行を利用し、運転免許証を取得し、アパートを借りる上でどれほど妨げになったかについて釈明している。だが、私が彼と知り合ってからの何年かで、彼が当局とうまくやっていた時期に、彼は「クリーンな」人間が行うはずだと考えていたことを自分では行っていなかった。ブロックに住む他の若者たちの多くも同様だった。アレックス、マイク、チャックは、逮捕令状を出されていない時期に職に就くこともあった。チャックに至っては、逮捕令状を出されていたときですら一度仕事をした。だが、レジーやスティーブのような者たちは、逮捕令状を出されていようがいまいが、ずっと失業したままだった。調査をした六年間で、彼らのうちの誰も有効な運転免許証を取得しなかった(6)。マイクとアレックスだけがこの時期に自分のアパートを持っていたが、三ヶ月にも満たなかった。私の知る限り、銀行口座は誰も開いていない。

***

このように、指名手配中であることは、多種多様な義務を果たさなかったり、期待に応えないことの釈明として役立つ。令状が出されていることは、例えばスティーブが仕事を探さない理由ではないかもしれない。だがチャックや仲間の何人かが直接経験したように、警官は実際に逮捕しようと職場にやって来る。問題を抱えている状況では、仕事を見つけられない、家族に会えない、アパートを確保できない、運転免許証を申請できない、もしくは銀行口座を開設できないといった不出来に対する釈明は、若者たちや、似たような観点から人生を捉えるようになった他の若者たちの頭の中で、こうした不首尾をもっともらしく弁明しうる、部分的には筋の通った真実になっているのである(7)。

社会統制の手段としての刑務所という脅威

六番ストリート地区に住む多くの女性は、法的に危うい状況のパートナーや親戚たちの精神的・物質的支援に身を捧げる。母親、姉妹、パートナー、友人が果たすべき努めの一環として、警察からパートナーや男性の親族を守るのである。だが、こうした関係はいつもうまくいくわけではない。若者たちはときに約束を破り、ときに近隣の噂好きの人からよく見えるところで浮気して女性に恥をかかせ、暴力的になることもある。この時点で、男性の法的な危うさが対抗手段として役に立つことを女性たちは知っているだろう。男性のひどい振る舞いに怒り、失望して、女性たちはときに男性の令状や保護観察の遵守事項違反を社会統制の手段として利用し、男性の行動を左右したり、様々な悪事に関して彼を罰するのである。

私がアレックスに出会ったとき、彼は二二歳で、後に彼の第二子を身ごもることになった恋人のドナと暮らしていた。アレックスは二年間の仮釈放期間中で、少し前に父親の経営する暖房・空調機器修理店で職を得ていた。失業中にマリファナを売りさばいていた頃に比べると、その界隈で過ごす時間は減っていた。

修理店の閉店時刻は五時だった。ドナはその数時間後に閉まる酒店で働いていた。木曜日と土曜日の夜には、キャットニップという店でバーテンダーもしていた。つまりアレックスには、仕事を終えてからドナに車で自宅に送ってもらうまで、六番ストリート出身の昔馴染みの友人たちを訪ねる時間があった。彼はその界隈に残って深夜まで酒を飲み、雑談をすることもあった。

ドナは、帰宅時間と酒酔いについてアレックスと頻繁に口論した。そうした口喧嘩中に、彼女はたまに保護観察官に連絡して、アレックスが仮釈放の遵守条項に違反したことを言うと脅した。また、彼が彼女と別れたり、浮気したり、稼ぎを十分に家に入れなければ通報するとも脅した。六番ストリート・ボーイズは、アレックスが八時過ぎに家を空けていられないのは、ドナが保護観察官に連絡して彼が門限を過ぎても帰っていないことを通報するからだとしばしばからかった(8)。夜が更けると、「おい、アレックス、かみさんが電話する前に帰ったほうがいいぞ」とマイクはよく言っていた。

保護観察官に連絡し、アレックスの遵守事項違反——彼を容易に刑務所に送り返せる——を知らせることができることとは別に、ドナにはアレックスが仮釈放で彼女のアパートにいるという利点もあった。つまり、彼女は保護観察事務所に電話して、もうアレックスを住まわせたくないと告げることが可能だった。その場合、彼は更正施設に入れられるはずだった(9)。

パーティーの後の早朝に、マイクと私はアレックスをドナのアパートへ車で送り届けた。彼女はアパートの階段でアレックスを待っていた。

ドナ：どこにいたの?

アレックス：心配すんな。

ドナ：きっともうここに住みたくないのね。

アレックス：よせよ、ドナ。ふざけるのはやめろ。

ドナ：実は、あんたに選ばせてあげようと思ってるの。独房か更正施設のどっちで眠りたいかをね。

マイク：ドナ、ムカつかせる［バカな真似をする］やつだな。

ドナ：［マイクに向かって］誰も《あんた》には言ってない！

アレックス：やめろよ、ドナ。

ドナ：［アレックスに向かって］あんたはもうここにいる気なんかないんでしょ。今からPOに電話するから、どこ［拘置所か更生施設］に行くか腹を決めなよ。

アレックス：疲れてるんだ。おい、いい加減にしろよ。ドアを開けろ。

ドナ：ねえ、私が今度ベッドで一人で眠ることになったら、それでおじゃん［それで終わり］よ。

アレックス：分かったから！

その日、後になってドナは電話で私に怒りをぶちまけた。彼女はそうやってアレックスを脅さなければならない理由をたくさん並べ立てた。彼女がアレックスの行動を厳しく制限しなかったら、彼はラップダンスか麻薬か飲酒に有り金を使い果たしていただろう。彼女が説明したように、アレックスは保護観察中の遵守事項に違反し、拘置所でもう一年過ごしたかもしれない。

あの人が飲酒運転で逮捕されたり、ジョニー［盗難車］のこととかで呼び止められたり、そういうバカなマネで収監されるのを放っておくわけにはいかない。どうすればいいの？ あの人を自由に外を歩かせろ？ それで気がつくと、あの人が収監されて、「パパはどこ？」って言うオマル［彼らの息子］を抱えて、私はここで一人、途方に暮れるのよ。

ドナはアレックスに対する脅しを、彼を抑制するために必要な努力とみなしているようだった。警察に通報するという脅しは、彼が問題を起こすかもしれないストリートへ出かける代わりに、彼を家に留まらせる機会を彼女に与えた。彼が家にいれば、二歳の息子の世話を手伝ってもらえた。また、アレックスが彼女と家で多くの時間を過ごすほど、彼がビールやマリファナ、もしくは他の女性たちに費やすお金は減っていった。彼の給料が別の出費に使われたら、彼女は支払いに困ったことだろう。ドナはまた、アレックスがいないのは寂しく、彼ともっと多くの時間を過ごしたいとも述べた。

アレックスにとって彼女の脅しは彼を操ろうとするものに映り、偏った力関係を浮き彫りにした。

俺はＢＭ［ベビー・ママ］が嫌いなんだ。サツに通報できるってだけで、いいようにできると思って、俺をすっかりナメてやがる。だがな、いつか分かるさ。あいつは思い知ることになる［こんなひどい扱いのせいで俺を失って、後悔することになる］。

しかし、アレックスは保護観察期間を満了することを固く決意し、そのためにドナの要求に従わなければならないと思った。「あの小屋［拘置所］に閉じ込められるよりは彼女の家に閉じ込められるほうがマシだ」と彼は述べた。警察に通報し刑務所に収監する力があるせいで、彼女が彼の家の鍵を持ち去る、車のタイヤに穴を開ける、彼の服を二階の窓から放り投げるといったことをしても、反撃はほとんどできないと彼は考えたのである。「俺には何もできやしないんだ。分かるか？　ただ待つしかないのさ」

マイクとチャックは、アレックスが仮釈放期間を満了した後もドナと一緒に暮らし続けると確信していたが、それは違うとアレックスは示してみせた。彼は、二年の期間を満了した一週間後、彼女の家を出て、自分のアパートを借りた。

マイクの二人の子どもの母親であるマリーは、チャックと同じブロックで、母親、祖母、そして他の五人の親戚とともに暮らしていた。彼女も、パートナーを操る手段を得るために、警察という脅威を利用した。二人は高校時代に交際を始めた。高校三年生のときに息子が生まれ、さらにその二年後に娘が生まれた。

第二子が誕生した数年後、マイクはシャンテルという名前の女性と大っぴらに付き合い始めた。マリーとは別れていて、自分の望むようにできると彼は主張した。しかしマリーは破局に同意せず、自分たちはまだ交際していて、実際にはマイクが浮気していると断言した。「私とベッドにいるときには付き合ってないとは言わないのに！」と彼女は嘆いた。

マイクは、四輪バギーの後ろにシャンテルを乗せてマリーの住むブロックを走るようになった。マリーは、ベビー・パパが家族や隣人にこれ見よがしに別の女性を乗せて自分の住むブロックを通り抜けるという侮辱に激怒した。そして金輪際、子どもには会いに来るなとマイクに告げた。マイクとマリーはこの件について何時間も電話で言い争った。マイクは子どもたちに会わせてくれとマリーに懇願するのをやめず、彼女のほうは、子どもたちに会いたいのならシャンテルに関係は終わりだと告げてと何度も説明した。

シャンテルにとってマリーとの喧嘩は望むところで、ある日の午後、ほとんど喧嘩になった。マリーは七人の親戚を背後に従えて自宅の外に立ち、野球のバットを振り回しながら、「子どもをつくりなよ、ビッチ。私にはもういるわ（すでにマイクとの間に二人の子どもがいたので、自分のほうがシャンテルよりマイクと一緒にいる権利があるということ）」と大声で叫んだ。シャンテルの女友達の一人と私が彼女を押さえ込んだが、彼女はイヤリングを外し、「かかってきな、ビッチ！」(10)、「このデブをブチのめしてやる」と喚《わめ》いた。

マリーは、もしマイクがシャンテルと付き合い続けるなら、彼に勾引状が出されているのだから、彼のことで警官を呼ぶと脅し始めた。しばらく、マリーとマイクの電話での会話が次のように続いた。

マリー：ならいいよ。五分でお巡りがそっちに行くから。
マイク：お巡りなんて呼んでねえんだろ。
マリー：まだ彼女とヤってるの？
マイク：俺はやりたいことをやるぜ。
マリー：外に［警察の］車が見える？　もうそこに来てるはずよ。

マリーは脅していたにもかかわらず、実際に警察に通報する手段に訴える前に、マイクにシャンテルと寝るのをやめさせようとたくさんの作戦を試みた。マイクが他の女性とデートするときの勝負服が着られなくなるように、彼が彼女の家に置いている衣服に漂白剤をかけ、家の鍵で彼の車を引っ掻いて白い筋状の傷を付け、車の窓にレンガを投げつけた。彼女はキッチンに入って来た彼に熱した油を浴びせようとしたが、彼が屈んだため、ほとんどかからなかった。また、彼女はシャンテルになりすまし、彼の母親のミス・レジーナにいたずら電話をかけ始めた。シャンテルとマイクがどれほど親密で、この新しい女性がマイクの母親とどんな関係にあるのかを知ろうとしてのことだった。

熱した油といたずら電話の後、マイクは母親や友人のチャックとスティーブに相談した。全員がマリーにお灸をすえる必要があるということで一致した――マイクの言葉を借りれば、「乱暴な人ではない」ミス・レジーナさえもが同意した。

マイクは通りの先に住む女性に、マリーを叩きのめしてもらうためにマリファナの大袋を渡した。彼によれば、彼とその女性はバス停まで車で行き、マリーが現れるのを待った。その後、女性は車から降り、マリーを柵に叩きつけた。マイクは車の中にいて、マリーを何度も繰り返しひっぱたくよう女性に呼びかけた。マリーは反撃せず、顔を殴られないように腕でかばっただけだった、とマイクは言った。

マリーの目と頬の腫れが引いた数日後、マイクと私は隣家の裏口のポーチの階段に座っていた。一台のパトカーが停まり、二人の警官が令状を理由に彼を逮捕した。逃げるつもりはなかったと、彼は後に語った。彼には勾引状しか出されておらず、また警官の目当ては、私たちの隣に座っていた、少し前にコンビニ強盗を働いた二人の若者たちだと思い込んでいたからである。

マイクがパトカーの中にいると、マリーが家から出てきて、私たちに聞こえるように大声で、窓越しに彼に話しかけた。「あんたはただ私をコケにしてる［大っぴらに浮気をしたり恥をかかせたりする］だけじゃない！　誰が懲らしめようなんて考えるわけ？　そんなやつはちょっとブチ込んで［しばらく拘置所に入れて］やる。あっちでも［拘置所に面会に行ったと

き」私をあの女に会わせないで」(11)

マイクが拘置所に入ってから初めの数週間、彼はマリーと話すことも、彼女が面会に来ることも拒否した。母親に宛てた手紙の中でマイクは、「俺はマリーを愛しているが、彼女は警官どもと仲良くし過ぎだ。だから、彼女とは別れて、シャンテルと付き合うつもりだ」と書いた。

しかし裁判が長引くにつれ、マリーが公判期日を知っているのか、彼女が出席するつもりなのかとマイクは私に尋ねるようになった。待機房から法廷へと連れ出されない公判期日には、マリーが姿を見せたかどうかを尋ねようと、後で私に電話をかけてきた。一年半の服役を言い渡す日、マリーは襟ぐりの深いトップスから胸元に新たに入れた彼の名前の大きなタトゥーをのぞかせて法廷に現れた。マイクが出廷すると、二人は見つめ合い、ともに泣き出した。ミス・レジーナは裁判所を出る途中、「なんで今日わざわざ来ちゃったのかしらね。仕事に行けばよかった。あの子が見てたのはあのいまいましいマリーだけ」と冗談を言った。

結果的に、マイクは令状が出されていたときにマリーが警官を呼んだことを許した。とはいえ、後年、二人の喧嘩中に彼がこの裏切りを持ち出すこともあった。

＊＊＊

マリーは当時《すでに》係属中だった事件の令状を理由にマイクの身柄を拘束させたが、私はさらに一歩先を行く女性たちを目にした。彼女たちは何らかの個人的な過ちを理由に、男性を新たに告発したのである。

リサは三〇代後半で、二人の姪と一緒にマイクと同じブロックに住んでいた。息子は自動車窃盗犯で、例によって拘置所暮らしの合間に数週間だけ地区で過ごした。リサはクラック常用者で、お金と麻薬を受け取る代わりに、マイクと友人が彼女の家に入りびたり、麻薬を売りさばくのを許した。リサはテンプル大学の聴講生でもあったが、若者たちは二〇年近くも在学しているとからかった。

リサとミス・リンダは、チャックとレジーが子どもの頃にリサの家に何度も泊まり、彼らがリサをおばのような存在とみなすほど仲のいい友人同士だった。その後レジーが一八歳になると、彼は彼女の一六歳の姪を妊娠させた。彼は妊娠中絶の費用の援助や、妊娠させた事実を認めることすら拒否した。姪は「もうレジーとはセックスするつもりはない」とリサは断言したが、これは両家族の長きにわたる関係を断つつもりだということを意味した。姪二人は、付き合いのある様々な若者たちに叩きのめさせるとレジーを脅した。レジーが大抵、二軒しか離れていない角の家に入りびたっていたせいで、よくもめごとが起きた。

同じ年の春、四番ストリートとの戦争は続いていた。四番ストリート・ボーイズはボーイズ・アクロス・ザ・ブリッジと手を組み、六番ストリートを車で通って、レジーと兄のチャックを銃撃した。こうしたなか、レジーは一度、彼らの車が猛スピードで走り去るときに二発撃ち返した。その銃弾はリサの家に命中し、表の窓ガラスを割って、リビングの壁にめり込んだ。怪我人は出なかったが、リサの姪二人がそのとき家にいた。彼女たちから電話を受けたリサは警察に通報した。レジーが彼女の家族を銃撃したと彼女は告げ、警察は二件の殺人未遂容疑でレジーに収監状を出した。

五週間後、警察は物置に隠れているレジーを見つけ、彼の身柄を拘束した。ミス・リンダとチャックは告発が取り下げられ、彼が家に帰れるように、リサと彼女の姪たちを説得して出廷するのをやめさせようとした(12)。レジーは拘置所から、アンソニーと母親と私に電話をかけ、四者間でこの件について話し合った(13)。

レジー：あのビッチ［リサ］は、俺があいつら［リサの姪たち］に向かって撃ったんじゃないって分かってる。俺たちがまさに今、真只中［他のブロックの若者たちとの一連の銃撃戦のさかな］だと知ってるんだ。なんで俺が同じブロックに住む二人の女を撃つんだ？　彼女は俺があいつらに向けて撃ってないのは承知の上さ。

アンソニー：何ドルか彼女に払って、ホテルに泊める［警察が証言を得るために彼女を引きずり込もうとするなら彼女に確実に家を留守にさせる］必要があるかもな。

レジー：彼女は息子がブチ込まれたせいで頭にきてるだけだ。いまはつらくて、だから俺に八つ当たりしようってわけさ。

ミス・リンダ：あんたが本当にやらなきゃいけないのは、あのビッチに電話して、「妊娠の責任を取らなかったことを」謝りたいと伝えることなんだよ。

レジー：確かにそうだな。

レジーは――公判期日の前に――リサと姪たちに謝罪し、リサの姪を妊娠した責任は自分にあるという噂を広めた。リサと姪たちは三回連続で公判期日に現れることはなく、レジーは五ヶ月後に拘置所から家に帰ってきた。リサはこの結末を喜んでいるようだった。

姪を妊娠させたのは自分じゃないし、それにあれは自分の子じゃないって言ってたよね。私が言いたいこと分かるでしょ？　あの子は小さい頃、毎日うちに来てたの［レジーはずっと前から彼女の家族を知っているのだから、彼はもっと敬意を払うべきだったということ］。とっとと失せな。いや、ていうか、私はあの子が未遂［殺人未遂罪］でブチ込まれるのを見ようとしたわけじゃない。だけど、あの子はしばらく入ってるべきだったの。報いを受けるべきだってこと。ブチ込まれて、自分のやったことを考える時間にはなった。分かった？　あの子は食らうべきものを食らったの。

＊＊＊

これらの事例から分かるのは、六番ストリート界隈の若い男女が、厳しい監視と迫り来る刑務所の脅威を自分たちのために活用しているということである。女性たちが警察の家宅捜索と所持品検査に耐え、むしろ守るべき男性を裏切る苦痛に苛まれるときですら、彼女たちは時折、生死に関わる危険と思われるものから彼を守るために、男性の「拘置所行き」カードを切る。女性たちは男性たちのひどい振る舞いに怒り、失望して、男性を操り、恨みを晴らし、いくつもの悪行で罰するために、ときに男性の法的に危うい立場を利用する。そういった行動を取るとき、彼女たちは警察が関心を寄せている犯罪や違反行為ではなく、警察が知らないか関心を払うことのない個人的な過ちを理由に、男性たちの身柄を拘束させるのである。

あるいはさらに注目すべきは、こうした取り締まり及び監視システムの標的である若者たちが、時折警察や裁判所、刑務所を、《彼ら》自身のためにうまく利用している点だろう。彼らはストリートがあまりに危険な状況になったと確信すると、自ら拘置所に入り、拘置所を安全な避難所にすることもある。彼らが拘置所や刑務所から戻ると、保釈事務所を一種の銀行にして、後で具体的に必要になるときに備えてお金を保管したり、ヤミ金から融資を受けるときの担保としてその蓄えを使うこともある。若者たちは、令状を様々な義務の不履行や個人的な失敗の言い訳として引き合いに出し、逃亡者の立場を強みに変えることすらあるのである。

このように、この地区の男女は、当局が認可も予想もしない方法で、警察、裁判所、刑務所の存在を、自分たちが利用する手立てに変える。まとめるならば、これらの方策は、六番ストリートの住民たちが単に当局に操られ、彼らを束縛し圧迫する法律上の問題に囚われているという見方に代わる視点を提示しているのである。

第五章　犯罪者となった若者たちの社会生活

六番ストリート地区とそれに類する地区では、少年たちは学校に通い始めても、その多くは一〇代で少年裁判所と少年院に移される。地区に暮らす多くの若者たちが一〇代後半から二〇代前半になる頃には、刑罰制度が青少年期の重要な背景としての教育制度に大きく取って代わるのである。こうした青少年たちは、新入生や上級生ではなく、被告人や受刑者になり、教室ではなく法廷で時間を過ごし、プロム〔卒業記念のダンスパーティー〕や卒業式ではなく、判決公判と保護観察面談に出席する。

刑事司法制度は、彼らの人生や、さらには彼らのパートナーと家族の人生で中心的な位置を占めるようになるにつれて、彼らが有意義な社会を構築する主要な基盤となってきた。若者たちや彼らと親密な者たちは、警察や裁判所、仮釈放委員会、そして刑務所と折り合いを付けることを通じて、自分たちが何者で、互いにとってどんな存在であるのかを理解するのである。

母親として子どもたちの法律上の苦難に対処する

私が初めてミス・リンダに会ったとき、長男のチャックは一八歳、真ん中のレジーは一五歳、末っ子のティムは九歳だった。すでにチャックとレジーはそれぞれ拘置所と少年院にいたが、ティムが一三歳になろうとする頃、私は彼が中学校から少年裁判所の監督下へと移るのをそばで見ていた。このときミス・リンダは、この新たな状況に親として多大な精力を傾けた。以下のエピソードは、フィールドノートからの抜粋である。

私たちは、フィラデルフィアのダウンタウンにある、一八番ストリートとヴァイン・ストリートの角に位置する、少年裁判所の待合室Kに横何列かに並んだ小さな木製の椅子に座っている。待合室の天井は高く、羽目板の天井と壁に囲まれている。午前九時一〇分。待合室は少年たちとその母親たちや後見人たちでいっぱいになり始める。一三歳になるミス・リンダの末っ子のティムは、両肘を膝に乗せ、両の手のひらに顔を埋め、私の左に座っている。入口で携帯電話をチェックした彼は、他の人々を観察するか、眠ろうとする以外にほとんどすることがない。

ミス・リンダは反対側に座り、そわそわして貧乏ゆすりをしている。

ティムは彼女にガムはまだあるかと尋ね、自分の口の中にあるガムの半分ならあげる、と彼女は言う。彼は強く首を横に振る。彼女は言う。「ここにアリスがいるからって、私の口からガムを取りたくないふりなんかしないで」

私のお腹がグーグー鳴っている。ティムは私のほうを振り向いて言った。「君のおなか？」

私は頷く。今朝、ティムがシャワーを浴びて服にアイロンを掛けるのを待つあいだ、ミス・リンダと私は二五セントのコーン・チップスを分け合ったが、それは何時間も前のことだった。

私たちは他の少年たちが列をなして入って来るのを観察する。そのうちの数人は、私の目には一〇歳、一一歳、一二歳ぐらいに見える。ティムと同じ一〇代前半である。保護観察聴聞会に出席するために、あるいは様々な犯罪で裁判にかけられるために、家からやって来て母親と一緒に入ってくる少年もいれば、ケースワーカーに付き添われて少年院からやって来る少年もいる。これらの少年たちは、今日中に自由の身になると期待して、衣類とわずかばかりの所持品を入れた大きな白い布袋を肩にかけている。九時半にはすでにおよそ五〇人の少年と五人の少女が待合室にいる。少年たちのうち二人はラテン系のように見えるが、他は全員が黒人だ。たくさんの黒人少年が黙って裁判にかけられるのを待っている。

制服姿の白人警備員が通路を後ろへと進み、二人の少年に野球帽を取りなさいと言い、彼らはしぶしぶ取る。少年の一人は、数ヶ月前に編んだ髪がどうしても一度解いてから編み直さなければならない状態になり、手のひらで撫でつけようとする。

警備員は私たちの後ろの女性に、裁判所でクラッカーを食べてはいけないと告げる。「ここは裁判所じゃなくて待合室よ」と彼女は言い、「奥さん、クラッカーをしまうか外に出て食べなさい」と彼は言う。彼女はクラッカーをポケットの中に入れ、警備員が私たちの数列後ろに行くと、自分は糖尿病患者で、決まった時間帯に食べなくてはならないのだとつぶやく。

母親たちは、待合室前の机に座っているカーキ色のズボンをはいた中年の白人男性に近づく。彼女たちは何か訊いているが、私たちが座る真ん中の列からはまったく聞こえない。しばらくして男性は立ち上がって言う。「今日公判のある者は、一列に並んで手続きをしなさい」彼は大勢の名前のリストが印字された分厚い束をパラパラとめくり、一列に並んだ少年たちにどの法廷で公判が行われるかを告げる。さっき彼に近づいた母親の話を聞くために彼は手を止める。母親は今日、息子が出廷できなかったと言う。何か別のことを口にする彼女に、彼は誰に令状が出されていて誰とは無関係かを自分が決めるわけではないと大声で答える。そして彼女の息子の名前を書類の束から調べ出し、どの法廷に行くべきかを彼女に告げる。列に並んでいる少年の一人は、重金属製の足枷を引きずってよろめきながら歩いている。別の少年は、白いプラスチック製のバンドで手を前にして拘束されている。

私たちは小さな法廷に移動し、長いベンチに座り、判事が現れて事件の審理を始めるのを待つ。周囲の列には、母親とその息子たちが座っているが、もっと幼い子どもと一緒に座っている人々もいる。私たちの目の前にいる母親は、私たちの列に座る一人の女性に気づく。彼女たちはベンチ越しに互いの友人と親族について話し、一人が「ええ、彼は五月に亡くなったの」と言うと、もう一人が「それはお気の毒に」と答える。

二人の警備員が正面に立ち、公選弁護人たちとケース・マネージャー数人が最前列に座っている。公選弁護人と思しき細身の白人女性が立ち上がり、私たちのほうに向き直って誰かの名前を呼ぶが、応える者はいない。彼女が別の名前を呼ぶと、一人の少年とその母親か後見人かが彼女に近づき、こもった声で話す。ミス・リンダは、公選弁護人の一人が数年前に次男のレジーを弁護した弁護士だと気づいた。判事席の後ろのドアから判事が現れ、警備員は起立し、そして着席を私たちに求める。

その前年、ティムは日中に学校を抜け出そうとして警察に捕まった。担任は学校の外へ出て通りまで彼を追いかけた。ティムは逃げるときに担任に石を投げつけた。投げた石はどれも当たらなかったものの、追いかけている間に担任がハムストリング筋を痛めたため、学校に常駐する警察は加重暴行の罪でティムを逮捕した(1)。

ついにティムの名前が呼ばれ、ティムは母親と一緒に証言台の前へ歩いていく。判事は例の人物はここにいるかと尋ね、私はあの教師のことだと推測する。検察官は言う。「いいえ、判事。彼はここにはいません。ですが昨晩彼と連絡を取ったところ、出廷するつもりだと言っていました」。公選弁護人と判事、そして検察官の全員が各々のカレンダーに目をやり、しばらく行ったり来たりした後、事件の審理を延期続行するのに適当な期日を決める。裁判所書記官は一枚の文書をミス・リンダに渡し、公判は終了した。ティムと母親はドアのほうに向かい、私に席を立つよう合図する。

これ以上長居すれば、判事が考えを変えたり、ティムを勾留すべきだと示す何かをファイルの中に見つけたりすることでもあるかのように、私たちは急いで法廷を出て、建物の中を通り抜け、警備を通過した。裁判所に行けば、捕まる可能性が常にある。家に着いたら、私たちはティムが引き続き自由の身になったことを祝うだろう。

私たちが少年裁判所から車で帰る道中、ミス・リンダは微笑み、そして笑い声をあげる。彼女は私の携帯電話で恋人に電話をかけて言う。「ええ、今帰り道よ。彼は来ないと分かってた」。ティムの担任があと二回公判に姿を現さなければ、証拠不足でこの裁判事件は棄却されるだろう。私たちは全員がこのことを知っていて、その見込みはじつに胸躍るものだった。

私は車を路地裏に入れて、ミス・リンダが隣家と共有する私道に駐車する。ミス・リンダとティムは、ガレージ上のバルコニーへと続く鉄製の階段を上っていき、裏の勝手口から家に入る。太陽が顔を出し、私は鉄製の階段に座る。ここからは、路地で隣り合うブロックの家々の裏側を一望することができる。

ミス・リンダが「ワイルド・アイリッシュ・ロゼ」の赤ワインが入ったカップを持って出てきて微笑む。「お祝いよ！」と彼女は言う。裏口を開けた隣人に彼女は声をかける。「飲みたい？」。彼は頷き、彼女は一ドル——一杯一ドル——くれなきゃと言う。彼は声を立てて笑うが、ジョークじゃない、と彼女は言う。

彼女は家の中で電話が鳴る音を耳にして、チャックからかもしれないと言いながら、さっと立ち上がる。チャックではなかったが、それが誰でも、少なくとも当分のあいだは息子と一緒にいられるから幸せだと彼女が言っているのが聞こえる。「素直に喜ばなきゃね」と彼女は言う。「一人でも大丈夫。少なくともチャックとレジーがブチ込まれても、あの子たちは元気だって分かってる。三人の息子が全員家にいると、私は一睡もできないからね。ここいらが落ち着く頃にあの子たちを家に帰らせるんだ。分かる?」

暖かくなり、ねずみ《ラット》という名前のミス・リンダの猫がガレージから姿を現し、路地の、ハグ〔果物風味のジュース〕の空瓶や鶏ガラ、タバコの吸い殻が散らばっているそばに日の当たる場所を見つける。

ティムはキッチンから出てきて、紙コップを二つ手に裏口の階段を下り、私の注意を引こうと《ほら》と言って、私に一つ手渡す。

ミス・リンダはまた電話の音に気づき——私には聞こえない——、電話を取ろうとさっと立ち上がる。郡拘置所のCFCF(カラン・フロムホールド矯正施設)からチャックが電話を掛けてきたので、彼女はようやく報われる。彼と数分話した後で、兄と話すようティムを呼び寄せる。チャックは流通目的での麻薬所持で逮捕された事件の公判が始まるのを待っている。

ティムは階段を駆け上がる。彼の笑い声が聞こえ、今日の法廷での良い知らせについてチャックに話しているのだと私は推測する。

兄と数分話した後、ティムは私を電話口に呼び寄せる。私は階段を上り、タバコの煙と食用油、それに動物のおしっこの臭いがするキッチンを抜ける。ミス・リンダはリビングの二人掛けソファーに横になって、飲み物をちびちび飲みながらコートTV〔裁判を放送するケーブルテレビ〕を見ている。ティムは私に受話器を渡す前に、「僕も愛してるよ」とチャックに言う。

ミス・リンダは重度のクラック中毒とアルコール依存症を抱えていて、多くの人の話によれば理想的な母親ではなかった。しかし息子たちが置かれた法的事態を常に把握していることが彼女の自慢だった。これは決して容易なことでも、終わりのあることでもなかった。私がこの家族と過ごした六年間はいつでも――三人の息子全員が家にいた二〇〇七年の二ヶ月間を除いて――彼女の息子の少なくとも一人は、少年院か拘置所、あるいは刑務所にいた。

ミス・リンダとは対照的に、マイクの母親であるミス・レジーナは、二つの仕事を掛け持ちし、常に家の中をとてもきれいに保っていた。彼女もまた、息子の法律上の問題に対応することに多くの時間を費やした。マイクは二〇代前半に、銃の所持だけでなく、一連の麻薬事件で捕まった。ミス・レジーナはマイクの公判期日に出席し、保護観察と仮釈放に対処しただけでなく、拘置所と刑務所にいる彼に面会し、二人の子どもが彼と面会できるよう手配し、定期的に差し入れとお金を送り、彼からの電話を受け、彼に手紙を書いた(2)。連邦裁判所での判決言い渡しの日が近づくと、彼女はマイクの友人や親戚、そして昔の雇用主たちに対して、彼のために手紙を書き、裁判に出席するようとりまとめたりもした。

連邦裁判所でマイクの判決が言い渡される日。彼は連邦裁判所の待機房で半年以上裁判を待っていたが、その前の一年間は郡拘置所にいた。

今朝、ミス・レジーナは、彼のおじとおば、そして子どもたちの母親であるマリーをダウンタウンにある裁判所まで車で送った。彼女はまた、マイクの祖母に、グレーター・ノースイーストの郊外に住むマイクの恋人とその母親を車で迎えに行ってくれるよう手配した。私は自分の車で向かった。

判決が言い渡される数週間前、ミス・レジーナは、マイクのために手紙を送るよう、家族と友人の九人を説得することに成功した。彼女は切手を貼った封筒を私たちにそれぞれ渡し、彼の祖母とおじの手書きの手紙をパソコンで清書した。

裁判所の中に入ると、ミス・レジーナはマイクの弁護士からの電話を受ける。時間が土壇場で変更されたという――判決の言い渡しは午後三時に行われる。失望しながらも覚悟を決め、ミス・レジーナは集まった人々にノース・フィリーの自分の家に行って待とうと伝える。彼女は自宅でチキンライスとサラダを作り、有料のテレビ番組で私たちをもてなす。彼女は判事に発言を求められたときのために台詞を練習する。

判決の言い渡しの際、マイクはミス・レジーナが彼に送ったスーツを着て現れる。彼女はスーツがどれほどぴったりで、彼が言ったサイズより小さめを選んだ自分の判断がどれほど正しかったかを述べる。彼は多くの家族が集まっているのを見て微笑む。肉親だけが連邦裁判所の待機房にいる彼に面会することを許されていたため、私は一年以上も彼と会っていなかった。彼は大人びて、髭が伸びていた。

判事は鋭い目つきをした中年の黒人男性で、保護観察官（ＰＯ）に起立を求める。彼はマイクが近々受ける釈放に関して家族の誰かと連絡を取ったかどうかをＰＯに尋ねる。マイクの裁判までの勾留期間は連邦の刑期に算入されるため、彼が連邦拘置所に入るのは八ヶ月間だけだろう。つまり、彼は年内に家に戻ることになる。ＰＯは、マイクの母親が彼女の知る連絡先の情報すべてを提供しようと電話をかけてきたこと、自分の所在を知らせる電話を定期的にかけてきて、「裁判手続きに参加」したいと知らせてきたことを陳述する。彼がこのことを説明しているあいだ、ミス・レジーナは熱心に頷く。

マイクはいくつかの悪事に手を染めたものの、善人であることは明らかだと判事が言う。子どもたちからの手紙が判事にもっとも大きな影響を与えたと言う。子どもたちがどれほどマイクを愛しているか、また子どもたちが実際に自分で手紙を書いたことが彼には分かったようだ。それから判事は、一〇歳になるマイクの息子の手紙を取り出し、私たちに読んで聞かせる。最後の行には、「だからパパを家に帰らせてください。お母さんはどうやって男の子を育てたらいいか分からないからです。僕にはパパが必要なんです」とあった。判事が手紙を読み上げているあいだ、ミス・レジーナはその文言を声に出さずに唱える。彼女はその手紙を何度も読んでいて、暗記している。

判事はマイクの罪に対する刑期は最長で一六年だと言う。裁判にかけられるまでにすでに二年間勾留されていること、そして家族からの支援があることを考慮すると、マイクは刑務所で六ヶ月間だけ刑期を務め、そして更生施設で六ヶ月間過ごした後、三年間は連邦政府の保護観察下に置かれることになる。判事は何か言うことがあるかとマイクに尋ね、マイクは自分の行為を後悔していて、こんなチャンスが与えられて嬉しいと言う。その後判事はミス・レジーナに起立を求め、マイクにこう告げる。「さぁ、後ろを向きなさい。そしてお母さんに、君のためにしてくれたすべてのことに感謝しなさい」。これにはマイクも少々不意を突かれ、判事はもう一度、母親に感謝しなさいと言う。

マイクは彼女のほうに向き直り、すすり泣く。彼女は言う。「気にしないで、ベイビー」

ミス・リンダとミス・レジーナのように、六番ストリート界隈に暮らす女性たちの多くは、息子たちの法的手続きが自分たちの日々の生活を構成していることに気づく。彼女たちの生活は、法廷審問や保釈金納付、拘置所での面会、そして公選弁護人への電話によって組み立てられているのである。彼女たちの日々はまた、裁判所や仮釈放委員会、そして刑務所に託されている息子の運命に関して彼女たちが受け取る良い知らせと悪い知らせによっても決められている。法的手続きを通じて息子たちの法律上の事柄を熟知し彼らを支えることが重荷になることもあるが、女性たちにとっては自分の時間を費やすことが報われる方法にもなりうる。母親としての義務は、息子たちを塀の外に居させようとしたり、また逮捕後は彼らを支えたりする努力によって、ある程度果たされるのである。

社会的契機としての刑罰制度下への移行

若者の刑事司法制度の監督下への移行には一連の段階がある。警察に呼び止められ、所持品検査をされ、データベースで氏名を照会される。捕まり、身柄を拘束され、保釈聴聞会で審理を受け、数ヶ月から数年にわたる公判期日に出廷し、判決を受ける。そして刑期を務め、訴訟費用を納め、保護観察ないし仮釈放で家に帰る。ここに至るまでに、飲酒や夜遊びをするなどして遵守事項に違反するかもしれず、新たな犯罪で告発されたり、訴訟費用や罰金を滞納したり、あるいは公判期日に出廷しなかったり、さらには令状が発行されるかもしれない。年齢を重ねるにつれ、若者は少年院から成人用の矯正施設へと移り、郡拘置所での短期刑から、州刑務所や、もしかしたら連邦刑務所での長期刑へと移行する。

若者がこれらの段階を経る過程で、保釈聴聞会や公判期日、長期の収監後の帰宅といった多くの出来事が起こる。これらの出来事は、若者の友人と家族が正装し、誰が費用を支払うべきかについて議論する重要な社会的契機となる。人々は、誰が出席していて、誰が誰と座っているのか、誰が取り仕切り、誰が最前列に座るのかを注意深く観察する。男性の子どもたちの母親が法廷からいなくなっていようものなら、彼女は実は彼を捨ててストリートにいる別の男性を選んだのだという噂が広まり始める。最前列の母親の隣に新たな女性が座っていれば、彼女が彼の主たるパートナーだと人々はみなす。こうした公的な刑事司法手続きの場で、男性の属する社会集団のメンバーたちは、自分たちが彼の人生のどこに位置し、彼を取り巻く人々から見て彼はどこに位置しているのか推測するのである。

刑事司法制度がもたらす最初の重要な社会的行事の一つは、若者が逮捕されるときに生じる。若者が突然自宅から連行されて収監されると、彼が残した持ち物はどうなるのかについて疑問が生じる。誰がそれらを管理するのか。誰がそれらに責任を負い、使用を許されるのか。若者の収監後、最初の数時間か数日間に、彼の所持品をめぐって凄まじい再配分が行われる。パートナー、家族、そして友人たちは、品物の行方を管理するために彼は誰を選んだのか、それらは誰に与えられるのかを確かめようと見守る。

＊＊＊

マイクの母親のミス・レジーナは、普段は彼の法律上の事柄を調整し、裁判への出席をとりまとめ、スケジュール通りに拘置所を訪問し、彼との面会を望む人々に面会時間と他の人がすでに予約済みの日を知らせる(3)。彼女はしばしば、息子の留守中に彼の雑事の処理も引き受け、彼が最初に捕まったときは、例に漏れず、彼が残した物事に対処するのに何日も過ごした。もはや彼には家賃を支払えないアパートを引き払い、彼の携帯電話を解約して解約料を支払い、彼の子どもの授業料の納付を引き継ぎ、様々な所有物――車やバイク、スニーカー、スピーカー、宝石、CDなど――を確保するか、または請求書の支払いのために売った。

しかしマイクが二〇〇四年に仮釈放の遵守事項違反で刑務所に戻ったとき、雑務の処理や所有物の管理、そして所有物の一部を特定の人々に与える役割に彼が指名したのは、新しい恋人のタマラだった。母親は彼の決定について話し合おうと私を電話で呼んだ。

ミス・レジーナ：タマラには何の問題もないわ。彼女はいい人だもの。でもあの子は彼女と知り合ってまだ《二ヶ月》なのよ、アリス。私は何年も息子の持ち物を管理してきたの。この前、私のところになかったのはバイクだけよ。

アリス：そうね。マリー［彼の子どもたちの母親］が自分のものにしたものね。

ミス・レジーナ：それで、バイクはどうなった？

アリス：お巡りたちが持って行った。

ミス・レジーナ：そうよ。彼女のいとこが乗り回してたから。街中であんなバイクに乗っちゃだめなのよ！　あれはオフロードバイクだから。それでも乗るんなら、お巡りたちよりもスピードを出さないとね。

アリス：確かに！

ミス・レジーナ：私とあなただけが、あの子が家に戻ってくるときに持ち物が全部まだここにあるように管理できるのよ。

アリス：ええ。

ミス・レジーナ：銃の所持であの子が収監されたときは全部ここにあったの。どのシャツにもアイロンを掛けて、あの子が戻るまで仕舞ってあった。スニーカーはずっと箱に入ってた。さっきも言ったけど、あの子がタマラに管理させたいなら、それでも結構。彼女は彼の請求書を全部処理して、あのアパートを引き払って、動きもしない車を置いておく場所を見つけることね。彼女にあの車をどこかに持って行かせるなら、私は構わない。あのアパートにあるものは何もいらないってあの子に言ってあるの。何一つね。あの子が家に戻ってきてテレビがなくなっていても、アンソニーが彼の服を着て街を歩いているのを目にしても、私には文句を言わないでほしいね。

いくつかのコミュニティでは、若者が真剣に交際していることを家族に明らかにする出来事は、新しいパートナーを伴っての学校のダンスパーティーや卒業式である。その後は、郊外で行われる身内の結婚式や休暇、あるいは甥っ子の洗礼式がそれに当たるだろう。しかしマイクが真剣に交際している恋人がいることを初めて母親に示す出来事は、彼が身柄を拘束されて雑事の処理役にタマラを指名したことだった。
所有物の分配は、彼が信頼を寄せる友人や家族にとって重要な役割となるだけではない。新たに投獄された者から持ち物を与えられる人々は、愛する人々によって内輪の人間だと認められ、彼がもっとも信頼を寄せ、大事に思う人々なのである。数年前にマイクが飲酒で仮釈放の遵守事項に違反して刑務所に送還されたとき、彼は誰が何を受け取るべきかを説明しようと、刑務所に入ってすぐに私に電話をかけてきた。

マイク：チャックに俺が戻るまでAP［アパート］を押さえとけって言ってあるから、あいつに鍵を渡してくれるか？　どうせあいつは親父の家で寝かせてもらえないんだ。それにあいつはもうボニー［車名：ポンティアック・ボンネビル］の鍵を持ってる。それで乗り切れって言ったんだ。
アリス：分かった。
マイク：俺のケータイはシャンダに渡してくれ。君がケータイを持って行くって伝えてある――彼女のは止められてるだろ。
アリス：ええ、たぶん明日になるけど。
マイク：ただ、おふくろは車を欲しがるかもな。車のことで電話してきたら、チャックにやったとだけ言っておいてくれ。

アリス：分かった。

マイク：ロニーは俺のＸｂｏｘを取りに来ることになってる。来る前に君に電話を入れて、君がいるのを確かめろって言ってある。

若者の刑事司法制度下への移行を示す出来事は、このように私的な関係を公にする機会にもなれば、自分の社会的関係の相対的な序列について若者が慎重に判断を下す機会にもなる。しかしこうした契機は、私的な関係が公になるだけでなく、男性の全般的な社会的地位や、家族と隣人からの支援のレベルが明らかになる機会でもある。例えば六番ストリートの若者たちは、他の男性の判決言い渡しに出席している人数を彼の社会的地位の指標、つまり彼がストリートでどれほど「愛されているか」の証明だと考えていた。以下は二〇〇九年に記したフィールドノートからの抜粋である。

レジーの必須審理が行われる今日の四〇五号法廷には大勢が姿を見せていた(4)。私は彼の母親のミス・リンダと隣人のアンソニーを車に乗せてきた。ティムは今日ここへ来るために、新しい学校の授業をサボった。アンソニーには二つの勾引状が出されており、今日は彼がレジーに対する支援を示すという現実的なリスクを負っていた。レジーの兄チャックは末っ子ティムを車に乗せてきた。レジーのかつての恋人であるヴィクトリアは、法廷で私たちと落ち合った。いかめしい顔つきをしたイタリア系の判事はすべての告発――共同謀議、麻薬所持（病院に着いたとき、彼は商売道具［販売用の麻薬］を持っていた）、武器の所持――を棄却したので、残るは殺人未遂だけとなった。帰り道で、私たちはレジーのいとこであるケイシャから連絡を受けた。彼女はセンターシティの裁判所ではなく近所の裁判所に行ってしまったと言った。彼女はマリファナを持って、家に戻った私たちと落ち合った。皆がまったくのお祭り気分と連帯感に満ちていた。レジーは拘置所から電話をかけてきて、先月行われたロッキーの判決言い渡しのとき――出席すると約束した人々が実際には誰も姿を見せなかった――と比べながら、出席者の数について自慢げに私と話し合った。

恋愛の決着の場としての刑罰上の出来事

男性の刑事司法制度下への移行を示す出来事は、重要な社会的契機になると同時に、彼の愛情を得るために争う女性たちの諍《いさか》いが公的になる段階にもなりうる。

塀の外であれば、男性には身近な女性たちが互いの存在に気づくのを防げる可能性があるが、逮捕されるとそうした綱渡りはより難しくなる。判決言い渡しの場で、長年交際している恋人が彼の「浮気相手」――彼女が存在を知らなかった女性――と鉢合わせしたり、郡拘置所で面会が許可された頃に、彼の子どもの母親が自分が面会するより一五分早く来ていた新しい恋人と遭遇したりする。また、女性たちも他の女性が来ているかどうか確かめるために、面会者が受付で記帳する名簿に目を通す。

こうした出会いは劇的な出来事になりうる。女性たちは互いを品定めし、相手と比べて自分はどんな地位にあるのか見極め、さらにはそれぞれの立場について公言するよう男性に求めさえする。拘置所の面会室や裁判所、そして保釈事務所で、女性たちは男性の主たるパートナーとして勝ち誇るか、屈辱を受けて見捨てられる。

＊＊＊

マイクが刑務所から釈放されたとき、彼はノース・フィリーにある更生施設への入所を言い渡され、そこで入所者を支援するケースワーカーのタマラと出会った。彼女は修士号を取るために大学院にも在籍していた。タマラとマイクはデートをするようになり、のちにマイクが門限を破る違反行為で刑務所に戻ると、タマラは彼に面会に来るようになった。彼はベビー・ママのマリーが週に一度、子ども二人を連れて来るのとは確実に別の日になるように気をつけた。しかし処罰が下されてから数週間後、タマラは表向きはグレーターフォード刑務所で刑期を務めていた弟に面会することを口実に、休みの日にやって来た。

今日はグレーターフォード刑務所で重大な事件があった。マリーと私がマイクに面会するために車で行ったところ、タマラが二つ離れたテーブルで弟とチェスをしている。マリーと私が席に座っていると、タマラがやって来て、「元気？　マイク。調子はどう？」と言うので、彼はマリーに「タマラだよ。彼女は更生施設で働いてるんだ」と紹介する。タマラに対しては「こっちはマリー。俺の子どもたちのママだ」と言う。すると、マリーは立ち上がって言う。「あんたにとって私はそれだけ？　それだけなわけ？　こんなやつのために車で五時間もかけて来たんじゃない」

ほとんど囁き声でマイクは言う。「やつらに面会を中止にされる前に黙って座れ」

「彼女は何者？」

「何でもない。ただの友達さ」

「彼女とヤったんでしょ？」

「また始まったぜ。なんでいつもそう決めてかかるんだ？」

「だって私はあんたを知ってるもの。知ってるんだから」

「お互い突っかかるのはよそうぜ。落ち着こう」(5)

面会の残り時間、マリーはマイクに触れ、彼の髪を弄《いじ》っている。タマラは私たちに聞こえるように弟に大声で話し始め、自分はマイクのことが本当に好きで、今後は彼がベビー・ママには関わらないことを願っていると弟に告げる。タマラが言っていることをマリーに聞かせまいと、マイクはもっと大きな声で話し始め、この状況をどうにかしてくれと懇願するように私を見る。

看守が面会時間の終わりを示すと、マリーは立ち上がってマイクの腰にしがみつき、彼を見上げ、キスをしようと寄りかかる。マイクはためらい、きまり悪そうに笑い、それから彼女を抱きしめてキスをする。

面会室の外の待合室で解放されるのを私たちが待っている頃には、タマラの頬を涙がつたっている。

同じような公の場での報いは、二〇〇九年、連邦裁判所でアイシャが恋人のトレイの判決言い渡しに出席したときにも見られた。このとき彼女は、トレイのベビー・ママに明らかに敗北を喫した。

今日、アイシャが大声で泣きじゃくりながら電話を掛けてきた。私はすぐに教室を出て彼女に会いに行った。アイシャが泣くのを見たのは七年間で二度目で、一度目は私たちの目の前で警察に絞殺された、彼女の姉妹の恋人の葬儀でのことだった。今日はトレイの判決の言い渡しで、連邦刑務所に一五年入るというつらい知らせに加えて、トレイのベビー・ママが現れて彼の母親と一緒に席に着くという侮辱が彼女に追い打ちをかけた。アイシャが到着したとき、彼のBM《ベビー・ママ》はすでに二列目にいて、彼の母親やおばと静かに話をしていた。アイシャによれば、彼の母親は彼女に挨拶もせず、まるで彼女を知らないかのように振る舞い、彼がいなかったこの一年間、毎日話していたとは思えない様子だったという。

彼女の怒りと苦痛を考えると、アイシャがトレイの母親の態度にどれほど敏感に反応しているかに驚かされる。おそらく彼の母親は同じ部屋にいる彼女たち二人にどう対処すればいいのか分からなかっただけなのだろうと彼女は言った。

帰るべきかよく分からなかったとアイシャは言ったが、結局、彼女は残ることに決めて後ろの列に座った。BMは彼が法廷にいるあいだ、アイシャをずっと無視し、彼が現れたとき、女性たちはそこに立っているのは自分の恋人だと示そうとして、あらゆる音を立てたり、身振り手振りをしたりした。その後、彼女たちが階段を下りるときにBMが彼女に話しかけた。

「私にレズなのかどうか面と向かって聞いたの」とアイシャは私に言った。

「なんで彼女はそう思ったの?」

「トレイが彼女にそう言ったからよ。彼と私はただ仲がいいだけだって言ったの。私は彼にお金や差し入れを送ってるだけだって」

「あなたは何て言ったの?」

「こう言ってやった。私はレズなんかじゃないし、彼はあんたとは金輪際関わらないって私に言ったって」

それに対して女性はアイシャに指輪を見せ、「彼が出所したらすぐに結婚するの」と言ったという。アイシャは確認のためにトレイの母親に視線を向けたが、彼女は慎重に階段を下りようとしているふりをして、彼女と目を合わせるのを拒んだ。

トレイのBMにアイシャはこう返した。「まあ、私よりあんたのほうがいい。だって私は彼を一五年も待つ気はないから」

トレイは今日、アイシャに電話を二度かけてきて、BMが来ることさえ知らなかったし、彼女には来るなと言い続けていると伝えようとしている。どこに移送されようが、自分は面会者リストから彼女を外すつもりだ、と。しかしアイシャはもう耳を貸そうとしない。彼女はトレイが嘘をついていることなど分かっていて、ベビー・ママとの関係を続けたかったのでなければ自分をレズビアンだなどとベビー・ママに言ことはなかったはずだと彼に言う。もし彼が本当に彼女と別れたら、彼はアイシャを恋人であると公然と認めただろう。さらに、法廷での席順という確たる証拠もあった。もしアイシャが恋人であるなら、彼の母親は彼女と最前列に座り、彼の子どもたちの母親は後方に座っていたはずで、その逆はなかっただろう。「あんたのママは彼女と座ってたのよ」と彼女は電話で彼に言う。「彼女たちは一緒に来たわけじゃないなんて言わないでね」「私はこの何ヶ月もの間ずっと彼に手紙を書いて彼に面会に行ったのよ。彼の通帳にお金を送ったし、彼からのコレクトコールも受けたし」とアイシャは私に言う。「もうたくさん」

ベビー・ママに対するアイシャの脅威をなくすため、トレイはアイシャがレズビアンであり、だから彼らは「ただの友達」なのだと彼女に言った。その一方で彼は、ベビー・ママとは終わっているが、彼女が面会のために子どもたちを連れてきたので彼女と会っただけだとアイシャに伝えていた。判決言い渡しの際にアイシャとベビー・ママが鉢合わせしたとき、これら別々の物語がぶつかった。ベビー・ママはアイシャがまぎれもないライバルだと知り、同時にアイシャはトレイとベビー・ママが未だに深い仲であることを知ったのである。

***

男性の刑事司法制度下への移行に付随して起こる出来事が重要な社会的契機になってきたといっても、新しい関係を公にしたり、ライバルを品定めしたり、和解したりする別の手段をこのコミュニティが持っていないというわけではない。葬儀や洗礼式を執り行うのと同じように、屋外のパーティーやブロックでの野外パーティーは今も続いている。多くの若い女性たちと、それよりずっと少ないが、男性たちも今なお高校を卒業する。しかしこうした昔からある機会と並存するほど、裁判所での判決や保釈聴聞会、そして長期刑満了による帰宅が頻繁に生じるようになり、これらを経験する人数も多くなったため、若者たちとその肉親にとってだけでなく、時には親戚や友人、隣人、そして知人たちのより大きなネットワークにとっても、これらは重要な社会的出来事としての役割を果たしているのである。

個人的名誉の基盤としての法律上の問題

刑事司法制度は現在、若者たちが互いの関係に気づく社会的行事を提供すると同時に、若者たちが勇敢で名誉ある自分をつくり上げる社会的材料を与える。刑事司法制度との接触は、ほぼ例外なく、回避されるべきものと理解されている。この制度は、一般的に言えば、その管理下にあった者に誇りや名声を与えるというよりも、むしろ不名誉と恥辱を与えるものである。しかしたとえそうであっても、刑務所という迫り来る脅威、若者の裁判所や拘置所への移行、そうした若者たちへの低下した不安定な法的地位の割り当て、そして彼らの情報を提供する最愛の者たちへの圧力のすべてが、勇敢さと名誉のための機会を提供する。

＊＊＊

二〇〇七年春にとったフィールドノートには、チャックの友人のアンソニーが、自分自身の行為に相当な誇りをもって数々の法律上の問題と警察沙汰について述べる様子が記録されている。

昨夜の午前一時頃、チャックとアンソニーは、チャックの家の表玄関の階段に座ってブラント（葉巻の中にマリファナを詰めたもの）を回しのみしている。私たちはちょうどバーに行ってきたところで、ヘネシーを二、三杯以上飲んだアンソニーはうろうろ歩き回り、自分の令状のことを話し始める。

「俺は令状なんか気にしてねえ」と彼は言う。「おまえらと裁判所へ行っただろ、車でな」ここで彼は、逮捕の危険を冒して皆で出席した、レジーの最近の公判期日のことを言っている。

大声で話し続けたらチャックの祖父のジョージじいさんが目を覚ましてしまうと、チャックはアンソニーに言う。

「もしサツが来たら」チャックを無視してアンソニーは言う。「俺は出て行く。もう俺に会いに来るな」

勾引状が出されているなら令状・出頭局に出頭して対処してもらうべきだと私はアンソニーに告げる。チャックは同意して頷く。数週間前、チャックは公判期日に欠席し、彼と私は令状を撤回して新しい公判期日を設定してもらうのに、刑事司法センターの地階で七時間半も過ごしていた。

アンソニーは言う。「自首する気はねえ。やつらは俺を捕まえに来なけりゃならなくなる。やつらに楽な仕事はさせねえ」

令状が保護観察中の遵守事項違反にではなく出頭拒否に対するものだけなら、身柄を拘束されることはないだろうと、チャックは彼に言う。彼らは新しい公判期日を彼に告げるだろう、と。新しい期日を決めてもらうために、令状・出頭局にその日やって来た男性たちのうち何人がその場で身柄を拘束される羽目になったのかとアンソニーは尋ねる。チャックは答えず、アンソニーは質問を繰り返す。

チャックは笑って言う。「三人だ」

アンソニーは、その男性たちが手錠を手に背後から近づいてくる警備員を目にしてこれくらい驚いたに違いないと、その様子を身ぶりで示す。

なおも歩き回りながらアンソニーは言う。「もし捕まっても、俺はダチに電話でこれが欲しいだのあれが欲しいだの、俺の勘定書［所内の売店を利用するための通帳］に金を入れてくれだの、手紙をくれだのなんて頼まねえ。電話したって、そっちはどんな調子だって言うだけさ」と主張する。

それに対してチャックは、拘置所に入れば他の皆と同じように金をくれと電話するだろうと応じる。

アンソニーは首を横に振り、「賭けてもいい、賭けようぜ！」と主張する。こうやって彼は、プロであるかのように、不平を言わずに拘置所でうまくやれると伝えようとする。

話題は私たちがその晩の少し前にバーで見かけた二人の女性のことに変わる。そのうちの一人はマイクがかつて交際していた女性だった。その後、アンソニーは自分の法律上の問題に話を戻す。

「俺のは全部が銃がらみさ」と彼は言う。「麻薬では一度も捕まってないぜ」

私はこれを次のように解釈する。彼は普段は警察から逃れるのがかなりうまく、四番ストリートと六番ストリートのあいだの様々な抗争のせいで銃を所持していて捕まったときだけは逮捕されるが、それは彼にはどうしようもないことなのだと。

アンソニーは続ける。「俺は裁判［複数であることをことさらに強調している］に勝ってる。いま二七で、拘置所に四、五年いたが、有罪判決は喰らってねえ」

彼は私のほうを向く。「A《アリス》、俺とタメで有罪を喰らってねえやつを何人知ってる？」

私は肩をすくめる。

「この《クソ》みたいな歳なら有罪を喰らってるもんだろ」

アンソニーはもうすっかり酔っ払っていて、バーにいた女性たちを自分がその気になっていたら落とせたこと、バーテンダーが酒を全部タダで出したこと、今日バスケットコートで見せた彼のプレーぶりなど、何でもかんでもひけらかしている。ジョージじいさんに聞こえるから静かにしていろとチャックは言い続ける。「じいちゃんが俺の名前を呼んだら終わりだ」とチャックは言う。

アンソニーは半ば冗談めかして、このブロックに次にやって来る人物に強盗を働くつもりだと言い始める。

チャックは言う。「俺の名前を出すなよ。おまえの電話帳に俺を入れんじゃねぇぞ」――アンソニーが捕まった場合、チャックが強盗に何らかの関わりがあったと言わないほうが賢明だ、ということだ。

アンソニーは答える。「俺はパクられたりしねぇよ!!」

チャックは自分の名前を出されたくないと繰り返す。

「どうかしてんじゃねぇか?」アンソニーは言う。「俺は六番ストリートでパクられたことはねえぞ。パクられるときは、四番ストリートとキャスター・ストリートの角、それに六番ストリートとエルムワース・ストリートの角でパクられるさ……」。私はこれを、彼が地区と路地を熟知しているため、警官たちが彼を地元で捕まえることなど決してないということだと解釈する。彼はまた、六番ストリート地区には自分を快く匿ってくれる人が沢山いるので、自分は常に安全でいられるとほのめかしてもいる。

チャックは笑い、家でじっとしていろとアンソニーに言う。

アンソニーは答える。「俺がいつ六番ストリートでパクられた?」

チャックは言う。「おい、静かにしろ」

アンソニーは分かったと強く頷く。

隣人が女性を乗せた車を停める。話題は誰が外でコソコソしているのか、つまり妻を裏切って浮気をしているのかに変わる。

アンソニーはこの夜、逃亡中にどう過ごすか、裁判を待つ拘置所での数ヶ月から数年を通常はどうやってうまくしのぐかを得意げに語った。彼は有罪判決を受けた経験がないことも自慢したが、その話題を誰かが持ち出すのを私が聞いたのは初めてだった。法律上の苦難を抱えながらの振る舞いについての彼の説明は、彼の人柄の良さの証としてだけでなく、コミュニティ内での彼に対する敬意を述べる遠回しの方法としても示されている。なぜなら、警察から逃がれられるアンソニーの能力は、他の人々が快くドアを開けて彼を家に入れ、警察の職務質問にも沈黙を守ることに拠っていたからであり、逃亡期間の長さ、証拠不足で棄却された裁判の数、そして六番ストリート地区での逮捕が稀なことは、彼を匿った隣人と友人の彼に対する敬意を示していた。

逮捕されることは全く誇るべきことではないが、その知らせは、時に逮捕に付随して起きる暴力のさなかの若者の勇敢さを伝えることもある——警察がロニーの腕を警棒で折ったときに彼が泣きもせず許しを請うこともしなかったときのように。逮捕令状が出ることは確かに悪い知らせだが、逃亡中に生き延びるには、賞賛され、かつある程度の敬意が払われるような技能とずる賢さを必要とする。保護観察ないし仮釈放中の男性に課される遵守事項の数、またこれらの指導監督付き判決が、頻繁に遵守事項違反とそれに続く拘置所あるいは刑務所への再収容という結果になることを考えると、塀の外で生活し続けているだけでも、他の人々からは相当な偉業だとみなされうるのである。

逃亡者コミュニティにおける献身と犠牲

若者たちが法廷で彼らの社会的関係に気づいたり、威厳をもって法律上の苦難に対処することで名誉あるアイデンティティを構築するのと同様に、彼らは互いのために法的リスクを冒し合うことで自分たちの献身を証明する。警察による呼び止めと所持品検査が日常的な出来事としてあり、多くの住民が裁判沙汰を経験しているか、見つかったらその場で逮捕されるリスクがあるかのどちらかであるため、外を出歩くと当局から無事ではいられない。自分を守ることは、兄弟や息子、あるいは親友を差し出すことを意味する可能性がある。法的に危うい状況下で、人々は近しい者たちを警察から守ることで、互いの愛と献身を示し、時には自らの安全を犠牲にする。こうした振る舞いには、男性がどっちに行ったか分からないと警察に言う程度のささいなものもあるが、令状が出されている男性が子どもの誕生に立ち会うために警察と遭遇するリスクを冒すような、より重大なものもある。また、他の者が逮捕されそうなときに自分を差し出すほど重大なものもある。事の大小にかかわらず、こうした振る舞いのすべてが深い意味をもつ。人々が敬意を示し、愛や親密さを証明し、他者の面子を守り、また自分たちは善人であると自称するために行う儀礼となるのである。このように、人々は自分たちと他者とを結びつける保護と犠牲の行為の機会を見出し、刑務所という迫り来る脅威を通じて倫理的な世界を構築する。

大切に思う人々のために若者たちが冒す大きなリスクの一つは、射殺された親友たちの葬儀に出席することである。警察は大抵これらの儀式に姿を現し、三脚にセットしたカメラで会葬者を録画する。

ロニーのいとこが射殺されたとき、逮捕令状が出されていたにもかかわらず、レジーが葬儀に出席した話を思い出してほしい。レジーはその後、亡くなった友人のために危険を冒したことをとくに私に知らせようと電話をかけてきた。

実際に、この種の法的リスクをある程度冒すことが親密な間柄では期待される。男性が社会的義務を果たすために自分の身の安全を犠牲にしない場合、それは身勝手さの証拠か、人間関係に十分に力を注いでいないしるしだと受け取られる。

＊＊＊

チャックの恋人のブリアナが二人の第一子の出産を控えていた頃、チャックには微罪の逮捕令状が出されていたが、彼は出産に立ち会うと約束した。だが結局彼は家にいて、その後私といるとき、約束したのに姿を現さなかったことにブリアナはどれだけ腹を立てているだろうと嘆いた。彼女の反応について彼は間違っていなかった――私が病院に着いて彼女と生まれたての赤ん坊に会ったとき、彼女の母親とおばは彼女のベッドの横に座り、チャックが父親としてもパートナーとしても失格だと話し合っていた。

ブリアナ：彼にとってはどうでもいいのよ。気遣ってはくれてるけど、《十分》じゃない。彼はこう言うの［彼は言っていた］。「俺が捕まったら、どうやって赤ん坊の面倒を見てやれるんだ？」って。死体のこと［殺人事件］か何かで捕まるってわけじゃなくて――あいつらが彼を捕まえに［病院へ彼を逮捕に］来たとしても、三ヶ月ブチ込まれるだけよ［保護観察の遵守事項違反に対する最短の刑期］。長くても六ヶ月ぐらいでしょ。それに、あいつらが絶対に捕まえに来るってわけでもない。

ブリアナのおば：ケイシャのベビー・パパは先月ここまで来て［出産に立ち会って］、それから家に帰ったの。彼にはアレ［令状］がいくつかあったのに。

ブリアナ：彼はもうあそこ［拘置所］には行きたくないだけなのよ。去年はほとんどあそこにいたから。

ブリアナの母親：でも考えてみて。一〇年後に振り返ったとき、彼は自分の子が生まれるのを見たかったたって思うでしょうね。二、三ヶ月［拘置所に］入ってたことなんて気にしないはず。

ブリアナ：そのとおりね。

家に留まるというチャックの決断は、彼が娘の誕生に立ち会わなかったからだけでなく、新しい家族のために自分の身の安全を危険に晒すのを拒んだことからも、ベビー・ママを傷つけた。ブリアナにとって、彼が快くこのリスクを負うことは、彼女への愛情の通俗的な試金石だった。彼が姿を見せなかったことは人を傷つける行為であり、献身の欠如を証明するものだった。

令状が出されている、あるいは裁判所の監督下にある若者たちは、愛する者たちのために自分の身の安全を危険に晒すことを期待されるが、男性も、自分のために《女性》にいかに法的リスクを犯させせないかによって、彼女への愛情を量ることもある。マイクとチャックは郡拘置所にいるとき、面会室への麻薬の持ち込みを頼むのは「ふしだらな女」だけだということで意見が一致していた。逮捕されるリスクがあまりに高いため、親戚や本当の恋人には頼まないのである。彼らは、主な恋人やベビー・ママにマリファナや薬物の錠剤の袋を面会室に持ち込ませることをなんとも思わない男性たちを見下した(6)。

愛する者を逮捕から守ることは、謝罪や、過去の過ちによる関係の断絶を修復することにもなり得る。チャックとレジーの母ミス・リンダはクラック常用者で、息子たちが寝ている隙に、くり返し彼らのズボンのポケットからお金を取っていた（いわゆる「ポケットあさり」である）。そのせいでこの兄弟は、壁に開いた穴やゆるんだ床板を含め、家の中に一通りの隠し場所を思いつくに至った。彼らは大抵わずかなお金しか持っていなかったが、ある冬の夜、母親はチャックの後ろポケットから四〇〇ドルを見つけた。

チャックはその日、目覚めるとお金がなくなったことに気づいてミス・リンダを問いつめたが、彼女は取ったことをきっぱりと否定したと彼はマイクと私に話した。もう絶縁だ、これが最後だとチャックは宣言した——それ以降は友人か恋人の家に寝泊りするつもりだった。

当時、チャックはマイクとスティーブとともに麻薬を買っていた。彼らはお金を出し合い、より安い値段でより大量に買うことができた。彼らは先に麻薬を受け取り、販売後に代金を支払う形の委託販売をしていた。その四〇〇ドルは、チャックが供給元か「組織」に支払う代金の一部だった。これはつまり、マイクとスティーブ、そしてチャックは、借りているお金を返せないことを意味した——さらに悪いことに、販売用の麻薬をもう手に入れることができなかった。三人は組織にどんな仕打ちをされるのか、そしてこれからどうやってお金を稼ぐかを心配した。

マイク：おふくろんとこで寝るなって言っただろ！　おまえはなんてバカなんだ。マジでイカレてるぜ。おふくろはどいつにやったんだ［彼女はどの売人にお金を渡したのか］？　ぶっ殺してやる。ジョン・ストリートのやつらに、あの辺をうろつくなって俺は言ったぞ。彼女に渡す「チャックの母親には麻薬を売る」なってな。彼女には渡すなってあいつらに何回言わなきゃならねえんだ？

チャックは言葉どおり、ミス・リンダの家に寝泊りするのをやめ、彼女が携帯に連絡してきても出なかった。その状態は、警察がチャックの弟レジーを捜索しにミス・リンダの家の戸口に現れるまでの二週間続いた。警官たちはそれから二週間のあいだに四度も家にやって来た。末っ子のティムを連行して生活保護を打ち切ると脅されたとミス・リンダは言っていたが、彼女は毎回、どんな情報も提供するのを拒んだ。チャックは彼女の様子と行動を確認するため電話をかけるようになった。警察が来なくなると、彼は家に戻った。

レジーを警察から守ることと、家宅捜索という暴力に耐えることによって、ミス・リンダは盗んだお金の埋め合わせをしているかのようだった。チャックが彼女の家に戻った最初の夜、彼女は笑って言った。「私は《いつも》息子たちを守っているのよ。何とでも言いなさい。やつらに可愛い子どもたちを連れて行かせる気はないんだ」

誰かを逮捕から守ることが献身と愛情を示す行為だと考えられているのと同様に、他者をうっかり危険に晒すことは、不注意のしるしだし、つまりその人物のあくどさの証明だと受け取られる。

暖かな春のある日、アンソニーと私は数人の隣人や友人たちとミス・リンダの家の階段に座っていた。ミス・リンダは勝手口から顔を出して、お腹が鳴っていると言う。彼女はアンソニーにサブマリン・サンドイッチを買ってきてくれと頼む。ポーク・ラインド〔豚の皮を油で揚げたスナック菓子〕も三袋欲しいと言う。今は一五歳になっている末っ子のティムは、ルーシー（バラ売りのタバコ）を買うための二ドルをアンソニーに渡して、お釣りは返すこと、そして帰って来る前に一本も吸わないほうが身のためだと彼に告げる。私は立ち上がって言う。「一緒に行く」。するとミス・リンダは、「そうね、あんたが行ったほうがいいわ。アンソニーはお金を持ってないもの」と冗談を言う。私たちが出かけようと立ち上がると、ミス・リンダは一回一ドルを賭けてトランプをやろうと隣人を誘い始める。だが隣人はもうすぐ仕事に行かなければと断っている。

アンソニーと私は路地を歩いてパピーの店まで行く。アンソニーはポーク・ラインド・チップスをカウンターに置き、「三本くれ」と言う。パピーの息子はバラ売りのタバコ三本を彼に渡す。一ドル五〇セント。私はパピーの末娘が調理をしている奥のカウンターでサブマリン・サンドイッチを買い、彼女はそれを無言で私に手渡す。

アンソニーと私が店を出て歩いていると、二台のパトカーが五〇メートルほど先の左側に停まっているのが見える。一五歳以上には見えない若い男女が、一台のパトカーの側面に向かって立っている。腕を頭の上に挙げて前腕を車にもたせかけられている。三〇代半ばの細身の白人警官がそばに立ち、四〇代のがっしりした黒人警官が若者のボディチェックをしている。

白人警官が私の目の前で通りを渡っているとき、彼はアンソニーに注目する。アンソニーはすかさずミス・リンダの家に向かって走り出す。警官は彼の後を追いかけ始め、私が追いつく頃には、手錠をかけられたアンソニーに続いて警官がミス・リンダの家から歩いて出てくる。警官は無線で家の前にある茂みを捜索してくれと誰かに頼んでいる。彼はアンソニーがそこに銃を投げ捨てたと考えているのだ。

アンソニーは唇が切れて血が出ていると叫んでいる。それから私のほうを向いて言う。「問題ない、A《アリス》、すぐに戻ってくる。問題ない」。これにミス・リンダが応じる。「なんてことだい。あの子はもう《ここ》にはいられない」

アンソニーがパトカーに乗り込むとき、彼は手を頭の上にやり、警官が彼を後部座席に乗せる。アンソニーは閉まった窓越しに私に向かって話しているが、私に彼の声は聞こえない。私は彼に向って肩をすくめて頭を振る。さらに二台のパトカーがサイレンを鳴らし、赤色灯を点滅させながら路地へ入ってきて停まる。隣人たちは外に出てきたり、様子を見ようと窓から身を乗り出している。

アンソニーを追いかけた警官はミス・リンダに、彼女の名前、ここが彼女の家かどうか、アンソニーとはどんな関係かを尋ねる。彼女は彼が一緒に住んでいることをきっぱりと否定し、彼はただの近所の知り合いだと言う。警官は彼女に彼の名前を尋ねるが、彼女は「《本人に》名前を聞いて」と言う。警官が私との関係を尋ねると、ミス・リンダは「あれは肌がクソ白い私の娘よ。問題ある？」と答える。警官は、汚い言葉を使わず椅子に座るように彼女に告げる。

ミス・リンダはパトカーの閉まった窓越しにアンソニーを怒鳴りつけ始める。「絶対に私の家に警察を連れて来ないで！　身から出た錆なんだからね！　身から出た錆だ！　私があんたからの電話を取るなんて思わないで。ここの番号をあんたの電話帳に入れるのもお断りだよ！」

警官は私たちに家の中に戻るなと告げ、私はティムがどこにいるのかと考える。警察は書類に記入するのに時間がかかっているようで、小さな人だかりがすでに路地の端にできている。

警察がいなくなると、ミス・リンダは中に戻ってティムに呼びかける。ティムは地下室の崩れた壁の中に隠れていた。「誰もおまえを捜してないよ」と、彼女は這い出るティムに言う。

ミス・リンダはすでに、警察がその夜にまた来て家宅捜索するだろうと確信している。彼女はダイニングルームにあるガラス製の飾り戸棚の最上段からガラスパイプとマリファナの隠し箱を掴み、マイクに電話して、チャックの銃を取りに来るように頼む。禁止薬物を秘密の隠し場所に置きに出かけ、数分後に戻ってくる。このことで丸一日が台無しになったと何度も言い続けているが、前よりは落ち着いているように見える。その後、レジーが拘置所からかけてきた電話を取って彼女は言う。

「あのバカが家に駆け込んだのさ！　お巡りを全員ここに連れてくるなんてね。やつらはホルスターと銃弾を見つけた。どの弾かなんて聞かないで。どれだか分からない。あいつらがまた来る前に、マイクを家に呼んでここにあるヤクを全部持って行かせなきゃ。だってやつらは間違いなくまた来るんだから――今夜じゃなければ明日の夜にでも」

酒をもう一杯注ぎ、隣人からもらったタバコで一服した後、彼女は過去の家宅捜索について語り始める。それから彼女は言う。「アンソニーの問題は身勝手なことよ。彼は考えが足りないのさ。今日は私の息子をやつらに連れて行かれるところだった。二週間前に［少年院から］連れて帰ったばっかりなのに。二週間も経ってないのに」

法的リスクを負わされたり負ったりすることは、六番ストリート地区の人々が、彼らの関係性や誰に敬意を払い誰に払わないかを明らかにし、互いの倫理観の違いを区別する一つの方法となる。圧力をかけられて他人を差し出すことは、恥ずべき裏切り行為として捉えられる。自発的にそうすることは、報復行為か、あからさまな対立の始まりだとみなされる。「サツ」を招き寄せることは、不注意、すなわち人柄の悪さのしるしだと受け取られるのである。

＊＊＊

これらの事例から、警察という大きな存在と刑務所という迫り来る脅威が、人々を団結させる贈与をめぐる儀礼的行為の一部になることが分かる。食料や住まいを提供し、育児を引き受ける(7)のと同様に、愛する者たちを警察から守り、あるいは彼らのために逮捕の危険を冒すことは、社会的関係を形成し維持する、継続的な与え合いの一部となるのである。

このことは私たちに興味深い考えをもたらす。沈黙の規範があり、他者を守ることに高い価値を置いているにもかかわらず、それを――とくに個人の負担で――実行することは、犠牲を払う者の評判を常に高めるとは限らない。あまりに惜しみなく、つまり、その振る舞いに値するほど親密な仲であるとは思われていない人々のために自身を危険に晒せる女性がいると、保護の価値や保護の提供者の価値を結果的に損なうこともありうる。人々が時折、捨て身で、あるいは巧みな操作によって他者を守るのは、そうしなければ近しい関係にはなりたがらない可能性のある相手との親密さを増すためだとみなされる。チャックの逃亡中、彼のかつての恋人が、彼と一緒にいる以外に何の見返りも求めずに、一ヶ月間彼を家に泊めたのはまさにその例である。

他者を守ること、あるいは他者の幸せのために自分の身の安全を危険に晒すことは、与える側にとっては危険である。逮捕や他の危害のリスクがあるからだけでなく、どちらか一方の行為が愛情の強さの証となり、後に笑い者にされることもあるからである。例えばある女性が恋人のために拘置所に麻薬をこっそり持ち込んで逮捕のリスクを負っても、結局はこの男性が彼女を裏切って浮気をしていたり、彼にとって彼女はどうでもよいと他人に話していたことを知ることになる。男性は一緒に逮捕された友人を守ることもあるが、結局はその友人が警察に取り引きを提案されたときにさっさと彼を差し出したことを後に知ることになる。したがって、他者を守ることは、軽蔑されたり利用されたりするという屈辱に人を晒すのである。

警察との遭遇にみる倫理的多義性

私たちは、刑務所という迫り来る脅威が、他者に対する愛情や好意、あるいは敵意を証明したり、自身の人柄や感情について主張したり、または他者の人柄や感情について結論を下す機会をどのように提供しうるのかについて見てきた。

アンソニーが警察に追われてミス・リンダの家に駆け込んだとき、彼は明らかに他者を危険に晒し、ミス・リンダの怒りは彼の軽率な行動に対する妥当な反応であると理解された。しかし、誰が誰を危険に晒したのか、ある者がそれまでに直面していた危険を一個人が実際にどの程度増大させたのかがそれほど明確ではないことは度々ある。ある者が他の者を保護して逮捕されるリスクを負った場合、どれほどの保護が与えられたのか、またそのリスクは実際にどれほど深刻なものであったのかについて議論が起こる可能性がある。与える側は受ける側がその振る舞いを低く評価したとか、自分の行動に感謝しない者に対して無駄に自分の身を危険に晒したと感じるかもしれない。あるいは受ける側は、与える側が親切を意図せずになした振る舞いを自分の手柄にしようとしていると感じるかもしれない。警察との遭遇や法廷審問、そして保護観察面談は予測不能な結果をもたらすため、ある者が違った振る舞いをしたとしても、それまでの当局との揉め事がどうなったかは必ずしも明白ではない。社会的関係を表す機会としての警察との揉め事がもつ機能は、こうした遭遇に内在する多義性により複雑化する。以下のフィールドノートからの長い抜粋は、この多義性を明らかにしている。

私たちはOT——郊外——に向かっている。私は学校の女友達を乗せて車を運転している。彼女は私の横の助手席に座っている。マイクとチャックは後部座席に座っている。彼らはL（マリファナタバコ）を回しのみしながら灰を窓の外に捨てている。

一台のパトカーが車を片側に寄せろと私たちにパッシングする。女友達は「ヤバい！」と大声を上げ、ハンドバッグから香水の瓶を取り出す。彼女は香水を車と私たちに吹きかけ始める。Gapの「グラス」という香水だ。マイクはLの吸いさしを窓から捨て、私たちは車を砂利の上に止める。

二人の白人警官が車に近づいてきて、私に免許証と車両登録証の提示を求める。私がなぜ止められるのかと尋ねると、制限速度を超えていたと一人が言う。彼らは私の名前と車のナンバーを照会しようとパトカーに戻っていく。待っているとき、どれくらいの速度で走っていたのかとマイクが私に尋ね、私は彼に責められているように感じる。チャックは静かに、「彼女は飛ばしてなかった」と言う。時速八〇キロだと。

警官の一人は窓の横に戻ってきて、車に近づいたときにマリファナの匂いがしたと言い、私たち全員に車から降りるよう求める。彼らは私の女友達と私に車の横に立てと言う。マイクとチャックには、車の前に立って両手をボンネットにつき、両脚を広げろと言う。警官の一人は女性警官に無線で連絡して、ここに来て私たちの所持品検査をするよう話しているが、結局は来させない。彼はマイクを車に押さえつけてボディチェックをする。

無線で話していた警官は車内の捜索を始める。私は彼がサイドドアポケットと座席の下に入っている物を引っ張り出すのを見つめる。ほとんどが学校からもってきた私の書類だ。私はそこにあるものが私たちを告発できそうかについて考える。警官は運転席側のサイドドアポケットにある針と管が付いた奇妙な器具を見つける。彼はちょっと含み笑いをして、まるでいいものを見つけたかのように、それをもう一人の警官にかざして見せる。それはマイクのベビー・ママが看護助手になるための勉強で使用しているキットの一部で、実際にそれが何であるかを私は正確に説明する。彼はそれ以上追及しない。

マイクの所持品検査をしている警官は、誰がマリファナを吸っていたのか、マリファナは誰のものだったのか問いただす。マイクは大声で言う。「俺のだった。この俺のな」。警官は尋ねる。「どこにあるんだ?」。マイクは言う。「もうねえよ。全部俺が吸っちまった」。警官が私たちのほうを向くと、マイクは彼に言う。「そいつらは何も持ってねえよ。ハッパを吸いもしねえ」

自分のマリファナだったとマイクが断言すると、警官はさらに彼の所持品検査をし、彼のジャケットとジーンズのポケットの中身を出す。マリファナの小袋が落ちる。警官は彼に手錠を掛け、警察署に連行して告発すると言う。私と女友達にはまったく触れることなく、警官は私たち三人に立ち去れと言う。ここに残って彼らがマイクをどこに連れて行くのか分かるまで待っていてもいいかと私は尋ねるが、彼らは駄目だと言い、車を出せと命じる。

後でマイクは、彼らが所轄署で睾丸を引っ張りあげて彼に咳ばらいをさせると、肛門からクラックの小袋が出たと私に話す。彼は今、どちらも少量であるものの、マリファナとクラックの所持で告発されている。私は後になって麻薬を持っていたのかどうかチャックに尋ねると、彼は頷く。ジーンズの裏地の中に?　彼はもう一度頷く。しかし警察は彼の所持品検査をしていなかった。

私はマイクがバックス郡で保護観察下にあるため、保釈で出るつもりなら、すぐにでも保釈金を支払わなければならないと分かっている。いつかは保護観察による勾留がシステム上で明らかになり、そうなると彼の保釈は拒否されてしまう。保護観察中の者が別の事件で保釈されるのは許されていないからである。

チャックはあっさりと眠りにつき、心配していないようだ。女友達と私は徹夜で家々を回ってお金を集める。翌朝、マイクから電話がかかってくる。彼の保釈聴聞会があったこと、私たちが保釈金五〇〇ドルを持って裁判所に行く必要があることを聞き、準備はできているので、一時間以内に納付する。私は一人で郡拘置所まで車で出かける。マイクが保釈されるのを何時間も待ち、髪を巻き毛のようにねじりながら、恋人を待っているのかとしつこく聞いてくる若者を無視しようと努める。その後マイクが出てきて、私たちは車で家に帰る。

彼がドアから出ていくとすぐに、私は前日からの出来事をすべて説明する――私たちがどうやって彼が勾留されている警察署を見つけ、誰からお金を集め、保護観察中であると気づかれる前に保釈金を納めようとどんなふうに裁判所に駆け付けたのか、私が彼を迎えにどれほど急いで郡拘置所に車で向かったのか、どれくらい待ったのか、誰が待合室にいたのか、どうやって言い寄られるのをかわしたのか、などだ。

マイクはついに私を制止する。静かにしろと言い、苛立ちと怒りを露わにする。

「なんで怒ってるの？　あなたがちゃんと家に帰って来れるように二日間も費やしてるのに、なんでそんな態度を取るの？」

マイクは何が起きたのか、そして私がどれほど逮捕される瀬戸際にいたか、事の重大さを私が正しく認識していないと説明する。彼はそれを自分が責めを負うことで防いだが、彼がそうする必要はなかったのだと。

実際にマリファナとクラックは彼のもので、彼は車内で吸っていた本人なのだから、私が逮捕されないようにしてくれたことを感謝しなければならない謂《いわ》れはないと私は抗議する。

すると彼は、警察と遭遇した際にとった今回の行動は普段していることとは違ったと主張して反論する。警官がやって来たとき、もし麻薬を車からうまく捨てられないなら、通常は自分の体から車の中に移すものだと彼は言う。車内で麻薬が見つかり、誰も罪を認めず、警察署に行くと麻薬のかけらがどこかしらから出てくる。このことは、大抵の場合、運転者が麻薬を所持している張本人でなかったとしても、運転者が逮捕されることを意味するのだとマイクは説明する。車内に麻薬を置かないことで、また所持品検査が始まる段階で自分の罪を声高に認めることで、彼は私たち以外の者たち、とくに私――運転者――を逮捕から救ったのだと。

さらにマイクは、誰に対してもそんなことをするわけではないと説明する。実際、もしチャックが唯一の同乗者であったなら、彼は一切の罪を認めなかっただろう。しかし明らかに彼は私が彼の助けになってきたと感じたため、私のためにそうしたいと思い、私への感謝を示したという。この振る舞いの重みを私が理解していないことに彼は怒り、また私にそのことを説明しなければならないことに苛立っているようだった。

次の日、チャックと私は何が起きたのかについて話し合い、マイクが私たちのために責めを負ったことに私が触れると、チャックは眉をひそめて言う。「やつがそう言ってるのか？」。そして彼は、車内に麻薬を捨てて運転手の私が責めを負うようにすることもできたとマイクが言ったとき、実際のところあの時点で彼はそうは考えていなかったのだから彼は嘘をついていたと説明する。警官がマイクの所持品検査をしているあいだ、マリファナの袋がポケットから落ちるまで、彼は袋を持っていることを忘れていたとチャックは断言する。彼はパトカーの後部座席に座るまで、クラックの小袋のことも忘れていた。仮に彼が所持品検査をされる前にそれらの麻薬のことを思い出していたなら、彼はおそらく、どんな結果になろうとも、車の中に両方とも捨てただろうとチャックは言う。

「でも彼が私たちは何も持ってないとか、彼のマリファナだって言ったことについてはどう思うの？」と私は尋ねる。それは明らかに、マイクが真っ向から勇敢に責めを負い、逮捕の可能性から私たち三人を守る出来事だった。するとチャックは、マイクが声を上げたことが実際に私たちを守ったわけではないと説明する。もし彼が声を上げなかったら、私たちは全員、警察署に連行されて取り調べを受けていたかもしれない。しかし女友達と私はクリーンだった――私たちは麻薬を持っていなかったし、令状も出されておらず、（運転が遵守事項の違反行為となる）保護観察中でもなく、それに実際に車内で麻薬は見つからなかった――以上、何かしらの罪で告発されることはなかっただろうとチャックは言う。「やつらはとにかくおまえたちを解放する気だったんだ」。さらに彼は、マイクはおそらく、私が一度しか取り調べを受けたことがなく、また警察の脅しに耐える経験を積んでいなかったため、私が口を割らないとは言い切れないと思ったのかもしれないと説明する。とくに私の女友達のほうは、とチャックは指摘する。「彼女にとってマイクは他人だろ」

「今のあいつは、おまえのためにやったみたいに振る舞いたいのさ」とチャックは言う。「でも考えてもみな。おまえたちが捕まるんなら、《一人で》捕まるほうがいいだろ」

チャックの説明が妥当かどうかの答えを出すために、私は学校の友人が警察にマイクのことを話す可能性について考えてみる。少なくとも、彼の本名を。マイクは自分が関与した他の事件が影響を与えず、また過去に保釈されたことを警察に気づかれにくくするため、二人の警官に偽名を告げ、指紋から自分のことが割り出されないよう監房の鉄格子で指紋を擦り取っていた。

数日後、マイクは私のために彼が払った犠牲に私が感謝を述べておらず、またこの出来事についての彼の説明を私が受け入れていなかったことで、まだ怒っているようだ。私はアイシャに電話で数日前の出来事を伝え、マイクが何をしてくれたのか、そしてどれほど私たちが逮捕される瀬戸際にいたかを説明する。彼女に話しているあいだ、私はマイクが聞こえる所にいることを確認し、これで私たちの関係が修復されるように思える。だが、チャックはそのことについて私に何も言わない。

これらのフィールドノートから、誰が誰のために責めを負ったのか、あるいは、そもそも実際にどれほどのリスクがあったのかはまったく明白ではないことが分かる。マイクが負った責めは当然ながら彼のものだったと私は確信しているが、彼は私のために重大な犠牲を払ったと感じ、私が彼の振る舞いを適切に評価できるほど状況を十分に理解していないようだと思っていた。私はチャックと話をするまで、マイクの主張に納得しかけていた。チャックは私たちのどちらとも異なる解釈をした。自分を犠牲にして運転者を守るため、麻薬を車内に捨てずに持ち歩いていることは、犠牲の振る舞いとして理解されるべきだという点について、チャックはマイクと同意見だった。つまり、同乗者は通常、責めを負わされる運転者から離れて麻薬を捨てるものだということを彼は疑わなかった。チャックが疑っていたのは、マイクが麻薬を持っていたことを《覚えていた》かどうかだった。もし実際に忘れていたなら、彼は私たち三人を無意識に守ったということなのだろうし、今になってその功績を認められようとしていた。さらに、マリファナを持っているのは彼で、私たちではないとすぐに警察に認めることによって、マイクが実際に阻止したのは私たちの逮捕ではなかった。チャックによれば、彼が阻止したのは私たちが供述する可能性だった。自分の自由を損なうような状況に私たちを置くことをマイクは回避しようとしていた。

これらの解釈に加えて、自分のフィールドノートを数日後に読み返しているときに私が思いついた四つ目の解釈がある。マイクの即座の自白から実際に得をした可能性のある者は、私でも私の学校の友人でもなく、チャックだった。彼は麻薬を所持し、マイクがあのとき声を上げて犯行を認めていなかったら、次に所持品検査をされたのは彼だっただろう。チャックは自分の罪を軽くするためにマイクに関する情報を提供せよと求められたら弱い立場に陥るため、マイクは責めを負って、その事態が起きるのを防いだのである。チャックとマイクのどちらも、少なくとも私がいる前ではこのことに触れなかった。事実、チャックだけが車に乗っていたのであれば、自分が責めを負うことはなかっただろうと、マイクははっきりと私に言った。

このたった一度の警察の呼び止めから、それに関連するリスクとその場にいた者たちの行動の背後にある動機について非常に多くの解釈が提示できる。私たちのために責めを負うことを含む出来事について説明することがマイクにとって重要だったかもしれない一つの理由は、ある者の人柄が、自分が大事に思う者たちを守るために逮捕のリスクを負うつもりがあるかどうかによってある程度明らかにされるからである。六番ストリート地区の住民たちには、どのくらい他者を危険に晒すかを軽視し、保護や犠牲といった行為を誇張する傾向がある。男性たちが公判中の友人のために証言する際、自分たちの誠実さと人柄の良さを他の者に知ってもらいたくて、その話を広める。他方、警察の圧力に屈した疑いのある人々は、その事実を強く否定する。もっとも、否定の強さは時に、それ自体が罪悪感の表れと受け取られるのであるが。

警察との遭遇や公判期日、保護観察面談、そしてそれに類するものに固有の多義性と不確実さは、そうした出来事に基づいて人々の人柄や、感情、あるいは動機について判断することを難しくする。にもかかわらず、そうした出来事は非常に不確実で多義的であることもあって、かなりの解釈の余地を残し、時には関係者が勇敢かつ名誉ある振る舞いをした出来事の説明を構成できるようにするのである。

青少年の社会としての刑事司法制度

過度な取り締まりを受ける六番ストリートの黒人居住地区において、刑罰制度は若者とその家族の人生において中心的な役割を担い、社会生活をまとめ上げて、重要な倫理的枠組みを生み出してきた。その枠組みを通じて、若者たちは自身のアイデンティティを努力の末に獲得し、互いへの愛情を証明し、また互いの人柄を判断する。

若者たちのこの制度下への移行を特徴づける出来事は、アイデンティティを与え、人間関係を確立する集合的儀礼としての役割を果たすことになる。判決公判や、拘置所での最初の面会、そして出所は、人々が彼の人生のどこに位置しているかだけでなく、彼がどれほど評判が良いかや、彼がどれほどの地位にあるのかを示す、重要な社会的行事になっているのである。

六番ストリート・コミュニティのメンバーたちは、当局から互いを守り合い、互いのために逮捕のリスクを負うことによって、家族や友人たちへの愛情を証明し、体面と名誉を主張する。家族の会合に出席して逮捕のリスクを負ったり、指名手配中の親戚やパートナーを自宅に匿ったりすることは、愛情や献身の行為となって人々を結びつける。そうしたリスクを負う行為は、謝罪の役目を果たし、過去の過ちで負った心の傷を癒す。実に、人々がどう行動するかは、彼ら自身や他の者の法律上の問題を考えると、彼らが勇敢か意気地なしか、信頼できるか向こう見ずか、誠実か不実かを識別する根拠となるかなど、少なくともそう主張する方便を提供する。六番ストリート地区とそれに類する多くの地区では、刑事司法制度が今や成人になる条件を定めている。この制度下で青年期のドラマが繰り広げられ、それが制度下へと移行する若者にとってだけでなく、彼らの親にとっても重要な舞台となっている。

確かに、六番ストリートとそれに類する他の分断された黒人居住地区の周辺では、若者のドラマは街角や学校、サッカー場で展開し続ける。しかしそのドラマは――それを主に演じる一部の者たちにとっては――保釈事務所や法廷、そして拘置所の面会ロビーでも展開される。六番ストリート界隈の少年たちは、青年になるにつれ、多くの者が家や学校から少年院や拘置所の監督下へと移行する。警察と裁判所は彼らからどんどん時間を取り上げ、彼らの活動を決定づける。彼らの日常は、仮釈放委員会に手紙を書くことや、保護観察事務所で並んで待つこと、自宅拘禁監視官に電話をすること、そして前の事件を担当した「バック・ジャッジ」と会うことで構成されているのである。

しかし刑罰制度が思春期と青年期の中心的な制度的基盤になっているとはいえ、それは若者たちの時間を占め、彼らの社会的なアイデンティティと人間関係の基礎を形成するかもしれない他の制度とは異なるものである。

若者の刑罰制度下への移行を示す出来事は、彼の恋人にとってはお洒落をして爪の手入れをする機会になるかもしれないが、裁判は学校のダンスパーティーではない。凋落《ちょうらく》と退廃の儀礼であって、祝い事でも成果でもない。たとえ若い女性が若者の母親と一緒に最前列に座ったという理由で誇らしげに公判の場から退出できるとしても、愛する者が刑務所に送致されるのを見ているという事実は変わらない。

母親たちは親としての気遣いを示し、息子の公判期日に出席したり、拘置所に面会に行って息子を支えるだろうが、これらの活動は、彼女たちが経験したかもしれない、学校のバスケットボールの試合や発表会、演劇に出席するのと同じ満足をもたらしはしない。息子の法律上の問題に気を配ることにある程度の誇りをもつことのできる母親でさえ、別種の不快な感情に直面しなければならない。つまり、起きている事柄に対する苦悩や、息子が拘置所や刑務所に入ることに対する苦痛、我が子が陥った状況に対する羞恥心、それを防げなかったことに対する罪悪感である。家族は確かに、拘置所からの帰宅や裁判の棄却、あるいは保護観察ないし仮釈放期間の満了を祝いはするが、それらをケーキと風船で祝うようなことは稀である。そのような幸せな時間に裁判所から届く良い知らせさえも、真に誇りに思えるものではないという避けられない事実が影を落とす。卒業式や初出勤日とは違って、法律上の問題が消えたり、若者の人生をゼロにリセットしたりするほどの進展ではない。おそらく今度こそ彼は、いくばくかの名声と安定を彼に与える領域——学校や仕事、そして家族といった、彼がひどく後れをとってしまった領域——で、前に進み始めるだろう。

行為主体性の問題もまた存続する。どこにでもいる一〇代の若者たちは、誰かが自分たちのために決断を下し、自分たちが望むほど自分たちの人生をコントロールできていないと感じているだろう。しかし学校と仕事は、一生懸命に勉強や労働をし、努力の成果を得るためのチャンスを彼らに与える。それにひきかえ、若者の刑罰制度下への移行は、彼の幸運を祈らない大いなる勢力に自分が翻弄されていることを日々彼に思い起こさせる。

警察が若者を呼び止めるときから仮釈放判決が満了する瞬間まで、刑事司法制度の一見したところ独断的な性質は、若者を、人生がどんな結末になるのか自分には前向きに判断することなどできないという気持ちにさせる。隣に立っている男性は無事でも、自分はいつ何時身柄を拘束されるかもしれない。警察に捕まれば公判期日への出席が始まるが、おそらく月に一度の公判が一年以上の延期続行になる可能性もある。裁判所に入るたび、当局がその場で身柄を拘束して拘置所に送ってから自分の裁判を続行すべきだと判断する気なのか、あるいは単に新しい公判期日を決めて自分を家に帰す気なのか、彼にはほとんど分からない。今日が彼の法律上の苦難の終わりを告げるのか、あるいは彼が自由の身でいられる最後の日となるのかについては不確かな状態が続く。裁判事件が棄却されるか進められるかの違いは、若者の行為とはほとんど関係がないだろう——彼はただ待ち、気を揉むだけである。拘置所に入っている場合、大抵は、どのくらいそこにいることになるのか彼には知る由もない。判決が確定したときでさえ、いつ仮釈放されるか分からず、また仮釈放が許可されても、書類が届くまで何ヶ月間も待つかもしれない。

若者たちは、いつどこで刑事司法制度に取り込まれるのかも、またその制度下への彼らの移行を示す行事に誰が参加するのかもコントロールできない。高校は確かに屈辱と葛藤の重要な機会をもたらすが、拘置所ないし刑務所にいる男性は、例えばプロム・デートの計画においてよりも、誰が自分の人生の大きな行事に出席するのかについて発言権を持たない。ゆえにこれらの行事は、本人にとってだけでなく、彼の重要な他者たちにとっても緊張と屈辱の時間となり、私たちが通常は成人することと関連づける儀礼を行う以上に、おそらく頻繁に、人間関係に問題を生じさせる。

刑事司法制度は、愛情や敬意、献身、あるいはあからさまな敵意を示すための多くの表現装置を男性に提供するが、よく調べてみるとこれらは不足してもいる。警察との遭遇の不確実性は、こうした表現装置が彼の人柄を決定する機会となることを困難にし、また刑務所の迫り来る脅威は彼が望みどおりに行動することを難しくする。

情報提供という行為が、自由になされ、かつ圧力を伴わずに行われる場合、当然ながら攻撃的行為、あるいは何らかの悪事に対する報復と受け取られる可能性がある。しかし、人々は情報を提供するか沈黙を守るかという選択の自由をつねに与えられるとは限らない。それどころか、情報提供は強要されて行われるため、人々はむしろ守りたい者を裏切っているのであり、彼らにはほとんどどうにもできない、確実に自発的にではなく陥った状況で、彼らの人柄が確立されている。他のコミュニティに暮らす私たちの多くが、自分たちの身の安全や安心を大して危険に晒すことなく善人としてのアイデンティティを構築できるのに対して、六番ストリートの若者たちは、暴力や収監という脅威の下で、自分たちの身の安全か愛しい者の安全のいずれかを選択しなければならず、恐怖と絶望の真只中で彼らの人柄が決定されるということに気づくのである。

＊＊＊

このように、裁判所、警察、そして刑務所という脅威の周辺で人々が作り上げる倫理的な世界は、疑惑や裏切り、そして失望を伴う。自分自身や人間関係が頻繁に受けるダメージを回復するために、若い男女は、彼らが冒すことを運命づけられている悪事を隠そうとしたり、それらをポジティブに語ったりする。友人やパートナー、家族との関係性は、かなりの寛容さと忘却を必要とする。それでもなお人々は、手札がどんなものであっても、そこから有意義な社会と倫理的な生活を創り出す。厳しい取り締まりと刑務所という脅威の下、貧しくかつ分断された黒人居住地区で育つ若者たちもその例外ではない。

第六章　保護と特典の市場

本書の大半は、途方もなく巨大な刑事司法組織の標的となる若者たちと、彼らのすぐ近くにいる人々に関するものである。しかし裁判所や拘置所、そして刑務所を経由する数多くの若者たちの移行は、これらに直接関わる人々以上に多くの人々に影響を与える。六番ストリート地区で活気ある市場は、様々な法的な制約の下で暮らす人々の要求と欲求を満たすために登場してきた。かなりの数の若者たちが、警察から身を隠したり様々な法的制約を回避したりする上で需要の高い品物とサービスを友人や隣人に売ることにビジネス・チャンスを見出している。

そうした若者たちの中には、友人や親戚の頼みを聞き入れることから始め、後になってその代金を請求できると気づいた者たちがいた。他の者たちは、自分たちの合法的な仕事が、ある特殊な方法で、法的に危うい人々を手助けする機会を提供することに気づいた。その一方で、刑事司法制度の内部から働きかける若者たちの中には、受刑者には禁止された品物とサービスをこっそり持ち込むことで不正に副収入を得る者たちがいた。言うなれば、様々な法的制約の下で暮らす人々の要求と欲求を満たす地下市場は、お金と仕事に乏しいコミュニティに暮らす若者たちにかなりのビジネス・チャンスを創り出しているのである。

私的なつながりをわずかな収入に換える

私がジェヴォンに出会ったとき、彼は映画スターを目指す、可愛らしい八歳の少年だった。彼はよく『ゴッドファーザー』や『フェイク』のセクション全体を引用し、いつか一旗あげてやると豪語していた。人々は折に触れて、彼の声が年上の親戚たちの声に似ていると口にした。いとこのレジーやおじの恋人が電話してきたとき、ジョヴォンは彼らの真似をして何度も誤解を与えたり、あるときには大げんかを引き起こしたりして楽しんでいた。一三歳になると彼の体はすぐに大きくなり、その中でも彼が大いに満足したのが細い口ひげが生え始めたことだった。もっとも重要なのは声変わりである。低い声が肝心だった。驚くべき正確さで、瞬く間に親戚や隣人に成りすますことができたからである。

この頃、ジェヴォンより年上のいとこであるレジーが拘置所から保釈され、母親の家で保護観察下に置かれた。自由が制限されていることにレジーは不快感を抱いたが、彼の保護観察官は門限である九時に彼の在宅を確かめようと、週に数日、晩に電話をかけてきて、彼が数ブロック先に住む女の子と出会って恋に落ちてからはとくにそうした。新しい恋人と出かけるため、レジーはミス・リンダの家で保護観察官からの電話に出てもらえるよう、隣人に一晩一〇ドルを払い始めた。一度は成功したものの、POは二度目の電話で不審に思い、少年犯罪者のレジーはどこに送られたのかと尋ねた。レジーの隣人はその質問に答えることができなかったため、次にレジーが門限以降に捕まれば拘置所に送り返されるだろうとPOは彼に伝えた。

　レジーと私は路地に面している玄関口に座り、少年たちがピックアップゲーム〔その場にいる人たちで即席のチームを作って行うバスケットボール〕をしているあいだ、このことについて話し合った。会話の結末を耳にして、ジェヴォンは試合を離れて私たちのほうへやって来た。POからの電話を取ってあげるよ、と彼は自信ありげにレジーに言った。他の誰よりもレジーの声を真似ることができるだけでなく、常に彼の生活の詳細のほとんどを把握していて、その他のこともすぐに習得できたからである。

「俺の誕生日は?」レジーが尋ねた。

「一九八七年二月一二日」

「俺がパクられた最初の事件は?」

「マリファナで。一〇歳のころ」

「俺はフォレストに何ヶ月間いた?」

「フォレストには一度も行ってない。マハノイにいただろ」

「俺が家で過ごした最後の誕生日は？」

「ふんっ。確か九歳のとき」

レジーはにやっと笑った。「俺の社会保障番号は？」

「知らない」

レジーはジェヴォンに彼の社会保障番号を伝えた。

「わかった」ジェヴォンは言った。

「復唱しろよ」レジーは要求した。

ジェヴォンは完璧に復唱した。

＊＊＊

その晩、レジーは七時頃に外出して午前二時頃に帰宅し、ジェヴォンの演技力を試した。全て計画通りに進んでいるとジェヴォンは報告した。ＰＯが電話を掛けてきて、レジーはどの更生施設に送られたのか、彼の最初のベビー・ママの母親の名前は何だったか、そして郡拘置所にいたときに看守が一〇代の彼を怪我させたのは体のどの部分だったかを尋ねた。ジェヴォンはこれら全ての質問に正確に答えた。

ジェヴォンはいとこに一晩五ドルを請求して仕事を始めたが、彼の母親に後押しされて、一時間で五ドルを要求することにした。レジーはこの高いレートを快く思っていないようだったが、若かりし頃のビギー・スモールズ〔アメリカのMCでありラッパー、ノートリアス・B．I．G．の愛称〕のようなひどく鼻にかかった彼の声を誰も真似ることはできないと認めた。レジーが支払いを数回忘れると、ジェヴォンはどちらも仮釈放中で、POからの電話に出る代役を欲しがるおじと隣人にサービスを提供した。

門限後の在宅確認の電話に応答することは、声の真似だけではなく、多くのスキルを必要とした。つまり、時間を守る几帳面さ、図々しさ、記憶力の良さ、そして少し前に長期刑から戻った者がどんな声でPOにどう答えるかを想像する能力である。ジェヴォンはプロの俳優のようにこれを全て引き受け、自分の役柄に喜びを覚えているようだった。彼はまた、男性がPOと次に面談する際、彼らの関係性を把握しておけるよう、小さなノートに会話の内容を入念に書き留めた。

時間をゆっくりかけながら、ジェヴォンは顧客数を大きく伸ばした。彼が高校二、三年生のとき、私は彼が週に一〇〇ドル以上を稼いでいるのを目にした。しかし卒業が近づくにつれ、彼は家に毎夕毎晩いることに飽きてきたようだった。携帯電話に電話を転送するという無駄な試みの後、友人の一人にこの仕事をさせようと教育したが失敗し、彼は「電話詐欺」を辞めて、ショッピングモールの警備員として働きに出た。

ジェヴォンのように、私が知り合った若者の多くが、様々な法的制約の下で生活していた友人や友人の友人に物品とサービスを提供することで日銭を稼いでいた。重要なサービスの一つは、ありとあらゆることを制限されている者たちにお金と麻薬をひそかに渡すことだった。

二四歳のションダは、彼女に近しい者の頼みを聞き入れることで仕事を始めた。

「ハッパを紙幣で包まなきゃダメよ」私たちがションダの祖母の丸いキッチンテーブルに座っているときに彼女は説明した。「それがハッパをまとめておく方法よ。あなたがその匂いを隠すの」

「わかった」

「それと、やるなら一日前か二日前じゃなきゃダメ。だって今じゃやつらはハンドマシン〔違法薬物を検知する機器。ハンドスクリーニングマシンのこと〕を持ってるから」[1]

ションダが拘置所に初めて麻薬を持ち込んだのは八歳のときだった。母親を手伝い、加重暴行の罪で裁判中だった重度の麻薬常用者の父親にクラックが詰まったゴム風船を渡したときのことである。彼女の母親がとった方法は、タンポンの要領でゴム風船を体内に入れ、面会室で加減しながらそれを取り出すというものだった。ションダの役割は、看守を監視し、母親にゴーサインを出すことだった。彼女は時々、ゴム風船を母親から父親に手渡すこともあった。父親はそれを飲み込み、独房棟に戻って吐き出すか、お尻から出した。

母親が父親との関係を断った後、ションダは父親との面会で刑務所に行くのを止めた。その後の長い期間——およそ七年間——、彼女の生活が拘置所や裁判所への遠出によって中断されることはなかった。その後、高校三年生のときに恋人が銃絡みの事件で捕まった。彼に面会しに彼女は再び郡拘置所に戻った。二三歳のときにはベビー・パパが武装強盗で逮捕され、彼女はまたそこに戻ることとなった。

ベビー・パパが身柄を拘束されたとき、ションダは無職だったため、世帯収入は無くなった。食料やおむつ、そして全ての請求書に加えて、彼女はいま、ベビー・パパが拘置所内で石鹸やシャワー・シューズ、ましな食料を買うことができるよう、彼への送金という追加費用を引き受けた。彼はまた、マリファナとタバコを持ってくるよう彼女に頼んだ。数週間後、他の受刑者たちからタバコなどの品を買うのに必要なお金と一緒に、彼女は少量のマリファナを面会室にひそかに持ち込み始めた。

彼に面会しに行く上で、また彼が刑務所内で比較的快適に過ごす上で必要な多額の費用を賄おうと、ションダは郡拘置所にいる他の男性たちにも包みを持ち込み始めた。一人で彼らに面会に行ったり、ベビー・パパと会っているときには女友達を連れて行ったりした。私たちはこうして知り合った。麻薬所持と警察からの逃走罪で裁判中だったレジーは、ションダという名前の女性がマリファナを五〇ドルで持ち込んでくれると同房者から聞いていた。彼の母親はある水曜日の午後に彼女と会い、お金を渡して、彼のためにハッパの入った小袋をひそかに持ち込ませた。私はそれに付き添った。

初めてションダと過ごした頃のある日、彼女は包みを三つ作った。一つは彼女のベビー・パパに、もう一つは彼の同房者に、そしてもう一つはマリファナが痛みを和らげてくれる唯一の薬だと口にする、背中に銃弾が入ったままの男性に渡すものだった。彼女の妹は私たちと一緒に拘置所に行って包みを渡すため面会室に同房者を呼び出し、それと同時にションダはベビー・パパと面会した。この三〇分の面会後、ションダは新しい整理券を手に入れ、三人目の男性に面会するためさらに五時間も待った。この日最後の面会で、彼女はまるで古くから家族ぐるみの付き合いがある友人に面会しているかのように振る舞い、この男性の恋人がその週に送ってきたマリファナの小袋を彼に渡した。

ションダの場合、マリファナは四つのプロセスを経て一つの包みになる。まず、空気を抜くためマリファナを砕いて小さな高密度の立方体を作る。次に、それを一枚のラップで包んでおよそ一・九センチ×二・五センチの長方形になるようにテープで張り合わせる。そして一ドル紙幣を取り出して――一〇ドル紙幣のときもあれば、二〇ドル紙幣のときもある――包みにきつく巻きつけてリッツ・クラッカーほどの薄い包みを作る。そして最後に、男性が手首と拘置所のIDバンドとの隙間にしっかりと包みを隠すことができるよう、包みの両面に粘着テープを貼るのである。

CFCFにハンドスクリーニングマシンが突然導入されたため、包みを持ち込むためにションダはもう一手間かけなければならなくなった。マシンが導入された数日後、レジーに面会に行った私は、有罪に問われる薬物のカスを落とそうと手と腕をゴシゴシ洗いながら待合所の近くで除菌用ハンドジェルのボトルを手渡しする怯えた女性たちを目撃した。その日は待合室の掃除で使用されたアンモニアの臭いが混ざった汗の臭いがした。マイクの母親のように、包みを持ち込んだりしない女性たちでさえ、少し前に麻薬を触ったせいで、面会を拒否されたり、最悪の場合逮捕されることを心配した。

リスクは増したが、ションダは現金のために包みを持ち込むのを止めなかった。お金が必要だったのである。スクリーニングマシンの導入以降、彼女はパンティの表地と裏地の間や少量の薬物用に作った長方形の当て布に包みを入れ始めた。別の日に拘置所に向かうバスの車内で、その日の午後に勤務する看守は女性器ではなく内股だけを触るだろうと彼女は私に説明した。彼女がそう説明したとき、拘置所内にいながら、どこにいるかも忘れさせる麻薬が入った、女性の匂いがする小さな包みを手にすることがどれほど興奮するものかをレジーとマイクが描写するのを耳にしたことを私は思い出した。

「行く前に包みを中に入れなきゃダメよ」とションダは説明した。「麻薬スクリーニング検査をパスできるよう、しっかり手を洗わなきゃいけないの。それと、いつも裏地に入れておくこと。待っている間に落ちないように」

「怖くないの?」

「恐怖をコントロールしなきゃダメ」と彼女は言った。「何も持ってないって振りをしなきゃならないんだから。いつもの面会者だってね。いつも通りってのを押さえておかなきゃダメ」

拘置所への訪問とベビー・パパの麻薬常用癖の両方を賄うのに十分なお金を稼いだとションダは言った。彼の通帳にお金を入れるほどの余裕があるときもあったが、実際は彼女自身の電話代などの支払いに十分な額はなかった。

麻薬スクリーニングマシンの有無にかかわらず、薬物の持ち込みで得るお金が少なければ、逮捕のリスクはかなり高い。拘置所や刑務所にいる六番ストリートの若者たちに面会に行った数年間、検査室でボディチェックを受けているときに麻薬が見つかり、看守に手錠を掛けられて連行される女性を私は七人も目撃した。そのうちの二人は子どもと一緒に来ていたため、児童保護局に連絡が入った。近所から来た知り合いの女性は、子どもの親権を失い、一年間拘置所に入った。レジーはほとんど関心がないようだった。「もっと気をつけるべきだ。自業自得だ」

ジェヴォンのように、ションダは近しい人の頼みを聞き入れることでビジネスを始め、後にサービス料を数人に請求し始めた。これで大金を稼げたわけではないが、ジェヴォンは自分の役柄を楽しみ、それによって恋人が年長の隣人たちと親族のなかで与えられる立場も楽しんでいるようだった。ションダは、銃弾の痛みを和らげるために彼女がひそかに持ち込んだマリファナを吸う男性のような、困っている人々を助けることに満足していた。そして二人とも、どんなに少額であろうと、実際にお金を必要とした。

仕事における機会

六番ストリートの住民のなかには、合法的な仕事によってもたらされる機会を通して、支援の地下ネットワークの一翼を担っている人々がいる。彼らは教え込まれたスキルや仕事で入手可能な特定の品物とサービスが法的にこみ入った事情を抱える人々に有益であることに気がつき、またそうした人々を不正な方法で助けることによって、わずかな、また時には十分な副収入が得られることに気づく。

四〇代で肥満体型のラキムは、フィラデルフィアのダウンタウンでフォト・スタンドを営んだ。このスタンド（というよりも移動式の営業所）はフィラデルフィア税関の近くにあり、「パスポート写真、街で最安値」と書かれた大きな看板が客をなかに迎え入れた。ラキムの客たちはトレーラーの後ろから入り、並べられたプラスチック製の椅子、端にある三脚、そしてその反対側に掛けられた白い背景幕を目にした。ラキムはパスポートサイズの写真三枚で一五ドルを取っていて、プリント前に客たちが選べるよう、四ショットを撮った。

初めて彼に会いに行った日の午後、ある母親と一〇代の息子が、ちょっとした待合スペースになっているプラスチック製の椅子に座っていた。彼らは近づいてきて、息子が学部短期留学でロンドンに行くのだと彼女は誇らしげに言った。列に並ぶ彼女の前にいたのは、カナダで二週間の研修を控えた大企業の社員だった。次に、アルゼンチンで休暇を過ごすためにパスポートの更新が必要だという弁護士がやって来た。

客たちが帰ると、破れたデニムジャケットを着た客が入ってきた。私を見て、彼は立ち去ろうとした。ラキムは言った。「大丈夫。彼女は大丈夫だ」その男性は微笑んで言った。「信用できるかわからなかったんだ」彼はしわくちゃになった札束をラキムに手渡し、ラキムは彼に黄色い液体で満たされた小さなビニール袋を渡した。男性は袋を慎重に受け取り、小さなトイレに入った。彼は数分後に出てきて、ラキムに頷いてから出て行った。

ラキムは父親の仕事を継いで、一九九〇年代中頃にこのフォト・スタンドで働き始めた。彼が言うには、九・一一までは売り上げが順調だったという。「みんな国境を越えたがらなくなったんだよ」と彼は説明する。「飛行機に乗ろうともしない」

この不景気の中、トレーラーは保護観察・仮釈放委員会の事務所から二ブロックも離れていなかったため、ラキムのいとこは毎週行われる仮釈放面談からの帰り道にここによく立ち寄り、彼らは一、二時間ほど積もる話をした。一週間後のある日の早朝、彼のいとこは明らかに動揺した様子でやって来た。最近ハッパを吸ったか他の麻薬を使ったかと彼はラキムに尋ねた。使ってないとラキムが答えると、いとこは麻薬でヘマをしたと打ち明け、翌朝に行われる検査でラキムの尿を使わせてほしいと懇願した。

「どうやって俺の小便をおまえにやるんだ?」ラキムは尋ねた。

彼のいとこは、家で尿を温め、バギー〔透明な小袋。食品保存用袋の商標名Baggiesに由来〕に注いでから内股にテープで貼り付け、仮釈放事務所で採尿用のコップに入れると説明した。ラキムは承諾し、翌朝、いとこは仮釈放事務所での面談にラキムの尿を持って行き、薬物検査にパスした。その後、いとこにもう一度頼まれた際、ラキムは二〇ドルかかるだろうと彼に話した。この取り決めは、運転中のいとこが警察に捕まり、仮釈放の遵守事項違反で判事に刑務所へ送り返されるまでの数ヶ月間続いた。

ラキムのいとこは、入所中にフォト・ブースのことをある友人に話し、この友人は出所して仮釈放の面談に向かう道中にそこに立ち寄った。情報は広まり、ラキムの尿ビジネスは拡大した。

二〇〇七年、チャックの親友であるスティーブのツテで、私はラキムに会った。当時、スティーブはPCPの重度の依存症と闘いながら、二年間にわたる保護観察処分を満了しようとしていた。ある日の午後、彼は左足をかばい、顔を歪めながら歩いて地区に戻ってきた。どうしたのかと私が尋ねると、彼は「ションベンがすげぇアツい」とだけ言った。スティーブはダウンタウンのある男から尿を買ったが、袋を貼り付けた内股の皮膚を火傷したのだとマイクは説明した。

インタビュー中に私はラキムにこのことについて尋ね、彼は訳知り顔で頷いた。

最初は温度の調整に苦労したんだ。コーヒーの保温器が熱すぎて、男たちが脚を火傷したからさ。やつらはビニール袋で皮膚をただれさせて戻ってくるもんだから、俺は抗生物質の軟膏と包帯用ガーゼを常備してなきゃいけなかったんだ。それで俺は温度調節できるやつを手に入れて、小便を三七度に保ったんだ。それで問題は解決した。

この副業を始めてから一年、ラキムはコーヒーの保温器三台を所有し、二人の女性と補充用の尿を提供してもらう契約を結んでいた。彼は保護観察・仮釈放事務所で使う尿を売ってくれる人間なんて他には知らないと私に言い、中に入って尿を安全に「身に着ける」ことのできる場所が必要だと指摘した。「ホットドック・スタンドとか、宝くじや雑誌売りのスタンドとかを経営しているなら、この商売はできないよ」彼は保護観察中あるいは仮釈放中の男性たちのほとんどが親戚かパートナーから尿をもらうが、これは十分な解決策ではないと説明した。

恋人はいつも小便をくれるけど、ダウンタウンから遠い、ウェスト・フィリーとかノース・フィリーでそれを受け取らなきゃならない。バスで運んで、温度を保って、袋が破れないようにしなきゃならないのさ。それに小便がクリーンかどうかなんて知りようもない。恋人はヤクは使ってないって言う。でも一瞬たりとも彼女から目を離さないなんてできっこない。彼女はたぶんずっと使っていたことを言いたくないんだろう。だから彼女は尿を渡して万事うまくいくよう願うんだよ。で、ＰＯとの問題とか、彼女との関係で問題を抱えることになる。刑務所に戻って、彼女を責め立てて、そして喧嘩するんだ。……もし俺んとこに来たなら、そんなことで悩んだりはしない。へん、俺は恋人のために彼女たちをここに来させることもあるんだ！　だって自分が何をしてるかなんて男たちに知られたくないからさ、わかるかい？　だから彼女たちは俺から小便を買って、男たちに渡すんだ。まるで自分のものであるかのようにね。

ある種の職に就く人々が他に提供できるものが偽造文書である。二〇〇六年、六番ストリートから一番近いペンシルベニアＤＯＴ（ペンシルベニア州運輸局）に少し前に転勤してきた女性が、実際には取得資格のない（あるいは、係属中の法律上の問題を過度に心配しすぎて取得しようとしなかった）人々に対し、一〇〇〇ドルで運転免許証の偽造を引き受けているという噂が流れ始めた。違反切符の罰金に三〇〇〇ドル以上も必要で、また仮釈放判決が運転免許証の取得を阻んでいることから、マイクはこの女性に一〇〇〇ドルを払うのは割りに合うと結論づけた。彼には運転免許証を手に入れるのに十分な貯金はなかったが、彼女と交渉するなかで、チャックや、一九八三年まで遡る仮釈放の遵守事項違反で令状が出されているレジーのおじを含む、近所に住む男性たちの多くが運転免許証を調達していることを私は知った。この女性は私と話すことを決して承諾しなかったが、偽造が発覚して逮捕された二年後、彼女は取得資格を持たない人々に本物の身元の証明書を売って三〇万ドル以上稼いだと主張した。誰がこれら偽物の運転免許証を持っているのか、そして何人が所持していたのか、誰も見当がつかなかった。

一般的に、人々は何も詮索せずに、通常ならIDを必要とする物品とサービスを提供することで、正式な身元の証明書を得られないような人々を助ける。つまりIDそのものではなく、それに代わる物品とサービスを提供するのである。そうでなければ相応の身元の証明書を持たない人々が物品やサービスを手に入れることはできない。

街角にあるパピーの店は、六番ストリートとマンキン・ストリートの角にある。入り口の上にある黄色いネオンの看板には、「エルナンデス食料雑貨店、タバコ・牛乳・卵・ホーギー・宝くじ」と書かれている。その下にある小さめの看板には、「アクセスカード使えます」と書かれている。ミスター・エルナンデスはパピーという名前で知られていた。彼の店は、六番ストリート界隈で、ルーシー、チップス、ドリンク、そしてスナックを扱う人気の場所である。一番近い食料品店は一一ブロック先にあるため、車やバス代のない住民たちは食料のほとんどをパピーの店で購入をすることになる。

カウンターには防弾ガラスがはめ込まれていたが、パピーは三〇×六〇センチほどの隙間を空け、タバコと宝くじ券を客に手渡していた。

「回転バーさ」あるとき彼はこう言った。「客が俺に銃を突きつけてくるかも知れないだろ。そんなことするやつはまだいないがね」

パピーは防弾ガラスを、孫たちと地域の子どもたちの写真を飾るための巨大なフレームとして使用した。彼の孫娘と三人の孫息子たちの写真の横には、赤ちゃんの写真やプロムの写真、卒業式の写真、葬儀の写真、そして拘置所の面会室での写真があり、六番ストリートに住む彼の客や友人たちの顔がそこにあった。パピーは暴力が日々蔓延し活気を失った街の黒人居住地区で一五年も商売が続いたこと、そして今まで強盗の被害に遭わなかったことを自慢した。

メイン・カウンターを隔てた出口の上には、スポーツの生中継とニュースを流す小さなテレビがある。客は数分間テレビを見るために時々立ち止まり、その内容についてパピーと意見を交わした。彼らは、彼らの友人や親戚が元気かとパピーに尋ねたりもした。確かに、この店は六番ストリート地区の情報拠点のような役割を果たした。そこはしばしば人々が拘置所や刑務所から帰宅したときに来る最初の場所だった。パピーは無駄話を滅多にしないが、非常に多くの地区住民にひそかに通じていて、人々から気にかけられ、心から感謝される類稀な能力を持っていた。彼は高校時代に野球をやっていて、四〇年経っても一度会ったら忘れられない人物だった。

マイクとチャックと彼らの友人たちが拘置所から戻ってきたとき、私たちはソーダやルーシー、ポテトチップスを買いに、一日四、五回はパピーの店を訪ねた。数ヵ月後、パピーは私にバニラというニックネームを付け、後になってニルと略した。

ほぼ毎日、大学生くらいの歳のパピーの息子が、宝くじ番号をメモし、飲食物を売っては、店頭にあるレジを担当した。彼の娘は、ホーギーやグリル・チーズをこしらえながら、奥のグリル・ミートカウンターで働いた。しかし食料品店が販売する商品に加えて、パピーは不正な方法でプリペイド式の携帯電話を売ってもいた。日によっては、詮索することなしに中古車レンタルを斡旋したり、ＩＤやクレジットカードを提示せずにチェックインできる地元のモーテルの「世話人」をやっていたかもしれない。

パピーが不正な方法で売っていた品物とサービスは、店に来る一般客には知られていなかった。欲しいと頼まなければならず、欲しいと頼むにふさわしい者でなければならない。しかしそれらはどれも厳密には違法ではなかった。これらの品物は、通常、買い手に本人確認と信用度の両方が記載された文書――州発行のＩＤカードや、保険かクレジットカード、あるいは銀行口座――の提示を必要とした。

パピーは客たちに特殊な品物とサービスを提供したが、法的信用を欠いた人々と、彼らが求める品物とサービスを幅広く提供する個人とをつなぐ、ブローカーとしての役割も果たした。彼が客に紹介した一人は、数ブロック南にある自動車修理工場で働く、ジャヒムという名の男性だった。この自動車修理工場では、常連客たちがジャヒムを訪ねては、ＩＤや保険証券、車に関する書類を提示することなく、車を点検や修理に出した。サウス・ストリートにあるダウンタウンでは、フセインという名前の男性が、客がどんな名義を使用しているかに関係なく、また手配する上で必要なＩＤを求めることもなく、ステレオや他の電子機器をローンで売っていた。三番ストリートのボビーMは、IDや預金残高の証明なしで部屋を貸していた。彼の賃料は他のどこよりも高かったが、契約書ではなく握手で契約に応じた。

医療分野で働いている人々もまた、自分たちの仕事が法的信用を欠いた人々に対して不正な方法で支援を提供できることに気づく。実際、地域の病院や診療所で働く地元の女性たちの多くは、名前で令状や他の係属中の法律上の問題が照会されるかもしれない病院で治療を受けるのをひどく恐れる男性たちに、薬剤と専門的な助言を提供する。

私がこの種の地下医療を最初に目撃したのは、スティーブの一四歳になるいとこのエディーが警察から逃げているときに腕の骨を折った日だった。ちょうどパピーの店の外を歩いているところを警官に呼び止められ、ボディチェックを受けた後に少量のクラックが見つかった。警官が手錠を取り出そうとしたとき、エディーは急いで走り去り、警官は程なく、彼を路地で見失った。逃走の際、エディーはフェンスによじ登り、ひどい着地をした。エディーは息を切らし、骨がむき出しになった右の前腕を摑みながら、歩いて祖母の家に行った。

電話で一時間話した後、彼の祖母は得意げに、ある女性がエディーの腕を治療しにやって来ると私に言った。

「彼女は医者なの？」と私は率直に尋ねた。

「清掃作業員よ」彼の祖母は笑った。「でも、病院で働いているの」

＊＊＊

二時間後、私たちはエディーの腕をふきんで巻き、ソファーの高い背もたれで支えたが、彼の腕はまだ出血していた。エディーは「ワイルド・アイリッシュ・ロゼ」の赤ワインをガブガブ飲み、すぐに悪態をついて、同じパートを繰り返し歌っていた。

手術着を着用し、医療用品がいっぱいに詰まった大きなビニール袋を手にした女性が、真夜中にようやく来た。彼女はエディーの腕のふきんを取り、麻酔らしきものを注射した。傷口をきれいにしてエディーの祖母と話し合ってから数分後、彼女は音楽の音量を上げるよう私に言った。その後、骨折した腕を腿の間で挟んで骨を両手で元の位置に戻すあいだ、エディーの胴体を押さえるよう彼の祖母に頼んだ。エディーは叫び声をあげて逃れようと暴れ、一〇分間も泣いた。彼女はストーブの上で沸騰した熱湯に二本の針を落とし、裂けた皮膚を縫合した。エディーはしくしく泣いたが、彼女は縫った傷に包帯を巻き、その後、白いコットンのパッドで彼の腕を包み始め、だらんとした拳を支えられるように彼の手にロール状のガーゼを持たせた。彼女は自分のバッグから頑丈な発泡材をいくつか取り出し、彼の前腕にフィットするようにカットしてから前腕を伸縮包帯で包んだ。一時間ほどしてからエディーの腕は三角巾で吊り上げられ、女性は毎日包帯を替えて傷をチェックするようにと指示を残した。エディーの祖母は彼女に七〇ドルを支払い、午後に作ったコーンブレッドと鶏肉を盛った三つの皿が入ったビニール袋を渡した。

この忘れられない出来事の後、私は医療分野で働く他の地元住民の多くが、警察に遭遇するのを恐れて病院を避ける若者たちに様々な形で帳簿外の治療をしているのを観察し始めた。

アイシャとマイクのいとこで一六歳のロニーは、バスに乗っているときにウエストバンドに押し込んだ銃が暴発して銃弾が腿に当たった（彼は少年院で二年間の収容期間を満了して帰宅したときに、彼の隣人と親友が殺害され、四番ストリート・ボーイズとの銃撃戦で六番ストリート・ボーイズが殺されたと知り、銃を携帯し始めた）。三年間の保護観察処分を受けて少年院から戻ってきたばかりだったため、病院に行けば遵守事項の違反行為で少年院に戻されると確信し、ロニーは病院に行くのを拒否した。彼は祖母のソファーで血を流しながらその後の五日間を過ごした。友人や家族は病院に行くよう彼に求めたが、無駄だった。祖母はその後、銃弾の摘出を請け負ってくれる、看護助手として働く女性を見つけた。

彼女はキッチンテーブルで手術を行った。ロニーの祖母はふきんを彼の口に押し込み、叫び声を消すために音楽の音量を上げるよう私に頼んだ。看護助手が最後の仕上げをし、ロニーは大丈夫そうだと見て、彼の祖母は彼女に一五〇ドルを渡し、翌日には得意の辛口手羽フライを彼女に持って行った。

内部での機会

法的信用を欠いた者たちに保護と特典を提供する人々のなかには、個人的なつきあいから、あるいは自分たちの仕事がこれらの人々を助けて利益を得るための道を拓くことになると知って事業を始める者たちがいる一方で、刑事司法制度内部での立場を利用し、法的制約の下で生きる人々に直接接触する者たちがいる。裁判所書記官や刑務所の看守、ケース・マネージャー、そして更正施設の監督官たちのなかには、自分たちの職業上の立場を活用し、お金を工面することのできる被告人や受刑者、そして仮出所者たちに、特別な免除と恩恵を与える者たちがいる。刑事司法制度に雇われてはいない、品物とサービスを提供するブローカーたちと同じように、こうした人々は時に、個人的な理由、あるいは単に助けたいという思いから力を貸す。

ジャニンは優秀な成績で高校を卒業し、刑事司法機関での実務研修の終了証明書を取得するため短期大学に入学した。彼女が言うには、警察や裁判所、そして刑務所に対処する兄弟たちと父親をずっと見てきたため、医療——当時は成長しそうにみえた他の経済活動分野——よりもこの種の仕事のほうが自分に適していると確信したという。手当もあって賃金も良かったため、彼女は卒業と同時に看守の職に就こうとしたが、ダウンタウンにある刑事司法センターでスケジュール管理をする事務所に雇われた。仕事は随分と簡単なものだった。裁判事件の日程を調整し、判事や地方検事、公選弁護人たちのスケジュールを管理するというものである。毎月刑事裁判所からくる数百もの事件は、裁判にかけられるまでに一二回を超える公判期日を経るため――被告人と和解したり取引したりすることのほうがはるかに多い――、こうしたスケジュール調整でジャニンと他の二人はフルタイムの職に就けたのである。

訴訟に目を通していたある日、ジャニンはベンジャミン・グリーンという聞き覚えのある名前を見つけた。ベニー――これが間違いなく同一人物であるなら――とは、彼女が肥満体型で、母親の恋人が夜な夜な彼女に触れていた中学校時代、彼女によくしてくれた唯一の男性だった。何も聞かずに、ベニーはよく彼女をこっそりと地下にある寝室に入れて寝かせた。彼女は裁判所のパソコンで彼の名前を調べ、画面に現れた彼の写真を見た。それは間違いなく、一五歳年上のベニーだった。

ジャニンは、ベニーが高校卒業後に有名な売人になっていたこと、そしてしばらくの間、連邦捜査局に指名手配されていたことを耳にしていた。しかしこのことが彼の優しさを思い出す妨げになることはなかった。ベニーは銃と麻薬絡みの事件の予備審問を翌週に控えていたため、彼女は廊下で待ち伏せし、彼が法廷を出て行くときに恥ずかしそうに声をかけた。「心臓がバクバクしちゃって」数ヶ月後、裁判所前の道を渡ったところで私たちがコーヒーを飲んでいるときに彼女は言った。「彼が結婚してるかどうかも、子どもがいるかどうかも、それに私のことを気にかけていたかも分からなかったの。でも彼は変わってなかった。［顔にかかるほど」髪が長くなっていただけだった」

ジャニンと会って数分後、ベニーは裁判の取り下げ——彼女が判事あるいは地方検事と話すことができれば——を手伝ってもらえないかと彼女に頼んだ。彼女は拒んだが、判事のスケジュールを調整してベニーの公判期日をかなり遅らせる——一ヶ月や一ヶ月半ではなく四ヶ月——ことができることに気がついた。

ベニーを通じて私はジャニンに会った。彼はある日、地区を通りかかり、公判期日を先送りしてくれる、裁判所で働く女の子と知り合いになったとみんなに話した。自分が得をするために彼女の気持ちにつけ込むつもりなどないかのように振る舞い、彼女についてかなり否定的に彼は話した。しかし私がジャニンとコーヒーを飲んでいるとき、日程の調整に気前よくお金を払うとベニーは言ってきたと彼女は説明した。事実、彼は彼女が上手くやる度にお金を払うと言い張った。

「彼はあなたにいくら払っているの?」と私は尋ねた。

「三〇〇ドルよ。毎回三〇〇ドル」

「そのお金は何に使っているの?」

「奨学金の返済に当ててる!」

ジャニンが本当にお金を受け取っていたというさらなる証拠を探りながら、私はある日の午後、ベニーにそのことについてこっそり尋ねた。彼はお金を払っていたことを認め、彼女が彼にどれほど好意を寄せているかを知りながらも、彼女に借りを作りたくないという理由でそうしたのだと説明した。

一年後、ベニーはまだストリートにいて、ベビー・ママと二人の子どもとの時間に喜びを感じていた。結局、彼の裁判は三年半にも及んだ――私が見てきた他の事件よりも長く、良い一年半だった。最終的にベニーは州刑務所に送致され、塀の外で家族と過ごすための時間を延ばしてくれて感謝しているという趣旨の手紙をベニーがその週に送ってきたと、ジャニンは私に話した。

公判期日に猶予を与えるといった特典を被告人に供与するわずかな余地が裁判所書記官にあるとすれば、拘置所や刑務所の看守たちにはかなりの余地がある。いくつもの法的制約が保護観察や仮釈放、あるいは訴訟を経験する人々に課せられるが、拘置所や刑務所の受刑者たちはより多くの規則と禁止事項の一覧に直面し、矯正施設で働く人々にはずっと大きなビジネス・チャンスが開かれる。もちろん全員ではないし、ひょっとすると看守のほとんどが非公式の刑法に引っかかる経済活動に関わっているかもしれないが、少なくとも何人かは、ナイフから麻薬や携帯電話に至るものすべてをこっそり持ち込むことで利益を得る。

郡拘置所にいる息子の一人にマリファナをひそかに渡そうとミス・リンダがお金を渡した看守に会うため、私は彼女に二度同行した。中庭で激しい暴行を受けたマイクの痛みを和らげるためのオキシコドン〔オピオイド系の鎮痛薬〕を三錠持ち込む交換条件として、フェラチオと三五ドルで手を打った看守と会うために、彼の恋人に同行したこともあった。

二〇一一年、私はミス・リンダが息子のレジーにパーコセット〔鎮痛剤の一種〕を刑務所の中庭でひそかに渡すために看守にお金を払ったことを知った。無免許運転で仮釈放違反となり、レジーは州刑務所に六ヶ月間入っていた。入所後すぐに、ある女性の看守にバケツ一杯のアンモニアを顔にかけられ、彼は大きなけがを負った。私のフィールドノートには、このときの面会についてこう書かれている。

　アンモニア事件が起きてから初めてレジーに会った。彼女のせいではないと彼は言う――彼女はふざけていたのだと。看護師がくれた目薬は、痛みを和らげるには効果がなかった。そこで彼の目を傷つけた看守は、不正にパーコセットを高額で売り始めた。三日前に看守は転勤させられたので――レジーを傷つけたこと、あるいは薬をこっそり持ち込んだこととはどうやら無関係だった――、レジーはひどい禁断症状に陥っていた。「インフルにかかったみたいだ」と彼は言う。「もっとひどいけどな」。症状は治まりそうだが、視力が低下した目は回復しそうにない。彼はパーコセットかオキシコドンを売ってくれる別の看守を探そうとしているが、まだ見つかっていない。

薬物に加えて、何人かの看守は携帯電話を売って稼ぎの良い商売をしている。二〇一一年当時、ＣＦＣＦでは携帯電話が五〇〇ドルで売られていた。受刑者の家族あるいは恋人が看守に接触し、彼ないし彼女に現金を支払うのを私は何度も観察した。

看守たちはまた、女性とのプラベートな時間など、形のないものを受刑者や仮出所者に売る。

マイクと私は、フィラデルフィアの西から二時間ほどの場所にある、キャンプヒル州刑務所の面会室に座っていた。私たちはスナックを売る回転式の自動販売機で加熱されたチキンフィンガーを買って食べ、地域のゴシップに夢中になっていた。マイクはドリンクの自動販売機の近くにある小さな部屋を指差した。「見たか?」と彼は言った。「あそこにカメラはないのさ。やつらはあそこに女を連れて行って、スマッシュ［セックス］するんだ。看守は一五分で一ビーン［一〇〇ドル］だって言ってた。そいつは俺がここに来てすぐに退職したから、俺は一度も使ったことないけどな」

マイクが三年の刑期を満了したとき、彼は仮釈放処分でノース・フィラデルフィアにある更生施設に移された。そこでもまた、謝礼目当てに特定の職員たちが進んで特典を与えていた。このノース・フィラデルフィア更生施設には小さな部屋ごとに一〇のベッドが置かれていたが、時には二〇人もの入所者がそこで寝た。二日目の夜、ルームメイトの一人が靴を盗もうとした男を刺したので一睡もできなかったと、マイクは話した。最初の面会で、敷地内のドアを通り抜けると、密集した若者の一群が外を見ようと窓ガラスに向かって互いに騒ぎ立てながら私を出迎えた。入所して数年後、マイクは更生施設が受け入れがたい場所であることに気づいた。「自由の匂いはするけど、触ったり味わったりすることはできないんだ」

彼は日中の数時間だけ外出することを許された。マイクは街に再びなじみ、最近流行っているファッションを知り、フェイスブックに登録し、iPodを手に入れた。三日目、ベビー・ママのマリーと二人の子どもと会うのに十分な時間が彼に与えられた。そのことで彼は神経質になっているようだった。彼らと会えばもっと気持ちが和らぐと言って、私は彼を安心させようとした。

彼らと会った後に私たちが話しているとき、マイクは機嫌が悪そうだった。六〇代になる兄弟も連れてきた母方の祖母が、彼の子どもたちと一緒にいることを知ったからである。このおじは自分の膝の上に座るよう子どもたちに言って、彼らを触る癖があるとマイクは確信した。マリーは地元の病院で看護助手として雇われ、朝五時に出勤していた。このことは、七歳になる娘と一〇歳になる息子が、祖母が夜勤から帰宅して子どもたちを学校に連れて行くまでの二時間半をおじと過ごすことを意味していた。子どもたちとおじだけしかいない危険な二時間、その場にいることができるよう、ベビー・ママの家に一晩中いることをマイクは望んだ。このことについて私たちが話し合っていたとき、彼は口に出さなかったものの、彼もベビー・ママと一緒にいたいのだと私は想像した。

解決策がもたらされたのは、入所者の多くが夜中の零時に更生施設を出て翌朝の八時前に戻ってくるという条件で、ある職員に一晩一〇〇ドルから二〇〇ドルを支払っていることをマイクが知ったときだった。実際、私が晩にマイクに面会に行くと、実に多くの入所者たちが特典を得ようと職員にお金を渡して施設の外で待機する車に次から次へと飛び乗るのを目撃した。私は当初、ひょっとすると夜勤で働くためにこれらの男性たちが何か特別な夜間パスを持っているか、あるいは更生施設を出て仮釈放期間の遵守事項に違反して逃亡するのを選んだのではないかと思った。その職員についてマイクが説明してくれたため、入所者たちの少なくとも数人が、夜中に抜け出して次の朝にこっそり戻って来るために職員にお金を握らせていることを私は知った。

マイクのベビー・ママは当初、子どもたちの安全を確認するためならいくらでも払うと私に言って、支払額のほとんどを負担することに同意した。しかし二週目になると、マイクと過ごす一晩のためだけに給料以上のお金を渡すことはできないと言って、彼女はそれ以上の負担を拒んだ。

夜ごとの支払いでマイクのお金が底をついたとき、私は彼に、現金を受け取る更生施設の職員を紹介してくれないかと頼んだ。その職員は独身で、私とほぼ同い年だったため、マイクは彼がよくそうするように、私を名付けの姉《ゴッドシスター》だと紹介し、一緒にビールを飲もうと彼を誘った。また、私がマイクの伝記を書いていて、更生施設での彼の体験について話したがっているのだろうとその職員に伝えた（2）。

その職員は「大人向け」のバーとして有名な「ファイブ・ポインツ」に飲みに行って私と会うのを承諾した。彼は私の想像とは全く違っていた。物静かで、オレンジ・ソーダを少しずつ飲みながら三人の子どもの写真を私に見せる、思いやりのある男性だった。

マイクはもっとも気を揉む入所者の一人だと言って、彼は話を始めた。もしマイクが最初の数週間を乗り切ることができれば、彼は大丈夫だろう。

私たちが話し始めてすぐ、職員の携帯電話が鳴った。彼は携帯電話を手に取って言った。「ああ、やつは行くよ」。何の電話だったのかと私は彼に尋ねた。彼は隠す様子もなく、入所者のうちの何人かが夜に施設を出るのを手助けしているのだと言った。

「いくら取っているの？」私は尋ねた。

「場合による」と職員は言った。「もし麻薬を売るためだったり、収監中に友人に預けてあった銃を取りに戻るために外出するんなら二〇〇ドルを要求する。そのほとんどは俺の上司のところに行くけどな――周囲は彼のことを無頓着だと思っているが、彼はちゃんと分かってる。ピンはねしてるのさ。男がもし仕事に行ったり子どもの世話をするつもりなら――そいつは良いやつってことだ――、もっと少ない額を要求するか、タダで外出させる。そんで他のやつらに俺の上司を世話させるのさ」

「危なくない？」

「こういう風に言うんだ。ここは俺の三ヶ所目の施設だってね。最初の施設は閉鎖された。トイレが詰まっちまったからさ。数ヶ月間、トイレが詰まっちまって、男たちは自分たちの糞の上で寝てた。だから病気になっちまった。二ヶ所目の施設が閉鎖されたのは、職員が銃を売っていたからさ。ただの銃じゃないよ――マシンガン、M16。［職員たちは］施設にいる男たちを使って州外に銃を持ち出していたんだ。何が起きているかなんて分からないもんだろ」

「だから入所者たちを夜に外出させる……」

「規定に背いてるんだよ。仮出所の遵守事項違反さ。でもフィリーの施設で《なにも》起きてない所があるなら教えてくれよ」(3)

＊＊＊

厳重な監視と監督という制約に直面して、警察や裁判所、そして刑務所とのあいだに問題を抱える何人かの者たちは、当局を避けたり、法的制約の許容範囲よりも快適かつ自由に生きるために、多様で特殊な品物とサービスを探し求める。裁判所書記官や刑務所の看守、そして更生施設の職員と同じように、六番ストリート地区の若者たちの多くは、色々な闇の物品とサービスを刑事司法制度へと移行する人々に提供することで、多少の小遣いを稼いでいる。刑務所の看守を除き、この市場で働く人々は、互いを知ることも、集団を形成することもほとんどない。

麻薬が検出されない尿や偽造文書など、警察による呼び止めを突破したり様々な制約を回避するために、法的信用を欠いた人々が必要とする特殊な商品を売る人々がいる。法的信用を欠いた人々が一般的なルートから入手するには危険すぎると感じる、あるいは法的制約ゆえにアクセスが阻まれている車の修理や携帯電話、さらには医療といった、基本的な品物とサービスを提供するための地下ルートを見つけ出している人々もいる。さらに、様々な収監状態にある人々にとって、基本的権利や自由財といった、クリーンな人々が有するものの多くは、魅力的な特典となる。つまり、刑務所の塀の中で配偶者と性交渉するための一五分間や、保護観察や仮釈放の制約ゆえに戻ってこなければならない夜間の外出、量刑聴問会前の数ヶ月にわたる拘置所外での滞在などである。信用を欠いた法的地位にある人々にとって、これらは高い代償を伴う商品でもある。

地下市場に参入する人々は、自分たちのしていることをどのように考えているのだろうか。ラキムは尿ビジネスを不当なシステムを是正する上で必要なものとみなし、常連客に対して同情的な態度を取っているようだった。

俺は人が法を犯すのを助けようとしているわけじゃないけど、仮釈放の規則はクレイジーだよ。酒に手を出したり、一杯引っ掛けたり、ハッパを吸うと逮捕されるんだ。三年はブチ込まれる。麻薬を、本物の麻薬をもう一度使い始めたとしても、そんなことで刑務所に戻される必要なんてあるかい？　全く意味がないよ。だからみんな俺のところに来るんだ。少し飲みすぎたり、ハッパを吸ったりしたときにね。分かるだろ、とにかくあんたらのシステムの何もかもがそのからくりを動かすんだ。

冗談めかして、この副業は彼が飲酒と薬物使用から距離を置くことを後押しするのだと彼は指摘した。「自分の小便に何かしらの価値があるとしたら、自分の体に何かを入れるなんてできっこないよ。汚れた袋なんて売ったら、何もかも終わりさ」

ラキムはまた、彼がクリーンな尿を提供する相手は、充全な公民権を不当に奪われているのだと主張し、多くの政治用語を使って、仮釈放中の男性たちを助けるための彼なりの取り組みについて説明した。確かに、法的に脆弱な若者たちに必要な物を提供しようと手を差し伸べる人々のなかには、自分たちこそが黒人コミュニティの占領軍であると振る舞う警察に抵抗し、また人種的な不公平さという点で重要な場である刑務所制度との闘いに貢献しているのだと自負する者たちがいる。私がインタビューしたある保護観察官は、受刑者に品物をこっそり持ち込むことについて説明しているときに地下鉄道〔一九世紀中頃に南部の黒人奴隷を亡命させるために作られた秘密組織〕に言及した。他の者たちは、裁判所で働くジャニンのように、特定の人を特別扱いするという個人的なつきあいで動いていているようだった。

対照的に、私が話した刑務所の看守の何人かは、受刑者たちに対するかなりの敵意と、仕事上のストレスで不満を漏らした。ある看守は、囚人からの物理的暴力のリスクが、彼らが携帯電話と麻薬を売って小遣いを得ることを正当化するものだとした。彼と同僚たちは、受刑者たちからお金を不正に得ることを、雇用主に苦情を示し、事態をどうにか良くする方法なのだとみなした。

それでもやはり、個人的あるいは政治的な理由から、どうすることもできない受刑者と仮出所者から巻き上げたお金に嫌気がさしたり、自分たちのサービスがすでに脆弱な立場にある人々を危険に晒していることに罪の意識を感じている者たちもいる。私が更生施設の職員とお酒を飲みながら話をしているとき、彼は夜中に抜け出す男性たちからお金を取ることに対して複雑かつ相反する動機と感情を口にした。

破綻したシステムなんだよ。調子が良いときは正義のために、兄弟たちのためにやってるって考えるんだ。あいつらは入所している。訴訟費用を納めなかったか、酔いつぶれて［尿検査に］しくじったかでね。やつらは子どものときから縛りつけられているのさ。そんで、こんな所［更生施設］に戻ってきて、金もなく、服もなく、雑魚寝するんだ。そんで規則に従わなきゃならない――誰もそんな規則に従えなかったけどな。悲劇さ。神への冒瀆だよ。時々考えるんだ。五〇年後にこのことを振り返るんだって。間違いだったんだって。こんなことを正当化するやつらは全員ね――審判はそのうち下されるだろう。だから考えるんだ、自分は動物じゃなく人間なんだって思い出す夜を、俺は毎晩やつらに与えてやってるんだって。やつらのほとんどは家に帰れるまでに数週間とか数ヶ月かかる。夜の外出なんて些細なことだと言うかもしれないが、大したことでもあるんだ。それに、外泊するってことは部屋で寝るやつが一人少ないってことなんだ。五三人もいるんだ。キャパを超えてるんだよ。

調子が悪いときは、何も持たない男たちから自分は金を巻き上げてるって思うんだ。自分の子どもたちの授業料と請求書を払うために、男たちから巻き上げてるんだって。イカれてるだろ。[更生施設を出るときに男たちの身に]何か起きたら、俺の責任だ。やつらがまた逮捕されたり、撃たれたら、俺がやったも同然だ。

地下市場に参入する者たちがこうした取引を買って出る意図にかかわらず、あるいはそれらを引き受けた明白な理由や暗黙の理由があるかどうかにかかわらず、国家の刑事司法権力は、警察や裁判所、そして刑務所の直接的な標的となる人々を超えて彼らの家族にも及んでいるということを私たちは認識しなければならない。大半の人は、警察から逃げ回っていたり、裁判所や拘置所を経由したりする男性たちに地下援助を提供している。こうした違法な取引を通して、彼らもまた「ダーティな」世界に関わるようになる。彼らが提供する支援は、幸運とは言えない人々の助けになっているという感覚を、あるいは警察と刑務所の行き過ぎに抵抗するアンダーグラウンドな政治運動に関与しているという感覚さえも、彼らに与えることだろう。しかし彼らもまた、収入を得るために法的に危うい立場にいる人々を当てにするようになり、さらにはこれらの人々を捜索し収監する刑事司法制度を当てにするようになる。不正な品物とサービスを提供するブローカーたちも、令状をもっていたり、拘置所に入っていたり、裁判事件を経験していたり、あるいは仮釈放で外に出た人々との金銭的取引を通じて、刑事司法制度に部分的に飲み込まれ、刑事司法制度を理解し、接触し、依存するようになる。そしてその中には、制度に囚われている人々とのビジネスが、自分たちを逮捕されやすい状況にしていることに気づく者たちがいる。私たちはこのことを、本書が注目する若者たちが直面する法的な危うさから派生する、二次的な法的危険性のたぐいであると考えても良いのではないだろうか(4)。

第七章　クリーンな人々

六番ストリート地区では、若者たちの多くが、警察や裁判所、仮釈放委員会、そして刑務所と関わりをもつ羽目になる。彼らの恋人や親戚の女性たちは家宅捜索や所持品検査を受け、男性たちの法律上の問題の処理にある程度の時間を費やす。さらにこの地域に暮らす他の人々も、周囲にいる法的信用を欠いた人々を秘かに支援しているため、警察や刑務所のそばで順応してきている。

それでも、裁判所や刑務所と比較的関わりをもたずにいる人々、警察がストリートで隣人を追跡しているときに毎日学校や仕事にいく人々も、この地区には沢山いる。女性たちだけがなんとか「クリーン」でいるわけではない。高校を卒業していない黒人男性の六〇%が三〇代半ばまでに刑務所に入った経験をもつが(1)、これは残りの四〇%がそうではないことを意味する。収監されていない男性たちでも、多くは訴訟や保護観察処分に巻き込まれているが、この地区には他の多くの人々の時間と関心を占める刑事司法制度からうまく距離を置く若者たちも大勢いるのである。

本章では、友人や家族が刑務所を出入りし、警察のヘリコプターが頭上を旋回しているときに自力でクリーンな生活を切り拓いている、六番ストリート・コミュニティの四つの集団について記述する。これらの描写を通して、クリーンな人々が警察や裁判所と関係をもつ人々とのあいだで築く関係の多様性を記述し、自らが置かれた状況を彼らがどのように理解し、また自分たちの反対側にいる人々をどのように理解するのかについて記述する。

インドアな男性たち

二〇〇四年の三月、マイクは州刑務所での一年から三年の服役を言い渡された。週末に何度か面会に行ったとき、私は彼のことを気にしている彼の友人や親戚の何人かと連絡を取った。しかし彼らとは個々の人間関係をまだ築いておらず、マイクのいない六番ストリートにい続ける理由が私にはなかった。戻る方法を考え出そうとしているとき、私は一五ブロックほど離れた隣接する地区に住む別の男性たちの集団に出会った。

ラマーは認知障害のある老年男性とともに、三つの寝室を備える低層住宅に住んでいた。ラマーの母親は、彼女が運営する小さな介護ビジネスの一環として、自宅から数ブロック離れた場所で息子がこの男性と住む手はずを整えた。この男性が政府から受け取っていた障害者手当は住宅ローンと食費を支払うのに十分な額だったため、ラマーは無料で住む代わりに、男性が規則正しく食事をとり、タバコの火の不始末で火事を起こさないよう目を配っていた。彼の母親は、ラマーの父親と同居する自分の家に、似た障害を持つ三人の男性を住まわせていた。

ラマーの友人たちは、仕事が終わると毎晩のように彼の家にやって来てはビールを飲んでビデオゲームで遊んだ。ペンシルベニア大学のキャンパスの警備員というラマーの仕事は定時勤務のデスクワークで、午後五時以降は自由になり、彼は夕方のビデオゲーム対戦にエネルギーを注ぐことができた。彼の家は理想的な独身男性の住まいだった——暖かく広々としていたものの、手入れが行き届き過ぎたものではなく、配偶者や母親や子どもがうろつくこともなかった。彼が世話をしていた老年男性は、部屋でレコードを聴いてほとんどの時間を過ごした。

ラマーの友人たちはマイクやチャックとほぼ同い年で、彼らも一団となってたむろしていた——しかし警察や裁判所とは関わりがなく、私の見たところでは、そういった関わりをもつ人々とはほとんど無縁だった。彼らは警備員や用務員、そしてコンビニ店員といった合法的な職に就いていた。つまり、制服とID、そして大企業が発行した正式な給与支払小切手がもらえる仕事である。失業すると、彼らはストリートで職を探すのではなく、友人や家族の寛大さに頼った。

これらの若者たちは、ポット〔マリファナ〕を吸う代わりにビールを飲んだ。彼らの多くは、毎月、あるいは不定期に実施される職場の尿検査を受けた。裏口の階段や路地で無駄話をするのではなく、暇な時間は室内でビデオゲームをして遊んで過ごした。家は十分に暖かく、ほとんど外出しないため、冬でも保温性のある衣類や厚手のブーツは必要なかった。

車を駐車して家に向かう途中、ラマーと友人たちは、毎晩のように街角に立つ、パーカーと黒のジーンズに身を包んだ別の集団とすれ違う。すれ違うときに軽い会釈を交わすが、話をすることはなかった。こうした若者たちは、私が六番ストリート界隈で知り合ったような、つまり警察や裁判所の厄介になり、麻薬を直接売っていそうな者たちなのだろう。

ラマーと友人たちが遊ぶのは、あるビデオゲーム――Ｈａｌｏ〔マイクロソフトが販売するシューティングゲーム〕――だけだった。このゲームは、現代を舞台にした市街戦で、プレーヤーたちは相手チームから身を隠しながらマシンガンで相手チームを倒す、というものである。ラマーはリビングルームに小さなテレビを二台持っていた。八人の友人たちが同時に競い合って遊ぶことができるよう、彼はそれぞれのテレビに四つのコントローラーを接続した。世の二〇代そして三〇代前半の独身男性たちと同じように、彼らは週に三、四日、深夜過ぎまでゲームを楽しんだ。

その晩の会話の多くはゲームに関するものだった。

「この野郎、やつが角に来てるって《言った》だろ！《おしまい》だ、《終わった》な！」

「もうおまえとは組まねえよ。こんなに責められるのはイヤだね……」

ラマーの親友はダーネルとカーティスの二人だった。ダーネルは街のすぐ外にあるヘルスリサーチ会社の部長で、肥満体型の二〇代半ばの男性だった。一年で約四万ドルを稼いでいるが、郊外に住む上級学位を持った二人の姉妹の給料の半分にも満たないと言った。ダーネルの恋人には幼い息子がいて、ダーネルにしょっちゅう思い出させたように、息子を養いながら自力で大学を卒業した彼女は、すでに司法事務の学位を取得していた。ヴァージニア州に住む彼女の子どもの父親には一〇万ドル以上の稼ぎがあったが、このことはダーネルの野心のなさについて激しく言い争う中で、彼女がしばしばダーネルに指摘したことだった。姉妹や恋人の状況とは対照的に、ラマーの家ではダーネルが一番の金持ちで高学歴だった――実際、このグループの他のメンバーたちは、自分たちよりも恵まれていると思って偉そうに振る舞っていると、くり返し彼に言いがかりをつけた。

ラマーのもう一人の親友カーティスは、二〇代後半で、サウス・フィリーにある化学プラントの整備をしていた。若い頃は麻薬の売人をしていたが、娘が生まれてすぐに辞めたのだと彼は私に話した。彼は無口で、ダーネルはそんな彼のことを「深井戸」と呼んだ。

このグループとつるんでいた唯一の女性は、地元の病院で瀉血《しゃけつ》専門医として働く、ふくよかでとても可愛らしい、ケイシャという名前の女性だった。職場で半年毎に行われる薬物検査をパスした後、彼女は再びポットを吸い始め、ラマーはそれを裏口のポーチで取り出させた。「血の気が欲しいの！」何度か吹かしてから彼女は言っていた。「私には大事なことなの、そうとしか言えない」

私の推測では、ケイシャとラマーは幼なじみだったが、親密な関係になったことは一度もなかった。高校三年生のときにラマーの親友が自動車事故で亡くなり、ケイシャはラマーにとってもっとも親しい友人になった。彼女はビデオゲームで遊ぶことはなかったが、毎晩のようにこの男性たちとつるんだ。

こうした親しい友人たちに加えて、ラマーのゲーム・ナイトには二人のいとこもいた。一人はペンシルベニア大学で冷暖房の修理工として働き、市郊外にある黒人中間層が暮らす住宅地で恋人と二人の間に生まれた赤ん坊と暮らしていた。彼は子どもの母親と出会うよりも随分前からケイシャと関係を持っていた。ケイシャには同棲する恋人がいて、ラマーのいとことは週末にラマーの家で会った。彼のいとこは私に、ケイシャは男性たちとよく一緒にいる上に浮気者であるため、決して正式な恋人でもフルタイムの恋人でもないと説明した。ケイシャは彼のベビー・ママより四五キロも体重が重く、彼は彼女のぽっちゃり体型を公然とではなくこっそりと楽しんだ。ケイシャに関しては、ラマーのいとこと週末に会える限りは、同棲している恋人に満足しているようだった。

ラマーのもう一人のいとこは、痩せ細った一八歳の若者だった。このいとこは主にグループホームで育ち、私が彼と交流のあった間はほぼ無職だった。しかし私がこの地区で過ごした最後の時期に、彼はダウンタウンで仕事を見つけた。ワワという有名なコンビニで、ホーギーを売るチェーン店である。ラマーと私は頻繁に彼を訪ね、車を持っていない彼をシフト終わりに迎えに行くこともあった。

私はラマーの家族について少しずつ知るようになった。彼が住む家を所有し介護ビジネスを営む彼の母親は、実は養母だった――生みの母親はクラック常用者で貧しかったため、幼い彼を引き渡した。ラマーの父親はずっとクラック常用者で、彼の他に三人の精神障害を持つ男性たちを世話するラマーの養母から全面的な支援を受けていた。若者たちとビールを飲むため、彼は週に一度くらいはラマーの家にやって来た。彼はよく吐いたり、よろめいたり、にたにた笑ったりしていたが、ラマーは思いやりと忍耐をもって彼を大目に見た。ある時、ラマーのいとこがグループホームで育ったことについて話していると、「母さんがいなけりゃ、僕がそうなっていたかもね。あの人は聖女だよ」と彼は言った。

ラマーと友人たちがビデオゲームで一緒に遊ぶ別の集団の男性たち――例えば、ペンシルベニア大学の寮で私が出会った若者たち――と異なるのは、多くの若者たちが逮捕され収監される地区に彼らが住んでいた点である。合法的な娯楽とスリルのある彼らのインドア生活は、彼らがストリートに出ないことを意味した。確かに、ラマーや友人たちがしばらく姿を見ていない者にばったり会って、「調子はどうだ?」と聞かれたときの答えは、しばしば「トラブルには巻き込まれてないよ」というものだった。これはおそらく、無職だったり出世したりすることはないものの、自分たちは収監とは無縁であること、そしてそのこと自体が功績であることを意味した。

だからといってラマーと友人たちが司法制度と全く関わりがないというわけではない。私たちが出会ってから数ヶ月後、ラマーはいくつかのスピード違反の罰金の納付を済ませ、運転免許証を取り戻した。友人の一人は、交通違反切符の罰金の滞納で免許停止処分を受け、運転免許証を取り戻そうとしていた。しかし、彼らの法律上の問題と公民権の低下はせいぜいこの程度のものだった。ラマーの家でほとんどの晩を過ごした八ヶ月後、私は《警察》という言葉を含むフィールドノートを一つもつけることがなかった。ラマーの家のドアを蹴破る警官は一人もいなかった。友人や親戚が逮捕されたという電話を彼が受けるのを私は一度も見なかった。たまに外で鳴り響くサイレンを耳にしたが、サイレンがすぐ側で鳴っていたときでさえ、何事かとビデオゲームから目を離す者はいなかった。警官が捜しているのが誰であろうと、彼らは関心を持たなかった。

当局とのいざこざを多少なりとも生む暖かな時期のアウトドア活動の一つは、ドラッグレース〔直線コースを停止状態から加速してタイムを競うレース〕だった。ラマーと友人たちは古いヨーロッパ車、とくにフォルクスワーゲンを好んで改造し、レース用に馬力を上げた。アクセサリーをつけたり、サスペンションを改造するのに数時間かけてから、私たちは時折、空港のはずれにある、人通りのない直線道路で行われるレースに出かけた。レースにやって来る男性たちのなかには、カンボジア人やラオス人、そしてラテン系の人々がいた。私たちは一度、メリーランド州で開かれる大会にも車で向かった。彼らはドラッグレースで逮捕されたり負傷したりする可能性もあったが、ラマーの友人たちの大半は他の車を称賛し、観客としてレースを観戦した。私たちはいつも警官たちが現れる前になんとか立ち去った。六番ストリート・ボーイズの職業上の活動とレジャー活動を比較すれば、ドラッグレースは全くもって無害なものであるように思えた。

ラマーと彼の友人たちと過ごした九ヶ月間、私はある事件を観察した。六番ストリートで知り合った男性たちに対する彼らの立ち位置についてかなりのことを明らかにする事件だった。彼らのうちの一人が逃亡中の男性と顔を合わせるのを見たのは、その一度きりだった。

ある日の午後、ラマーは私に電話をかけてきて言った。「知らせが来たよ」

「どんな?」

「うん。母さんが死んだのを今さっき知った」

「え? なんてこと。お気の毒に」

結果的に亡くなったのは彼の《母さん》ではなく、彼の生みの母親で、彼の記憶にはほとんどいない女性だった。

ラマーは葬儀に参列するか思いあぐねていた――彼はその少し前に遅刻を理由に警備員の仕事をクビになり、スーツどころか、黒いズボンを買うお金さえ持っていなかった。ジーンズで参列できるだろうか? 彼の友人たちと私はなんとか葬儀に出るよう説得し、彼を勇気づけようと、彼のいとことケイシャと私が彼に付き添った。私たちは全員ジーンズをはいた。

葬儀はとても小さな教会で行われ、棺は簡素な木製だった。出席者のほとんどはラマーが知る由もない生みの母親の近親者たちだったため、彼はそこにいる誰とも面識がなかった。後日、養母は歓迎されないだろうと思って葬儀に参列しなかったが、葬儀費用と埋葬費用の大部分を負担してくれたことを彼は認めた。

説教の途中、信者席にいる私たちの隣に座ろうと、ラマーよりも少し若い男性がやって来た。彼はカバーオールを着ていて、マリファナとクローブ・タバコの匂いがした。顔に髪がやたらとかかっていて、彼は好奇心丸出しで他の参列者をじっと見た。ラマーは照れ笑いしてわけ知り顔の笑みを浮かべ、弟だと私たちに言った。私たちは自己紹介をして、彼と握手を交わした。

「元気にしてた？」男性がラマーに尋ねた。

「うーん、トラブルには巻き込まれてないよ」

「そうなの？　いいね、そりゃあいい」

「ああ。元気だったか？」

「頑張ってるよ。長居はできない――俺には、まあ、三つ令状があるから」

「本当か？」小さな含み笑いをして、ラマーは言った。

「本当さ。俺はただ、さ、分かるだろ……」

「分かってる。まあ、会えてよかったよ」

「うん……」

男性が帰ったとき、私はラマーに弟とはどのくらい会っていないのか尋ねた。

「たぶん六年。いや、もっとか。だってドレ［自動車事故で亡くなった、高校からの親友］がまだ生きていたから。一〇年くらいは経ってるはず」

「彼はすぐ近くに住んでるの？」

「分からない。知っているのは、僕には縁のない修羅場にいるってことかな。どれかに首を突っ込むなんて僕にはできやしないよ。警察とか何かから逃げまわるとかね」

「それはそうね」とケイシャが言った。

ラマーのいとこは頷いて、そうした人々に関わらないことの重要さを認めた。

孤立するクリーンな家族

私が初めてミス・ディーナに会ったとき、彼女はペンシルベニア大学のキャンパスの西端にあるカフェテリアの裏方を仕切っていた。彼女はそこで、サンドイッチやボックス・サラダ、クッキーやフルーツ、そしてグラノーラ・バーを出すため、一〇人以上のスタッフを指揮していた。私たちは、サンドイッチを作って電話で注文を取るために彼女が私を雇った二〇〇一年に出会った。身長一四五センチで六五歳になろうとしていた彼女は、従業員たちから絶大な信頼を得ていて、穏やかだが威厳のある合理性をもって職場を率いた。

ミス・ディーナは、娘のロシェルとその息子のレイとともに、様々な所得階層が暮らす歴史ある黒人居住地区に住んでいた。ロシェルは四〇代半ばで、少し前に小学校の補助教員の仕事を一時解雇された。レイは高校三年生で、大学に行きたがっていた。

苦労の絶えない職に就く多くの人々と同様に、ミス・ディーナは家では孤独で、疲弊し、居心地が悪そうでもあった。彼女はよく、疲れ果てた様子で慎重に歩いて仕事から戻り、気力を明らかに使い果たしていた。ちょっとした冗談を交わした後、彼女はスリッパに履き換えてダッチェスという名前の小型犬を撫で、ありあわせで食事を作って娘と孫が「要塞」と呼ぶ寝室に引きこもっていた。彼女は時折、二ブロック離れた高齢者居住地域を訪れて人と関わろうと考えていた。ビンゴ大会で誰か素敵な男性に会っていたのだろう。土曜日の午後、彼女は教会に着ていく服によくアイロンをかけたが、それらを翌朝にタンスに掛け直すだけで、教会に行くほどの元気はなかった。

この世帯でミス・ディーナは経済的な大黒柱だったが、彼女が仕事で得ている敬意は娘と孫と暮らす家には全く及んでいないようだった。ロシェルとレイは、料理をしたり、ネットをしたり、テレビを見たりするのにキッチンとダイニングルームを使い、家での共同生活を牛耳っているようだった。ミス・ディーナは時折、部屋から出てきて彼女たちとおしゃべりしようとしたが、腰を下ろしたところでしばしばうたた寝をした。別のときには仕事場の天井の水漏れや彼女の糖尿病について話し始めたが、娘や孫は彼女が話し終える前に割り込むか、単に部屋から出ていった。恥ずかしながら、私自身も同じ振る舞いをしていた。彼女の話し方はどこか集中力を途切れさせるものだったからである。

二〇〇二年の九月から一二月にかけて、私は週に二、三日の晩を、初めは彼女の二人の孫の家庭教師として、その後は次第に客として、ミス・ディーナの家で過ごした。私は彼女の孫のレイとともに大学進学適性試験の準備や大学受験に必要な小論文、学資援助の申請書類作りをし、彼の母親はたゆまず献身的だった。学校帰りにミス・ディーナの家に立ち寄る彼女の孫娘アイシャとは、宿題や喧嘩になりそうな少女たちから距離を置くための作戦に集中した。

一一月初めの火曜日の午後、私はこの家族が刑事司法制度に巻き込まれた者といるのを初めて観察した。呼び鈴が鳴り、レイがそれに応えようと立ち上がった。彼はその男性を中に入れることなく、半分開いたドアを背に彼と外で話をした。彼がその男性と話しているあいだ、ロシェルは慄《おのの》くように私を見つめて、ドアに寄りかかった。

「私が考えている人かどうか確かめたいだけ」と彼女は言った。

レイが戻ってくると、彼の顔を見て彼女は言った。「やっぱりね」

その男性はティレルに用があって来たのだとレイは私たちに言ったが、ティレルが誰なのか私に説明しなかった。男性が他に何と言ったのかをレイが私たちに伝えようとする前に、ロシェルは彼のことについて話し始めた。彼とその妻がよく手ぶらでやって来ては家中のものを食べ尽くしたこと、彼の妻は「田舎者」だったが都会慣れしていて最終的に彼と別れたこと、それでも彼はよく一人で家にやって来ること、一四歳になる娘の腋の下が臭うと言って彼女を風呂に入れたこと、などである。私が知り得た限りでは、この男性はティレルの友人だったが、それでもなおティレルが誰なのかは分からなかった。

家に入ることを許されなかったこの男性は、どうやら拘置所、あるいはおそらく更生施設からちょうど戻ってきたばかりだった。彼は発電所で好条件の職に就いていたが、コーラの自動販売機に行こうと同僚の女性を車に乗せて人通りのない場所に連れて行こうとしたことをセクシャル・ハラスメントだと告発されて職を失ったとロシェルは私に説明した。以前、彼が家に来たときに態度と行動を改めるべきだと言ってレイを侮辱したことをロシェルは嫌ってもいた。家まで来て、みんながいる前で彼女の息子を馬鹿にするなんて！　ロシェルはその男性を「双極性障害みたいなもの」だと言い表した。ミス・ディーナはさりげなく、「私たちは今も彼のために祈っているの。でも彼は信用ならない」と言った。

彼が訪ねてきた話は終わり、一家はその前にしていた会話を再び始めた。一ヶ月後にようやく知ったのは、この男性が訪ねてきたティレルとは、州北部にある刑務所にいるミス・ディーナの息子であり、アイシャの父親であるということだった。ロシェルは私に、ティレルは実の妹である彼女に扮して銀行に行き、一二〇〇ドルあった彼女の口座を空にしようとして捕まったのだと話した。「ストッキングをはいて、他にもね」と彼女は面白くなさそうに笑って言った。「ウィッグもね！」

ティレルは強盗未遂で刑務所に五年間入った。

ミス・ディーナの家族が、身内が投獄されているという事実を私にひた隠しにしようととくに神経を使い、私がその場にいないときに彼のことについてよく話をしていたというのは非常にありうることである。しかし重要なのは、ミス・ディーナの投獄された息子に関するいかなる情報も、この男性の娘の家庭教師をし、彼女たちのリビングルームに週に二〇時間もいる者から守り通せたということである――別の生活を作り上げることに成功したことの証である。私がのちに知り合う六番ストリートに暮らす家族にとって、そのようなことを隠すのは不可能だっただろう。日々の生活は、公判期日と刑務所での面会、保護観察官からの電話、保護観察中の遵守事項、そして警察の家宅捜索で溢れていたからである。

加えて重要なのは、ティレルの投獄に対してミス・ディーナの家族が大きな後ろめたさを示したことである。この地区に暮らす多くの家族にとって、拘置所や刑務所は多くの親戚がいる場所に過ぎない。

ミス・ディーナの投獄中の息子の話題が持ち出されてからは、彼が折に触れて会話に登場するようになった。ロシェルはこの頃、「そうよ。彼は私のろくでなしの兄よ。仕方ないでしょ？」と言わんばかりに、彼のことで首を横に振った。

ミス・ディーナとロシェルにとって、ティレルの投獄は背後に潜む内に秘めた悲しみのようなものであり、彼女たちの生活が今よりも雑然としていて問題ばかりだった頃を思い出させるものだった。ミス・ディーナは時々、彼が釈放されてフィラデルフィアに戻って来れば、自分たちの平穏で安定した家庭をめちゃくちゃにするのではないかと不安を口にした。また別のときには、息子の育て方や彼のこれまでの行いに対して恥辱を示した。おそらく彼女は、彼を正しい方向へ導くことができなかったという後ろめたさを感じてもいた。だが、ティレルは日常的な問題というよりも、私生活の空虚さであるように思えた。彼女たちは頻繁にかかってくる彼からの電話を取り、時々送られてくる手紙を読んだが、誰も面会に行くことはなく、手紙を書くこともほとんどなかった。

二〇〇二年一二月のある日の午後、アイシャは父親に出す返事の下書きを書いた。

午後五時三〇分－八時。ミス・ディーナの家。

アイシャは私を家の中に入れ、私はダッチェスに挨拶をする。ミス・ディーナと彼女の娘は、キッチンがある一階にいる。入院している人について彼女たちは話している。アイシャは父親に送る手紙を書いている。その手紙には、大きくなったらコンピューター技術者になりたいと書かれていた。彼女の父親はこの情報を欲していて、彼女はしばらくのあいだ、彼に返事をすることに悩んでいた。この手紙には、彼女が祖母と同じように、パイやケーキ、そしてクッキーをうまく焼きたいとも書かれていた。そしてパパのようになりたいと書かれていた。最後には、「家に戻ってきたら仕事を始めたいって言ってたよね」と書かれていた。これが最後の文だった。彼女は手紙に署名した。私が追伸について説明すると、彼女は加えたいと言った。それから私たちは彼女のおばから封筒をもらった。

アイシャは父親と話したり彼に手紙を書いたりすることにあまり時間をかけることはなく、ここで話し合った判決で彼が何年も不在だったあいだも、彼女が面会に行くことはなかった。しかし彼女はたまに、彼にどれほど腹を立てているかを話したり、彼が前に言ったことをじっと考えたりしていて、父親と彼の不在が彼女の頭からまったく離れることがないという印象を私は受けた。

ミス・ディーナや彼女の娘であるロシェル、そしてロシェルの息子であるレイにとって、投獄された身内は日常生活を邪魔するような存在ではほとんどない。しかし、だからといって彼女たちは彼について考えることも、彼を気にかけることも、あるいは彼のことで恥ずかしさを覚えることもないというわけではない——ただ、彼の生活や彼が求める裁判所や刑務所への働きかけから、日常的に自分たちの生活を切り離していたというだけのことである。

別々に暮らす祖父

ミスター・ジョージの三人の孫が拘置所にいたとき、家の中は平穏で、彼はよく外に出てポーチに座り、ビールを飲んでいた。彼は時折、近所のもっと良かった時期や彼の幼少期のことを話してくれた。

孫の友人たちからミスター・ジョージとして知られるジョージ・テイラーは、五歳のときにジョージア州からやって来た。彼の母親と父親はアトランタ南部の綿畑で働いた。プランテーションにある店でツケで購入した生活必需品の代金が畑仕事の儲けを上回ったため、多くの小作人のように、彼らはよく資金難に陥っていた。父親は自分が読み書きができないことをいいことに数字を誤魔化していると、小さなプランテーションのオーナーを罵り、一家は次の農場に夜逃げして、母親はこれでマシになると望みを抱いていたことをミスター・ジョージは覚えている(2)。

第二次世界大戦は北部に幸運をもたらしたため、何十万人もの農業労働者とともに、ミスター・ジョージの父親はフィラデルフィア行きの列車に乗った。仕事を見つけると、彼はその年のうちに妻と三人の子どもを呼び寄せた。一九四三年のことだった。

一家はミスター・ジョージの幼少期のほとんどを、サウス・フィラデルフィアにある、二間のアパートで暮らした。父親は波止場で石炭の積み下ろしの仕事をした。多くの港湾労働者と同様に、彼は仕事があるかどうかも分からぬまま仕事に行き、仕事にありついても非常に骨の折れる長時間労働に従事した。ミスター・ジョージの母親は、フィラデルフィアのダウンタウンに暮らす二つの白人家庭で料理と掃除の仕事をした。父親を悩ませたのは、家族を養うためのお金だった。どちらの仕事からも、一家が戦時中に北部に引っ越したときに約束された賃金を得ることはできなかった。

ミスター・ジョージの両親は狭苦しいアパートで何度も言い争ったが、離婚することはなく、さらに二人の子どもをもうけた。ミスター・ジョージは優秀な成績で高校を卒業し、一九五九年にアメリカ陸軍に入隊した。家を出るためならなんでもやったと彼は話した。

ミスター・ジョージは新設された部隊で任務を全うしたが、ベトナム戦争開戦前に膝を痛めて名誉除隊した。決して忘れることのない、幸運な出来事だった。彼は郵便業務の仕事に応募し、二一歳から六五歳で退職するまで、サウスウエスト・フィラデルフィアにある支店で事務員として働いた。

この職に就いてから二、三年で、ミスター・ジョージは閑静な場所に佇む、三つの寝室がある低層住宅を購入した。六番ストリート地区のなかでも並木のあるブロックで、ちょうど市境沿いに位置していた。彼はその頃、まだ幼かった娘のリンダを一人で育てていた。妻は他の男性と駆け落ちしていた。

ミスター・ジョージと彼の娘は、この地区に引っ越した最初の黒人家庭の一つで、彼らの後には医者や銀行の窓口係、公務員、そして店主などが移り住んだ。ミスター・ジョージたちのような中間層の家庭は、人口が過密で荒廃したゲットーの周辺部に引っ越すことで、そこから脱しようとしたのである。

六番ストリートに引っ越すことは、ミスター・ジョージと彼の家族にとって、何年にもわたる努力が実を結んだことを示したが、いろんな意味で、彼の軍隊経歴や郵便局での仕事、そして今では人気のある地区に佇む広々とした家は、公民権運動の勝利を例証してもいた。白人とは区別された飲料販売機、返しきれない借金、そして警察から嫌がらせを受ける時代は過去のものとなった。テイラー家は南部の黒人差別の下では二流小作人だったが、北部のホワイトカラーという社会的地位に一世代で上り詰めたのである。

しかし新しい隣人たちは彼らを心から歓迎したわけではない。ミスター・ジョージとリンダのすぐ後に引っ越してきたある家族は、家のリビングルームの窓にレンガを投げつけられた。それからというもの、リンダは自分の寝室で寝るのを拒んだ。

ミスター・ジョージは娘が差別のないコミュニティで育ってくれるよう願ったが、一九八〇年代までに、六番ストリート地区に住む全ての白人家庭が荷物をまとめて引っ越していった。法的な人種差別は終わったが、彼の娘が通う学校に白人の生徒は一人もいなかった。それでも、六番ストリートは近隣にある他の黒人居住地区ほど暴力に晒されてはおらず、きれいな歩道とよく手入れされた芝生のある中間層が暮らす地域のままだった。

こうした状況は一九八〇年代中頃に変わり始めた。開発業者たちはこの地域で低所得者向けの住宅を扱い始め、古くからいる住民たちが抵抗するための政治力を持ち得ないように画策した。これはあまり洗練されていない住民たちによる第二の波であり、娘であるリンダに誤った道を歩ませるものだとミスター・ジョージは感じた。

ミス・リンダの話によれば、とくに母親がいなくなってからというもの、父親は子どもである彼女を呆れるほど甘やかしたという。彼女はクラック・ブームが絶頂を極めた時期に成人年齢に達し、高校二年生のときに学校を中退した。彼女がデートした男性はクラック・ビジネスの末端で働いた。当時のクラック・ビジネスは、六番ストリート界隈で育った無職の若者たちにかなりの報酬と富を約束していた。彼女が交際した恋人の多くも、彼女と同じく中毒者だった。生活難だった一〇年のあいだに、リンダは三人の息子を出産した。一九八四年にチャックを、一九八七年にレジーを、そして一九九一年にティムを産んだ。ミスター・ジョージが一生懸命働いて逃れようとしたゲットーは、このときにはすでに彼らの周囲で拡大しているようだった。

一九八〇年代後半まで、六番ストリート地区とそれに類する他の地区では、警察が存在感を高めていた。ミスター・ジョージと隣人たちは当初、この状況を歓迎すべき変化の兆しだとみなした。この地区は警察権力からずっと無視されてきたからである。しかしさらに多くの若者たちが拘置所や刑務所へと姿を消していくなかで、ミスター・ジョージと隣人たちは厳しさを増す取り締まりの背後にある動機を疑い始めた。犯罪の厳罰化というレトリックを口実に、黒人の公民的かつ経済的な参入に対する白人の不安が潜んでいるのではないかと疑う者たちもいた。あけすけに言えば、白人は闘わずに完全な権利を持つ公民として黒人を受け入れる気はないのだと彼らは考えたのである(3)。

私がミスター・ジョージの家族と出会ったとき、彼が娘のリンダと彼女の息子三人と暮らしていた家は、最低限の品位をはるかに下回るほど悪化していた。小さなゴキブリとアリがカウンターと床の至る所をひっきりなしに横切り、ソファーとテレビの上を這い、また住人の上をしょっちゅう這っていた。タバコの煙、尿、嘔吐物、そしてお酒で、家は悪臭を放っていた。キッチンでは、油と埃でキャビネットがベトベトしていた。猫の尿と糞が床の隅に広がっていた。キッチンやダイニングルーム、そしてリビングルームにある灰皿には、古いタバコの吸い殻が山のように溜まり、中身がカーペットに散らばり、床の上によくこぼれ落ちていた。タバコを買うお金がないときの備蓄だと言って、リンダはタバコの吸いさしを捨てるのを拒んだ。布張りのソファー、リビングルームのカーペット、そして壁は茶色一色に染まっていた――何年にもわたるタバコと埃が原因だった。体を洗ったり排泄したりするための二階のバスルームには、トイレとバスタブのあいだの床にぽっかりと穴が開いていて、かなり危なっかしいものだった。床と壁のタイルも砕け散っていた。

それでも、室内の状態は彼らの日常生活ほど不安でも悩ましいものでもなかった。私の計算によると、テイラー家と知り合った六年間で警察が家にきたのは三二回だった。このうちの一つで警察が正面玄関の鍵を壊した後、誰かがドアを押し開けて強盗を働こうとするのに備え、ミス・リンダはショットガンを脇に置いてリビングルームで寝るようになった。私が六番ストリートで過ごしているあいだも、息子三人はそれぞれ、近隣に住む若者たちと銃撃戦を起こし、ミス・リンダはその後しばらくの間、外を一人で出歩くのは安全ではないと感じた。

こうした混乱、腐敗、法律上の厄介ごと、そして暴力の渦中で、ミスター・ジョージはそれらと距離を置いてどうにか生活していた。彼は午前半ばに出かけて夕方早くに戻り、長年付き合っている恋人をよく家に連れて帰ってきた。彼らは、ミスター・ジョージが一九八〇年代に自分で作った簡易キッチンとバスルームを完備した、二階の独立した部屋で暮らしていた。日中、この部屋に通じる重厚なドアは、安全錠の助けもあって、しっかりと閉められていた。娘や孫息子たちが窓から入る方法を見つけた場合に備え、ミスター・ジョージは冷蔵庫に南京錠をかけていた。そのため、家族や家を出入りする者であろうと、彼の恋人が日曜日の午後に持ち込んだ食料品を食べつくすことはできなかった。

チャックの恋人であるブリアナが出産したことをミスター・ジョージに伝えようと階段を上がってドアをノックしたときに、私は一度だけ彼の部屋を見たことがある。彼がドアを開けると、つやつやの白いリノリウム床とシミひとつないカウンターがちらっと目に入った。ゴキブリを締め出せたかは定かではなかったが――ゴキブリは他の部屋の奥に群がっている――、壁にも床にもゴキブリはおらず、部屋はきれいなランドリーのように爽やかな香りがした。

これら二つの世帯はどうやって一つ屋根の下で共存したのだろうか?　テイラー家と知り合って数年後、私はリンダと彼女の息子たちがそれなりに守っていた――少なくともこれらを破ったときに明らかになった――いくつかの暗黙のルールに気づいた。その一つは、友人もパートナーも家に住まわせてはならないというものだった。この地区の人々のためにシェルターやホテルを経営するつもりはないとミスター・ジョージは言った。例外は、生まれて間もなかったために何度もやって来ては一度に数週間も泊まるチャックの二人の娘だった。その他の規則は、夜の一一時以降に家の中や外で大きな音を立てることをミスター・ジョージは許さないというものだった。チャックやレジーは、私たちが外で座っているときによく、この時間には静かにするよう友人たちに言っていた。三つ目の規則は、もし警察が少年たちの誰か、あるいは彼らの友人を捜索しに来た場合、ミスター・ジョージはその者を見つけ次第、すぐに電話を取り警察に通報するというものだった。彼は警察から孫たちを守るのを拒んだのである。

ミスター・ジョージは家族を支えることに多大な貢献をした。彼は住宅ローンや暖房費、水道代、そして電話代を支払った。彼曰く、拘置所や刑務所からのコレクト・コールの代金を払うつもりはなく、市内通話のみに限定していた固定電話を使ってこのサービスを利用するのを認めなかった。彼はまた、食料や一家が必要とする他の物品を購入するためのお金をリンダに渡した。ミス・リンダは時々、父親を介さずに家賃を直接払うよう息子たちに迫ったが、ミスター・ジョージは娘と孫たちが家賃を払わずに彼の家に住むことを許した。

ミスター・ジョージが娘と孫たちの日々の活動に関与することはそれほどなかった。ミス・リンダは、自分が良いと思えば何をやってもいいかのように、我が物顔で家を取り仕切っていた。父親は彼女に家の掃除を言いつけることはなく、また彼女の息子たちに何をしろとか夜は何時に帰ってこいとか言うこともなかった。警察を家に連れてくることのない限り、娘と孫たちが何をしようと関知しなかった。

一〇代前半の頃、チャックと弟のレジーは地区でクラックを売り始めた。彼らがすぐに麻薬を入手できたことは、母親の依存症が彼らの生活にもたらしていた混乱を制御する助けになっていたようだった。母親に渡すことで、彼らは麻薬を手に入れるために彼女が売ってしまう食料配給券の数を減らし、また自分たちのクラックの所有権を取引したり売却したりすることから彼女を遠ざけることができた。麻薬と引き換えに彼女がセックスしていた男性の数を減らすこともできた。これらの男性は時々彼女を殴り、チャックは家にやって来ては彼女を守るために彼らと喧嘩した。これらのせいでミスター・ジョージは彼の部屋に引きこもったのだと私は推測した。

ミスター・ジョージと私は二、三度だけ長めの会話をしたが、その会話のなかで彼は、よくこの地区が出来たばかりの頃のことや、たまに自分の幼少期のことを話した。彼は娘と孫たちとの問題について話すことはなく、私が彼らについてほんの数回尋ねたときも質問をはぐらかした。私は一〇代だった彼の娘がクラック常用者になって三人の孫たちを出産した時期のことを知ろうとした。また、家がいつどのように荒廃して現在の状態に至ったのか、そして娘と彼女の息子たちとあまり関わることなく、彼らがそこに住むことをどうして許すようになったのかを知ろうとした。

チャックとレジーが時折話してくれた内容から、私はこの家族の歴史のいくつかをつなぎ合わせることができた。以下の引用は、チャックが二二歳で、レジーが一八歳だった、二〇〇六年の夏の終わりに書き留めたフィールドノートからの抜粋である。

チャックと私は、レジーとの面会に行くため、国道沿いの郡拘置所CFCF［カラン・フロムホールド矯正施設］に向かっている。ウエスト・フィリーを車で走っていると、二台のブランコとバスケットコートがある公園を通り過ぎた。

「この公園でよく遊んだんだ」とチャックが口にする。

「この辺に住んでいたの？」

「ああ、少しだけな」

私はこれに驚いた。この家族と知り合って四年間、私はチャックや彼の二人の弟が六番ストリートにある祖父の家以外にも住む場所があったと言っているのを聞いたことがなかった。私がそう言うと、チャックは答えてくれた。

「俺たちはレジーの親父とここに住んでたんだ。じいちゃんが俺たちを放り出したから、俺たちはこのホームレス向けのシェルターにちょっとの間［しばらくの間］いたんだ。おふくろはそこを出たかったんだと思う。だからレジーの親父を呼んで、俺たちを出したんだ。やつはちょうどあそこのビルに住んでた」

私は荒廃したグレーとブラウンの高くそびえるビルを見て頷く。

「誰かが撃たれるのを見たのはあれが初めてだった」

チャックは続きを話すのをためらい、私は彼が続けるかどうか見守る。彼は黙ったまま。

「誰が撃たれたの？」

「レジーの親父さ」

「誰が撃ったの？」

「俺のじいちゃん」

再び口をつぐむ。

私は尋ねる。「それから？」

「俺が覚えてるのは、あのシェルターを出られるってことがマジで嬉しかったってことさ。でもやつはおふくろをよく殴ってたんだ。ひっぱたいただけじゃない。おふくろをマジで締め上げたんだ。だから俺はよく頭にきてた。だからやつに飛びついておふくろから引きはがそうとしたんだ」

「つまりお母さんを守ってたのね」

「そうとも言えない。実はダメージを喰らわせることができなかったんだ。まだ七歳だったからな。そう、七歳。ティムが生まれたばかりだった。ある晩、やつがおふくろを殴って、ずっと殴り続けた。そんでおふくろを締め殺そうとしたから、俺はじいちゃん「ミスター・ジョージ」を呼んだんだ。じいちゃんがやって来て、やつの腹に三発撃ち込んだ。それから言ったんだ。荷物をまとめろってな」

「それから六番ストリートに住む彼と暮らすために戻ったの？」

「そうさ」

「彼が撃たれたのを見たとき、怖かった？」

「いいや。嬉しかったよ。ホッとした」

「おじいちゃん［ミスター・ジョージ］は警察に捕まったの？」

「いや。レジーの親父は通報しなかったんだ。やつはそんなことする時間も何もなかったからな」(4)

ミスター・ジョージの基本方針とは、あまり干渉することなく娘と孫たちと生活することだったが、こうした話から、私は彼が折に触れて一歩踏み込んでいたことを理解するようになった――時には彼女たちのために、虐待する男性から家族を救い出し、彼らをもう一度家に住まわせることに同意したように、そして時には自分のために、家宅捜索が繰り返された後、娘の持ち物を捨てて、警察からレジーを匿《かくま》い続けるなら戻ってくるなと彼女に告げた二〇〇六年後半のように。

家宅捜索の後、チャックとレジーはそれぞれ郡拘置所と州刑務所に入っていた。一ヶ月後、弟のティムは逮捕に抵抗し、また少量のクラックを所持していたため、テイクアウト専門の中華料理店の外で逮捕された。三人の孫たちが不在の間、家は妙に静まり返り、ミスター・ジョージは二階のポーチで過ごすようになった。翌年秋のある日の晩、私が拘置所でチャックと面会して戻った後、私たちは座ってビールを飲み、タバコを吸った。

言っとくが、[《首を左右に振って》] わしは息子たちといたあの男を気の毒に思っとる。今じゃ息子を育てるのが何の役に立つんだ? 例えば食べさせ、服を着せ、自転車の乗り方を教え、試験をチェックして、一五歳になったら少年院に引き渡す。いつまた会えるのかも分からん。おそらく、やつらに連れて行かれる前に一八になるだろう。やつらに一度でも捕まったらそれまでだ! 息子は牢屋に閉じ込められて、そこで過ごすしかないんだ。最悪なのは、彼を支え続けるってことだな! 会えなくとも、学校や仕事に行く姿を見られなくとも、彼に子どもが生まれても、彼には何もできず、刑務所にいるしかない。それでも親は彼を支える。通帳に金を入れて、面会する。彼は数ヶ月家に帰ってくるが、また牢屋に入る。そこで何が起きているのか親は心配する。家に帰ってきて、彼がすべきことをするのを願う。彼が親の人生をかき乱さないように、《自分》を拘置所に入れないようにと願い、祈る。それが親の最大の願いだ。あるいはこう言うんだ、自分にはできない、自分は関わらないとな。わしは手を引く。もうオバマに替わったんだから新しい時代だということらしい。だが誰もわしらの息子たちを守ることはできない。

大統領もだ。この際だから言おう。もしわしがあと三〇歳若かったら、わしは娘たちのために祈っただろう。息子がいたら、今頃正気を失ってる。わしは彼が生まれたその日に嘆き、祈り始めるだろう(5)。

＊＊＊

本章で記述した人々はそれぞれ、今のところ法的にこみ入った事情を抱える隣人や家族からも、警察や裁判所、そして刑務所からも、何とか自分たちを遠ざけている。ミス・ディーナやラマーのように、刑務所に入っていたり逃げ回ったりしている息子や兄弟との関係を断ち切ることでこれを成し遂げる者たちがいる。ミスター・ジョージのように、薄いドア一枚と安全錠の隔たりしかなくても、とにかく距離を置いて支援を提供し続ける者たちもいる。次節では、この地区に暮らす友人たちが警察を巧みに避けて拘置所を出たり入ったりしている間に、彼らと深いつながりを持ったまま、何とか大学に行って給料のいい仕事を手にしたある若者について記述する。

ダーティな友人とつるむクリーンな男

ミスター・ジョージと娘と孫たちが暮らす六番ストリートの家は共用路地に面し、路地を挟んだ真向いにはある母親と三人の子どもが住んでいたが、子どもの中で一番若いのがジョシュという名前の男性だった。ジョシュはミス・リンダの長男のチャックよりも三歳年上だった。二人は子どもの頃に一緒に遊んでいて、高校では全学年を通して親しい関係にあった。ペンシルベニア大学病院の管理部で働くジョシュの母親は、二度目の結婚をしてジョシュを出産する前に、最初の夫とのあいだに二人の娘をもうけた。どちらの結婚も二、三年以上続くことはなく、彼女はペンシルベニア大学病院の給料と断続的に入る養育費で家族を養った。チャックは母親が麻薬を探しに出かけると、よく共用路地を渡ってジョシュの家で食事をした。ミス・リンダが数日間家に戻ってこなかったときには、弟のティムを連れてそこに行って夜を過ごした。

私がそのブロックに入りびたり始めたとき、ジョシュは二〇歳で、ニューヨーク州北部にある歴史ある黒人大学で経営学の学位を得ようとしていた。休日に家に戻ると、彼はチャックや他の隣人たちと夜を過ごした。静かに話しよく笑う背の高いジョシュは、帰ってきてはしきりに仲間たちと再会したがり、すぐに彼らの日課である夜遅くの飲酒とマリファナの吸引に参加した。これらの若者たちに関する限り、彼らは自分たちの仲間の一人が成功していることを喜んでいるようだった。彼らはストリートでの厄介ごとに加わることを彼に期待してはいなかった。例えば銃撃戦の最中にいるとき、ジョシュを当てにする者はしなかった。

ジョシュは大学を出てすぐに家に戻り、製薬会社の臨床試験を担当している医師の下で働き始めた。大学の恋人はヴァージニア州に戻って息子を出産したため、一年に数回は彼女たちを訪ねるために行き来し、息子はハロウィーンと夏の大半にやって来た。ジョシュはいつも息子のことについて話し、彼らが来るのを楽しみにしているようだった。彼らは週に数回、電話で話をしていた。

ジョシュは長時間働いていたため、私たちが彼を見かけることはあまりなかった。その後、六番ストリート出身の友人二人と車に同乗しているときに、警官が彼を呼び止めた。警官は車を捜索し、前部座席の裏側に少量のコカインを発見し、三人全員を逮捕した。ジョシュはすぐに保釈金を用意したので医師との仕事を続け、一年後に公判が開かれた。毎月のように開かれる公判に出席するため、医師はジョシュに仕事を休ませ、判決言い渡しでは刑務所に入る代わりに三年の執行猶予を与えるよう判事を説得した。その年のうちに、医師はさらにジョシュの前科を判事に抹消させた——私は判事がこのようなことをするのを初めて耳にした。ジョシュはのちに、これらの出来事をターニング・ポイントだったと説明した。もしこの医師の下で働いていなかったら、彼は囚人として収監されて家に戻っていただろう。

二〇〇七年の夏、チャックは弟のティムと夕食を買いに行ったテイクアウト専門の中華料理店の外で撃たれ、殺された(6)。ティムは一メートルほど離れたところに立っていて、兄が倒れるのを目撃した。チャックは武装していなかったが、どうやら彼を撃った四番ストリート・ボーイズは、チャックが先に撃ってくることを恐れたらしい。実は、サイコロゲームに興じているときにティノがジェイジェイを殺したことがきっかけで、数年前から続いている四番ストリート・ボーイズと六番ストリート・ボーイズとの抗争を終わらせようと、チャックは過去二ヶ月間、懸命に働きかけていた。

様々な抗争におけるチャックの平和維持の活動ゆえに、彼の死は家族や友人たちに、そして地域全体に、数ヶ月毎に私たちが葬儀に出席した他の若者たちの死よりも大きな衝撃を与えただろう。ティムにとってチャックの死は、彼が知っていた唯一の父親代わりを失うことを意味した。

ティムには深く悲しんでいる時間はほとんどなかった。六番ストリート・ボーイズの中心的なメンバーの多くがその年の夏に逮捕されたため、チャックの死の借りを返すだろうという期待が一五歳になる彼の肩にまともにのしかかった。報復が期待されるなか、ティムはほとんど毎日のように、四番ストリート・ボーイズから殺害をほのめかす電話やメールを受け取り、七月の終わりまでに彼は三つの銃撃戦を経験した。それは背筋の凍るような通過儀礼であり、繰り広げられる出来事を目の当たりにした私たちの仲間には止めようのないものに思えた。

チャックが死んだとき、ジョシュはすでに六番ストリートの母親の家から引っ越していて、郊外でルームメイトと二人で暮らしていた。彼はある製薬会社の医学研究部門で管理業務の職を見つけ、六万ドルもの給与を得ていた。彼は四番ストリート・ボーイズに狙われていて居場所が必要だというティムからの電話を仕事中に受けるようになった。ジョシュは何度か長めの昼休みをとって、六番ストリートへティムを迎えに行き、保護するため自分のアパートに彼を連れて行った。そうした中、ジョシュの同僚たちの何人かが、彼のコカイン所持という、抹消されたはずの前科を見つけ出した。さらに悪いことに、彼らは銃弾が飛び交ったことについてのティムとの会話のいくつかを立ち聞きした。ジョシュはすぐに仕事を失い、何ヶ月ものあいだ失業手当を受け取り、オバマ大統領が失業保険の期間を延長したため、その後も手当を受けた。彼がその職場で働く唯一の黒人男性であることは何の役にも立たなかったと、彼は後に言った。

郊外にあるアパートの家賃が払えなくなり、ジョシュは六番ストリートにある母親の家に戻ってきた。最初の数ヶ月間、彼は度々、自身の誤った行動や、物事が違った方向にどれほど進んだ可能性があるかを口にした。彼は仕事を失ったことは概ね自分の責任であると感じ、仕事に対して感謝の念が十分でなかったと感じているようだった。

ジョシュが地区に戻ってきた数週間後、私たちがビールを買いに個人商店に向かっていると、一四歳ぐらいの若者がレジの列に並ぶ彼に近づいた。

「あんたが戻ってきたと聞いたよ。おかえり」

「ああ、少し前に戻ってきたばかりだ」

「いいね。取り戻しにきたんだろ、兄貴？」

ジョシュの顔は崩れた。一〇代の頃にしていたクラックの売人に戻ることを提案され、明らかに屈辱を受けたからである。

「いや、昔には戻らない。求職中なだけさ……」

「わかった、わかった」若者は返事をしたが、納得できない様子だった。

私たちがブロックに戻ったとき、ジョシュはそのことを笑い飛ばしたが、その瞬間、地区の成功者になったという自信と自尊心のすべてが彼から流れ去ってしまったかのようだった。数年後、成人になってもっとも屈辱的なことの一つとして、彼はこの出来事をよく引き合いに出した。

無職だった二年間、ジョシュは六番ストリートの若者たちだけでなく、悪戦苦闘する彼らの家族の世話で忙しくしていた。彼は拘置所や刑務所にいる友人たちに面会に行き、手紙を書き、電話を受け、売店で物が買えるよう、自分の失業手当のいくらかを彼らに送った。

チャックの死後、ジョシュはティムが殺されるのを防ごうとしたが、それはフルタイムの仕事以上のものだった。彼はまた、少なくとも厄介ごとが収まるまではティムがヴァージニア州に行って親戚と過ごすことを許可してくれるよう、ミス・リンダを説得しようとした。しかし彼女はティムを行かせることを拒み、彼女に残された最後の息子を取り上げようとすると言ってジョシュを非難した。

最終的にジョシュは、六番ストリートに潜む危険から遠ざけるため、ミス・リンダにティムを南部に連れて行かせた。出発の朝、私たちはサンドイッチやチップス、そして果物を詰めた保冷バッグを渡し、グレイハウンドバスに乗る彼女たちを見送った。しかしミス・リンダとティムは二週間後にお金を使い果たし、家に戻ってきた。どうやらティムの父親を含め、彼を喜んで預かってくれる親戚をミス・リンダは見つけることができなかったようだった。彼の父親は出発前に預ると約束をしていたのだが。

「やつはクソ野郎だ」と、心の痛みを隠しながらティムは言った。

ジョシュと私は、ガソリン代を出し合って交代で運転をしながら、レジーや収監されている他の友人たちに面会するために行き来し始めた。私たちは一緒に、兄を殺した男性たちからティムを守り続けた。それまでの数年間、私たちはそれほど親しくなかったが、チャックが死に、数多くの共通の友人が拘置所に入れられたことで、私たちとはもはや一緒にいない男性たちとの絆によって私たちは団結した。私たちはまた、クラック常用者で世話の焼ける親戚の筆頭だったチャックの母親のミス・リンダとともに、友人たちが残した面倒な親戚たちに同情し、彼らについて冗談を言った。

一緒に拘置所や刑務所に車で向かっているとき、親戚だけでなく、そのブロックの男性たちにも対処する上で、彼は一連のジレンマに直面しているのだと私はすぐに気づいた。それは当局を必死に避ける若者たちが直面しているジレンマと同じものではなかった――ここでのジレンマは、ダーティな友人たちといるクリーンな者に特有のもので、私自身が何年にもわたってこの地区で経験したジレンマのいくつかと大差ないものだった。

まず、貧しく法的にこみ入った事情を抱える友人や隣人たちの混乱や緊急事態と、自分の仕事や中間層なりの生活とのバランスをとることのジレンマである。これは、チャックの死後にティムを助けようという試みが、彼に会社勤めの仕事を失わせたときに彼が陥ったものだった。

しかしジョシュのクリーンなアイデンティティは、ダーティな人々には頼めないことを頼まれることをも意味していた。チャックの死後、彼の父方の祖母は前夜式でスピーチをし、仕返しをしてはいけないと彼の友人と隣人に呼びかけた。そのときは彼女が本気で言っているように思えたが、翌日にはこっそりと、残っている六番ストリート・ボーイズが孫を撃った男性たちとの来たる戦争を支援するのに必要な銃を買ってくるよう、彼女はジョシュに頼んだ。重罪の有罪判決や係属中の刑事告発、あるいは仮釈放の監視のない六番ストリート・ボーイズの唯一のメンバーとして、準備は彼にかかっているのだと彼女は言った。ジョシュは苦しんだ。彼は銃を買うべきなのだろうか？　親友の借りを返すための銃を？　いずれにしてもこれらの銃は単に復讐するためだけのものではなかっただろう。このときまでに、チャックを撃った男の友人たちは、車で六番ストリートに立ち寄り、無実の傍観者たちに発砲し、地区住民たちに外出するのを怖れさせた。六番ストリート・ボーイズは反撃のための道具を必要とした。だがジョシュが銃を購入することはなかった――彼が購入したとしても、私がそのことを知ることは決してなかった。

別の折、ブロックに住むある男性が、警官たちに呼び止められて所持品検査をされたときに「元締め」（売人）に返すお金を取り上げられたため、ジョシュのところにやって来て三〇〇ドルを貸してほしいと頼んだ。お金を返さなければ、クラックの供給元の男に殺されるだろうと彼は言った。ジョシュはお金を渡して、殴られたり殺されることがないようこの男性を助けるべきなのだろうか？　だがそのときの彼は歩合制でより多くのクラックを入手できるようになり、それにより収監されたり後で撃たれる可能性があった。このときジョシュはお金を貸さなかったが、彼を一週間アパートに匿った。

その他にジョシュが直面した難しい判断が保釈金だった。保釈金の納付では納付者が保釈金カウンターでＩＤを提示することが求められるため、フィラデルフィアのダウンタウンにある刑事司法センターの地階にお金を持ち出す者は本物のＩＤを所持する必要があり、そのＩＤはシステムで照会されても勾留や令状に結びつくものであってはならない。当然のことながら、六番ストリートの若者が逮捕されると、その家族はしばしばお金を集めて、ジョシュに事務所に行って納付を済ませてくれと頼んだ。ジョシュは隣人とその家族の保釈を手助けすべきだろうか？　もし家にいるときに、彼らが撃たれたり、もっと凶悪な犯罪で再逮捕されたらどうするのか？　その一方でジョシュは、その家族が若者を保釈させるのを手伝わなかったら、拘置所の中で若者の身に起きた出来事は全て自分のせいになるのだろうかと不安を口にした。ある隣人の家族に保釈金を用意し若者を家に連れ帰る手助けを頼まれ、それをジョシュが拒んだ翌週に、その若者が拘置所の食堂で腹部を刺された時のように、である。

二〇一一年の七月、ジョシュの不運は解消された。不景気の真っ只中で無職のまま丸二年が経った後、彼は他の医療会社で仕事を見つけ、六ヶ月も経たないうちに課長補佐に昇進した。彼は再び忙しくなり、六番ストリート・ボーイズの面倒を見たり、手が焼けるだけでなく薬物常用者でもある彼らの親戚たちと議論したりすることができなくなった。そして彼は息子のすべての養育権を得て、その息子と母親の家で一緒に暮らすようになった。

＊＊＊

ジョシュとダーティな人々とのつながりは明らかに、郊外での高給の管理業務の職を彼が失う一因だった。法的信用を欠いた若者たちと親密な間柄になることは、法的にこみ入った事情を抱える人々が直面することのない一連の倫理的ジレンマを彼に突き付け、そのために彼は相当に苦悩した。その一方で、一緒に育った者たちへのジョシュの献身は、無職だった年月を、職があったときよりも有意義で充実したものにした。そしてこのコミュニティは、その後の数年間、彼が正式な労働市場から締め出されるたびに彼を温かく迎え入れた。

クリーンであるという幻想（と現実）

令状や係属中の裁判事件を抱えて生きる人々は、人生の失望感の原因をしばしば彼らの法律上の問題のせいにする。すなわち、ダーティな人々は、これらの困難を抜け出せば、他の多くの問題は解決するだろうとよく想像する。すなわち、人生がより楽になったり、あるいはより良くなったり、それほど絶望的なものにはならないだろうと。出所後に過ごす楽しい時間や保釈後に歩む真っ当な道を刑務所に入っている人々が計画するのと同じように、塀の外にいる人々はよく、令状が取り下げられたり、訴訟が棄却されたり、保護観察期間を満了したあかつきに行う、ありとあらゆる素晴らしい事柄について語る。当然の結果として、彼らは時折、クリーンな人々は成功へと通じるあらゆる機会に開かれているのだと思い込む。マイクの言葉を借りれば、クリーンな人々は葬儀よりも結婚式に多く出席するのである。クリーンな人々が恵まれた生活を送っていないなら、それは彼ら自身の落ち度であり、他人のせいではない。

こうした考えは、全くもって事実に反するというわけではない。先行研究は、収監された人々が、社会的にも、公民としても、また経済的にも、そうした経験に頭を悩ませ、彼らの家族も同様であることを示してきた。投獄を避ける人々は学歴が高く、就職先に恵まれ、給料が良い傾向にあるため、クリーンな人々はより幸福であるという認識も見当違いではない。しかしダーティな人々がクリーンな人々の人生に対して抱くバラ色のイメージは、必ずしも彼らの生きた経験に一致するわけではない。

ミス・ディーナの家族にとって、人生とは失望に満ちたものだった。だがそうした失望は、信用を失った法的地位に伴って起こる、より可視的で容易に個人に帰せられるような傷ではなく、階級、人種、ジェンダーといった、より古くからある不可視の傷だった。こうした失望のうちのいくつかはここで言及するに値する。というのも、私は後にミス・ディーナとその家族が注意深く避けていた種類の人々と六番ストリートでずっと衝撃的な出来事に遭遇したが、それでもそれらの失望は私の心に残っているからである。

私がミス・ディーナのところで目撃した最初の不運は、彼女の孫であるレイに関するものだった。私たちが出会ったとき、彼は高校三年生で、大学進学を目指して一生懸命勉強していた。彼の親友であるコーリーは、数ブロック離れた所に住んでいた。レイの家族といるとコーリーはとてもシャイだったが、レイの家で多くの時間を過ごした。レイの母親は以前、コーリーの家庭は子沢山で、育ち盛りの少年にかけるお金に本当に困っていたため、彼に食事を与えることができて嬉しいと言っていた。

一〇代の若者の多くがそうであるように、レイとコーリーは運転免許証を取得したり、家を出て自立したり、大学に行ったり、そしてもちろんプロムに参加したりといった、成人年齢を記念する行事や出来事を心待ちにしていた。レイがコーリーや私が知り合っていた多くの一〇代の若者たちと違っていたのは、一七歳のときに自分の輝かしい未来を確信しているらしいことだった。おそらく彼の母親は、近隣での暴力と貧困から彼を守ることに、あるいはそうした生活から彼を連れ出して彼のために道を切り拓くことに、まさに成功したのだろう。レイは自信たっぷりに、高校を卒業して大学に行くことを、どちらも十分手の届くところにあるかのように心待ちにしていた。

プロム・シーズンの何ヶ月も前から、レイはダンス――誰を連れて行くのか、何を着るのか――について話し始めた。彼は、相手とお揃いの衣装を着たいと願い、衣装を自分でデザインして地元の洋服店にあつらえてもらう計画を立てた。大学進学適正試験の準備指導で私が訪ねて行くたびに、彼は異なる衣装のスケッチを私に見せ、私は丈と布地について意見した。彼が最終的に決めた衣装は私には少しバットマンのコスチュームのように見えたが、彼はそれにとても夢中になっているようだった。

レイは誘う相手として二人の女の子に目を留めていた。何度も別れては縒《よ》りを戻したシャーリーンと、彼の髪を切って編み込んでくれたデザレーである。彼はデザレーに一目惚れし、数ヶ月ものあいだ、勇気を出して彼女をプロムに誘おうと思っていた。

このイベントの細部全てがきわめて重要な意味を持っていた。ある日の午後、私たちがコサージュについて長めの会話をした後、今どきの女の子たちはよく髪型を変えるため、事前に似合うコサージュを決めようとするのはとても難しいことにレイは落胆した。彼の母親は私たちの会話を立ち聞きし、レイが素敵な服と派手な行事を好むのは遺伝なのだと冗談を言った。彼女も昔はこの種のことを生きがいにしていたのである。

プロムが迫るにつれ、彼の計画には不意に問題が起こり始めた。費用も時間もかかる運転免許証を取得するため、私はレイとコーリーを連れて何度も車両管理局に行ったが、レイは健康診断書を入手してその他に必要な書類を全て揃え、何ヶ月も勉強したのにコンピューターによる試験に落ちてしまった。一ヶ月後、彼は二度目の試験にも落ち、自分の運転で相手をプロムに連れていくという希望は粉々に打ち砕かれた。コーリーは仮免許証を持っていたが、運転試験の受験に必要な三〇ドルを払えなかったため、期限切れになろうとしていた。仮免許証を更新してもらうため、私は彼を二度も連れて行ったが、健康診断書は一年後に無効になり、仮免許証は失効してしまった。そのとき、彼は新しい健康診断書の費用も運転免許試験の受験料も払うことができなかった。

この頃、デザレーの恋人が臀部を撃たれ、レイによれば、彼女は長引くうつ病になったという。彼女は病院で「しっかり生きる」ことを選び、レイとも他の誰ともプロムに行くのを断った。

それだけでは足りないかのように、一週間後、レイは洋服店で特注のスーツをあつらえるのに三〇〇ドルかかることに気づき、計画を諦めざるを得なかった。実際には、既製品のスーツと靴を買うお金も、それらを借りるお金さえも彼にはなかった。最終的にスーツを借りるお金をどうにか用意できたとしても、六〇ドルもするチケットを自分で買える相手を見つけることはできなかっただろうと彼は認めた。彼には自分のチケットに加えて相手の分まで負担することができなかったのである。

結局、レイとコーリーはプロムには行きたくないと言い始めた。プロム前の週末、レイは私に、自分たちは「サウス・フィリーの倉庫」で開催されるくだらないプロムよりもはるかにましな、友人の家で開かれる「アンチ・プロム」パーティーに行くつもりだと言った。

「僕は行きたくなかったんだ」とコーリーは私に告げた。「学校の行事には関わらない。レイじゃないんだから」それから彼は、「一緒に行く子なんているかよ！　かわいい子は全員、去年卒業してるんだ」と言った。

私がプロムのことをレイの母親に尋ねると、高額な費用については何も触れず、「そうね、あの子はもう行きたくないんでしょう。馬鹿らしいって思ったのよ。後悔するわよってあの子に言い続けているんだけどね」とだけ言った。

プロムの夜。レイは九時半ごろに私に電話をかけてきた。

「忙しい？」と彼は言った。

「いいえ」

「僕たちをサウス・フィリーまで送ってくれない？」

「どうして？」

「プロムがあるからさ」

「あなたたちは他のパーティーに行くんだと思ってた」

「あいつは乗り気じゃない。たぶん、母ちゃんが家に帰ってるから」

「あら」

「だから連れてってくれる？　ちょうど一六番ストリートとパスアンク通りのとこなんだ」

「どうして行くことにしたの？」

「プロムには行かないよ。知り合いの女の子が岸辺でアフター・パーティーをやるんだ。だからみんなに会いに行こうと思って」

「分かった。何時に？」

「今は？　もし何もしてないなら……」と、少し決まり悪そうにレイは言った。

私はレイとコーリーを車で迎えに行った。コーリーはかなり着古したスウェットシャツを着ていた。レイは着替えの服とお酒を入れているのだと思われるダッフルバックを持っていた。彼らは心境の変化については何も説明せず、私も何も尋ねなかった。まさに倉庫のように見えるプロム会場まで車で行き、大きな駐車場に車を止めたが、駐車場は車で埋め尽くされ、中には数台のリムジンも止まっていた。

「近くに止めてくれる？」とレイは言った。

「なんの？」

「ドアの！」

「分かった」

私たちは一〇分ほど静かに待ち、レイとコーリーはコンクリートの建物の脇にある薄暗い明かりが灯った二つの大きな金属製の扉を見つめていた。その後扉が開き、透けるほど薄い紫色のドレスを着た若い女性が現れ、髪型を整えながら、足元に気を配って歩いてきた。コーリーとレイは車から跳び出したが、扉に近づくのをためらってぴたりと立ち止まり、しまいには車にもたれかかってしまった。私はコーリーが使い捨てカメラを握りしめていることに気づいた。ドレスとヒール姿の若い女性たちが夜の闇の中に相手と現れ、コーリーとレイは誰が見映えがいいか、誰が誰と来ているかをひそひそ声で話した。知り合いのカップルを見つけ、恥ずかしそうに挨拶しに行った。レイはその男性と握手をし、コーリーは女の子にきれいだと伝えた。

これが約四〇分間続き、途中でコーリーはフィルムを使い果たした。彼は着飾った女の子たちと写真を撮り、嬉しそうだった。

その後、レイは好きな女の子を見かけ、照れ笑いをしながら私たちのほうを振り返った。コーリーは「行ってきな！」と耳打ちし、彼は結局そうした。メイクが崩れたり、髪が乱れたりしないよう、女の子は適切な距離を保ちながら彼をハグし、彼は微笑みながら戻ってきた。

それから彼は、岸辺のパーティーを開く予定の一群を見つけ出し、トランクを開けてくれと私に頼んだ。レイが彼のバッグを手に取るあいだ、コーリーは私の車の助手席側のドアを開けた。

「何してるの?」

「車に乗るんだよ」

「待って、アフター・パーティーに行くんじゃないの?」

コーリーは首を横に振った。

「じゃあなんでレイと一緒に来たの?」

「最後だからさ」とコーリーは言った。

私は困惑した顔をした。

「みんなが出てくるのを見るためにね」と彼は説明しようとした。

家への道中はぎこちなかった。コーリーは物悲しい様子でほぼずっと窓の外を眺めていて、私は気分を高める話題を一つも思いつくことができなかった。どうして彼は頑なにプロムには関わりたくないと言い張ったのか、どうしてそれでも出かけて裕福なクラスメートたちが華々しく出てくる様子を駐車場から見物しようとしたのかで私の頭は一杯だった。アフター・パーティーに行くだろうという私の予想を伝えなければよかったのだ。そのせいで、彼はさらなる羞恥心に駆られたからである。車で三〇分かけて家に帰る途中、彼は顔を少し明るくして言った。「写真を撮ったんだ。八人の女の子とね」

レイとコーリーはその春に高校を卒業し、レイは南部の歴史ある黒人大学に入学した。九月の初め、母親と祖母は誇らしげに彼を車で送り、彼の寮の部屋を整えた。それから六ヶ月後、レイは退学した――家族はもはや学費を工面することができず、学生ローンもまったく充分なものではなかった。彼はいま、ショッピングモールの警備員として働き、本書を書いている間に大学の借金の約半分を返済した。

何年も私の頭から離れない二つ目の失望は、レイの祖母のミス・ディーナに関するものである。

二〇〇二年四月末のある日の午後、彼女と私がキッチンにいたとき、ミス・ディーナはカフェテリアで働くことがどれほど大変かについて話し始めた。休暇を取ることができるのだろうと思い、私は彼女に夏は何をして過ごすつもりかと尋ねた。何日か休暇は取れるだろうと彼女は言う。どこで休暇を過ごすのかと尋ねると、交通費を払ってくれると言うので、カリフォルニアにいる姉を訪ねようと考えていると彼女は言った。

「カルフォルニアなんて素敵ね」と私は言う。

「それか、友達に会いにフロリダに行くかも」

「そうなの？」

「僕と結婚してくれって言われたのよ。私たちは結婚するつもりだったけど、しなかったの。

そして彼はフロリダに引っ越したの」

私はそれまで、ミス・ディーナの恋愛話を耳にしたことがなかった。二〇歳にもなって言うのは決まり悪いが、アイシャの祖母に恋愛経験があったかもしれないという考えが思い浮かばなかったことに私は恥ずかしくなった。

「彼はいつ引っ越したの?」

「数年前よ。退職したときにね」

「あら」

「彼はおかしくなってしまったの。だから私は一緒に行かなかったの」

話は夏の人員削減と、経営者が彼女のスタッフたちを解雇したら彼らはどうなるのかということに変わっていった。ペンシルベニア大学の学生たちが帰省し、大学準備プログラムの一環で地区の高校生たちがやって来るため、夏期がどれほど大変であるのかについて彼女は語った。彼らの素行は悪いどころか最悪なのだ。ダイニングルームで喧嘩を始め、ありとあらゆる面倒を起こす。それからミス・ディーナは、破棄となった婚約と彼女の元を去っていった男性の話題に戻った。

「本当にいい人だった。彼とはカフェテリアで出会ったの。西部劇のビデオを集めていて、西部劇が大好きだった——新しい作品から、古い作品、本当に希少な作品まで。でも彼は見なかったの。ただ集めてただけ。退職してから見るつもりだった。だから集めていたの。二〇

○本以上持っていたはずよ。だから見せてって私はよく頼んだの。でもしばらくして諦めた。だって彼はどうしてもまだ見ようとはしなかったから。彼は取っておいてたの」

彼女に話を続けさせるよう、私は頷いた。

「それで、彼は退職して、私たちはフロリダに行くつもりだったの。だけどある晩、誰かが彼の家に押し入って彼のビデオを全て盗んでしまったのよ」

「ひどい」

「その人を見つけたらどうする気なのって彼に尋ねたの。すると彼は、『ディーナ、僕がそいつをどうするかなんて君には言いたくない。だがそいつが他の誰にもあんなことをしないようにするつもりだ』って言うの」

「まあ」

「それで怖くなってしまったの。だって頭をよぎったもの。もし私が彼を困らせたり怒らせたりしたら、私に何かしでかすんじゃないかってね」

「そうね」

「それから彼は有刺鉄線を買ったの。フェンスや何かに使われる、なんでもかんでも引っ掛けるワイヤーね。彼は新品を持ってきたの。逃げ出せないように絡みつくやつ。それでどうしたと思う、アリス。彼はそれを自宅のリビングルームと家の至る所に設置して、壁の上下に張り巡らせたのよ。だから使えるのはキッチンと寝室と二階だけだった。家の中なんてほとんど動き回れないんだから」

「彼は怪我しなかったの？」

「ええ、どこに張ったのか彼は知ってたのよ、たぶんね。それでその後、私はあなたとは結婚できないって言ったの。あなたは本当に変になったって。あなたを信用できないって。だから一緒に行くつもりはないってね」

「彼はなんて言ったの？」

「こう言ったの。『君が考え直すのを待ってる。三週間あげるよ。もし考えが変わらなかったら、僕はフロリダに行く』って」

「まあ」

「でも私は考え直せなかった。だって、やっぱり何が起きるか分からなかったから。彼が何をしでかすか分からなかった。それで彼は三週間後にやって来て言ったの。『ディーナ、考え直したか？』って。だから私は言ったの。『いいえ。考えは同じよ』って。そうしたら彼、『まあ、どうせフロリダでいい人が見つかるだろう』って」

「うん」

「でも、彼はまだ恋人を見つけたわけではないみたい。だってこの夏に私に会いにきてほしがってるから」(7)

その年の夏、ミス・ディーナはフロリダに行ってかつての婚約者に会うことも、カリフォルニアにいる姉に会うこともなかった。それどころか彼女はカフェテリアを解雇された——定年退職の七ヶ月前に彼女は解雇されたのである。二二年間もフルタイムで働いたにもかかわらず、彼女は現在に至るまで大学からの年金を受け取ってもいない。彼女の娘であるロシェルと私はショックを受け、不当な扱いを正そうと何度も試みたが無駄だった。ミス・ディーナは平然とした楽観主義でそれを受け止めた。「少なくとも今は朝寝ができるし、足を休められる」

令状や訴訟、そして保護観察処分を抱えてさまよう人々は、時にミス・ディーナや彼女の孫のレイのような人々を、特権や自由のある人々だとみなすことがある。つまり、いつもビクビクしたり、足をすくわれることなしに、学校に行くことも、合法的な職に就くことも、家庭を築くこともできるクリーンな人々だと。私がミス・ディーナやレイと親しかった頃に彼女たちがずっと抱えていた失望は、分断された北部の都市に暮らす黒人家族の希望と幸せを長らく台無しにしてきた、貧困や資金のない学校、そして不公平で人種差別的な制度といったものに、刑事司法制度の課す制約が加わっただけであることを思い出させる。

＊＊＊

警察がストリートで隣人や家族を追跡しているとき、六番ストリートのコミュニティに属す住民のなかには、刑務所や公判期日、そして保護観察の遵守事項からうまく距離を置いて暮らしている者たちがいる。彼らは法的にこみ入った事情を抱える友人や隣人、そして親戚がもたらすリスクや彼らが及ぼす悪影響を制限することで、彼らとの関係に折り合いをつける。クリーンな住民の中には、収監されたり警察から逃げたりしている若者たちをそれほど意識することなく、毎日学校や仕事に行く者たちもいる。また、より断固として、時に悲痛な思いで、彼らを避ける者たちもいる。また、ダーティな世界とクリーンな世界が複雑に混ざり合った状況と折り合いをつける者たちもいる。

ミス・ディーナの家族は、室内に籠ったり、近隣の生活から自分たちを切り離したり、息子を地区の外にあるチャータースクール〔特別認可を受けた初頭・中等学校〕に入れたり、刑務所に入った息子との関係を断ち切ることで、ダーティな世界を遠ざけた。ラマーと彼の友人たちは、薬物を売ったり差し迫った令状が出されている若者たちを断固として避け、インドア生活と合法的な仕事、そして娯楽をもつ自分たちと、街角で警察を必死に避ける若者たちとの間に確固たる一線を引いた。ミスター・ジョージは法的にこみ入った事情を抱える孫たちと彼自身を切り離さなかった――実際、彼は孫たちと一緒に住み、金銭的に支えていた。しかし彼は自宅の中に別の部屋をこしらえ、彼らの厄介ごとから比較的自由でい続け、孫たちが基本的なルールを守る限りは、彼らの問題に干渉しなかった。ジョシュは地区の古い友人たちが拘置所を出入りしたり逃亡生活を送っている間、彼らとのつながりを維持しながら大学に行き、製薬業界でプロジェクト・マネージャーの職を得ることに成功した。そうした関係は時に非常に問題にもなったが、彼への支持と他の者を助けるというやりがいを彼に提供した。

なぜ最終的に刑務所に行き着く若者たちがいる一方で他の者たちはそうではないのか、という問いは古くからあるものであり、私はここでこの問いについて十分に論じるような真似はできないし、もちろん答えることもできない。確かに、逮捕されて拘置所や刑務所行きの判決を下されることが多いのは六番ストリート界隈の貧しい若者たちだが、刑罰制度で彼らが最初に犯す犯罪は、黒人であろうと白人であろうと、大抵の場合は比較的裕福な若者たちも有罪になるような喧嘩や麻薬所持などである。

ほんのわずかな若者たちしか最終的に刑務所に行かないコミュニティにおいて私たちが話題にするのは、周りに悪影響を与える人々や、無視されてきた人々のことだろう。今日の黒人貧困コミュニティにおける取り締まりと投獄の前例のない水準を考慮すれば、これら個人的な解釈はあまり意味をなさない。私たちはより計画的な社会政策が作用していることを理解し始めている。そのような文脈において、当局と刑罰制度を避けて《いる》人々に関してありのままに証言することは、数ページを充てるに値するように思われる。ここで取り上げた人々は皆、様々な方法で、ダーティな世界にいながらクリーンな生活を送っている。そうすることで彼らは、刑事司法制度が六番ストリートのような貧しくかつ分断された黒人居住地区を、完全にではなく、部分的にしか支配していないことを証明しているのである。

結論　逃亡者のコミュニティ

一九六〇年代後半から二〇〇〇年にかけて、公民権運動はかなりの政治力と経済力をもつ新たな黒人中間層の構築に一役買った。そして同時期に合衆国は、有色人種の貧困コミュニティに対して新たにひどく懲罰的な時代に乗り出した――アメリカ社会では、分断された都市部とそこに住む人々をどう管理するのかをめぐって重大な変化が生じたのである。

六番ストリート界隈では、警察のヘリコプターが頭上を旋回し、警察のカメラが通行人を監視し、警察はいつものようにストリートで人々を呼び止め、所持品検査をし、逮捕する。多くの若者たちは拘置所を出たり入ったりして、公判期日に出席している。他の男性たちの多くは保護観察や仮釈放の監督下にあり、彼らの逮捕を求める未決令状が出されている。こうした若者たちが自宅にいるとき、彼らは容疑者かつ逃亡者として生活し、彼らを拘置所や刑務所へ連れ戻そうとする当局とのあらゆる接触を恐れる。

一般的なイメージにおいて、逃亡中であることは、ＦＢＩの最重要指名手配に載るような特別な犯罪者に割り当てられる状態であり、逃亡者とはアクション映画や伝説に出てくるような人物である。しかし今日、合衆国の犯罪厳罰化政策は、貧しくかつ分断された黒人居住地区を厳重な取り締まりが行われる場所へと変えた。そのような場所では、若者たちの多くが偽名を使い、不安を抱きながら、近親者たちによって警察に引き渡される可能性のもとで本当の恐怖を抱えて生きている。

こうした男性たちのほとんどは失業中で、低賃金のパートタイムの職を得ようとしても失敗する。小口の、あるいは時に大口のマリファナやクラック、薬物の錠剤を直接手売りし、リスクはあるがすぐに換金できる麻薬取引に断続的に関わる者たちもいる。彼らはお腹を空かせ、廃棄された車か隣人宅の未完成の地下室で寝泊まりをくり返す。

六番ストリート界隈では、若者たちの信用を失った法的地位が、仕事、友情、家族といった基本的な社会制度をおとり捜査の網に変える。仕事場と同じように、病院は訪れるには危険な場所となる。母親の家は判明している最後の住所であり、警察が目を向ける最初の場所となる。判明している住所、請求書の支払い、携帯電話の使用状況から、警察はこうした男性たちを追跡し、病院や仕事場、家族の集まりで彼らを一斉に検挙する。そのため彼らは秘密厳守と言い逃れの生活スタイルを洗練させ、親しい人々を潜在的な情報源とみなすことを学ぶ。収監のリスクに晒されている限り、塀の外に留まること、家族や仕事、そして友情に日常的に関わることは矛盾した目標となる——一方を取れば、他方の機会を減らすのである。

逃亡中であることはじっとしていることでもあるため、法的信用を欠いた人々には奇妙な言い回しである。実際に六番ストリートの人々は、《巻き込まれる》と《逃げる》を区別しないで使用する。一方で若者たちは、全く文字どおりに、家々をすり抜け、フェンスを乗り越え、徒歩や車で彼らを追跡する警察から逃げている。また、一目で誰が逮捕可能を指示する警察のデータベースの情報からも逃げている。同時に彼らの法律上の問題は、彼らを身動きが取れない状態にしたり、所定の場所に留めたりする。法律上の問題を抱える人々を追跡するために現在用いられる警察活動のテクノロジーは、町や州を離れても、法律上の苦難から逃れることができないことを意味する。他の場所で成功するための資金やスキルをほとんど持っていないため、彼らは地区に留まり、彼らを匿い生き延びるのを助けてくれる家族と隣人たちの寛容さに頼るのである。

令状と訴訟、保護観察処分、仮釈放判決が、彼らの前進を阻む障壁として漠然と現れるという意味で、こうした若者たちは足踏み状態に身を置く。法律上の問題が解決するまで——すなわち令状が取り下げられるか訴訟が終了するまで——彼らは学校に行ったり、仕事を続けることができないことを悟る。雇用主は仮釈放中の男性を雇うのをためらい、令状や係属中の訴訟を抱える男性に対して、問題が解決してからまた来るようしばしばアドバイスしながらも、彼らを採用したいと思う気持ちは薄いだろう。係属中の法律上の問題を抱える男性は拘置所か刑務所に送還される可能性があるため、パートナーや家族が自分たちの将来に彼を組み入れることは難しい。送還されないにしても、法制度と良好な関係を維持するために取り組み続けなければならない面会や公判期日、その他の取り決めは、フルタイムの仕事のようなものであり、そうでなくとも学校や仕事に規則正しく通うことを阻む、予測しえないパートタイムの仕事のようなものになる。この意味において、逃亡生活は足踏みすること――目的を達することのない不断の動作――に似ている。

貧しくかつ分断された黒人居住地区に暮らす多くの若者たちを捜索し、逮捕し、裁判にかけ、収監する当局の取り組みは、こうした男性たちの自分自身に対する見方や周囲の世界への適応の仕方を変えさせるだけに留まらない。強大な警察の存在と迫り来る投獄の脅威は、貧しい黒人コミュニティを長らく維持してきた家族と友人のネットワークに恐怖と疑念の種をまき散らしながら、当初の目的を超えて波及し、日常生活の基本構造を引き裂いている。刑務所という脅威の下、これまで以上にパラノイア的で新しい社会機構が現れている――愛する者たちが警察に追われるようになるかもしれず、また保身のために互いの情報を提供するかもしれないという予想の上に成り立っている。それは欺瞞と策略に、戦略と対策に、そして秘密厳守と言い逃れ、虚報、予測不能さといったパラノイア的実践に織り込まれているのである。連帯があるにせよ、それは警察に対抗するための一時的なものに過ぎない。

若者たちの居所を教えるよう、彼らのパートナーと親戚を脅す警察の圧力は、女性たちを相当に追い込んでいる。警官たちが女性たちの家を家宅捜索し、彼女たちを逮捕したり、強制退去させたり、子どもたちを取り上げると脅すとき、彼女たちは自分たちの身の安全か、愛する男性の自由のどちらかを選ばなければならない。身内の男性たちを守るという女性たちの誓いは、長く続く警察の圧力のもとで瓦解し、不本意であっても当局に加担する他に道がない者もいる。信頼されているパートナーから密告する者や見捨てる者への転落は、人前で恥をかくだけでなく、かなりの個人的苦悩を引き起こす。

ゲットー化したコミュニティには長らく、男性と女性との間に、そしてまともに生きる人々と危険と隣り合わせに生きる人々との間に不信感があった。まともな社会の人々と気ままな生活や犯罪行為を志向する人々との分断について長らく言及されてきたのである。しかし寛容と信用、そして家族や友人との絆は、数々の脅しに耐え抜いてもきた。六番ストリート界隈では、徹底的な取り締まりと迫り来る刑務所の脅威が人々を家に閉じこめ、友情と家庭生活に疑念と不信の種をまき散らしながら、こうした絆を引き裂いている。このコミュニティにおいて当局がもたらす安全は、生活する上でまったく十分ではない。拘置所に入らないでいることは、息子、兄弟、頼りになる者を引き渡すことを意味することもある。六番ストリートの男女関係における中心的な葛藤は、信用できない者たちに強く依存しなければならず、また彼らが危険に晒したり欺いたりするかもしれない人々から信頼されたいと思うことにある。

黒人コミュニティにおいて、まっとうなメンバーといかがわしいメンバーとの長年にわたる分断は、少なくとも部分的には、《クリーン》と《ダーティ》、すなわち、警察の呼び止めを無事に切り抜けられる者たちと捕まりそうな者たちという新しい境界線に取って代わられてきた。地下市場は、当局からの保護を求める、あるいは法的制約以上の自由を求める者たちのために登場した。こうした保護と特典をめぐる売り手と買い手の取引関係は、警察による発見と逮捕という脅威によって複雑化もするが、彼らは新たな結びつきを築く。

男性たちと女性たちは、当局が意図していなかった方法で、自分たちの利益になるように、警察、裁判所、そして刑務所といった強大な存在を利用する。ストリートが危険に満ちているとき、若者たちにとって拘置所はときに安全な避難所としての役割を果たす。保釈事務所は事実上の銀行となり、逮捕令状は失敗の釈明になる。怒りと絶望が生まれると、女性たちは警察という脅威を利用して、男性たちを自分たちの生活の中で管理する。平穏なときには、息子やパートナーの保釈金納付や公判期日、面会時間、仮釈放面談などの至る所で有意義な日課を作り上げる。

刑務所という脅威、そして警察と裁判所という強大な存在は、より巧妙にコミュニティの社会機構に浸透し、愛と献身の価値を変えながら、住民たちが自分たちのアイデンティティと人間関係を切り開くための新たな倫理的枠組みを創り出す。人々は警察に友人の行き先を教えるのを拒絶することで、あるいは警察に指名手配されている甥っ子にソファーで眠るという夜の安全を提供することで、自分たちの献身的な愛情を示す。刑事司法制度下への移行を特徴づける出来事——初めての拘置所での面会や保釈金の納付、判決言い渡し——は、事実上、逃亡者コミュニティにおける結婚式や卒業式、学校でのダンスパーティーといった通過儀礼となり、集合的出来事となる。刑務所の脅威は、勇気と誠実さを示す機会も生み出す。逮捕から互いを守ることで、人々は自分が立派でまともな人間であると主張し、他者に対する献身の強さを証明するのである。

それでもなお、刑事司法制度が作り出す世界——呼び止めと所持品検査、拘置所への収監、令状と公判期日、そして仮釈放面談など——が全てではないということは特筆すべきことである。若者たちの多くは、警察から逃げ、公判期日を調整し、保護観察官と面会する日々を過ごしているが、住民のなかには毎日学校や仕事に通い続けている者たちもいる。逃亡中あるいは収監中の者と個人的なつながりをもつ人々は、なおもこの関係から距離を置き、警官や公判期日、懲役といった世界とのつながりをほとんど持たない生活を築き上げることができる。それでもなお、これらの人々はしばしば、ダーティな世界との接触を避けようと懸命に働き、そこに巻き込まれた者たちとの関わりのなかで自分自身について考えるようになる。

都市部の貧困地域における徹底的な取り締まりに伴う問題

犯罪と暴力は、都市部の貧困コミュニティでは否定しようのない現実である。とくに殺人と銃関連の暴力の水準は、貧しいマイノリティのコミュニティを際立たせ、ある種の政府の措置に対する圧力を生み出す。六番ストリート界隈において麻薬と暴力は現実的な問題であり、本書が記述した若者たちはこれらと密接につながっている。

一部の人に言わせれば、麻薬と暴力がはびこる地区では、とくに逃亡中の者たちが銃を携帯し、深刻な暴力沙汰に関与し、麻薬を取引している場合、警察には多くの若者を逮捕し未納令状を熱心に探し出す以外の選択肢はないのだろう。しかし六番ストリート界隈では、路上での麻薬取引や地区同士の対立、そしてそれらの暴力の可能性が、コミュニティの生活の至る所に深く織り込まれている。こうした状況下での法執行機関の役割は、少数の犯罪者からコミュニティの安全を守ることから、地域全体を疑惑と監視の下に置くことへと変化する。

この文脈において、犯罪防止に向けた非常に懲罰的なアプローチは結果的に逆効果となり、全く新しい犯罪領域を生み出す。犯罪厳罰化政策が見通す社会統制のレベルは――とくに自由主義国家において――あまりに極端で実行困難であるため、監視による苦悩を緩和する闇市場の繁栄を引き起こした。犯罪行為の新たな領域は、当局から逃れたり、法的制約が容認する以上の自由と快適さのある生活を送ろうとする法的信用を欠いた人々が探し求める品物とサービスを、若者たちが供給することで生み出されてきた。この闇市場は、結果として違法性をもつ類いのものであり、逃亡状態に次ぐものである。さらに、母親たちと恋人たちは、法的にこみ入った事情を抱える息子やパートナーを匿ったり、保護したり、養ったりしようとして、一見すると終わりのない犯罪の連鎖に自分たちが関与していることに気づく。つまり、犯罪防止に対する非常に懲罰的なアプローチの大きなパラドックスとは、人々が裏をかこうとすることで生じる違法性を助長するため、結局のところ日常生活の大半を犯罪化することにある。徹底的な取り締まりとそれが統制しようとする犯罪は、互いを補強し合うのである。犯罪が厳罰化を引き起こしていることと取り締まりそれ自体が暴力と違法性の風土の一因となっていることが、ほどき難くからまり合っている。

犯罪厳罰化政策のもう一つの皮肉は、それが家族や友情、そしてコミュニティの絆にとってきわめて破壊的であるために、誰もが警察や裁判所、そして刑務所が不当に行き過ぎであると認めるところで、麻薬の売人と職をもつ人々を団結させてきたということにある。だからといって、法律を遵守する六番ストリート地区の住民たちが、同じ地区に暮らす若者たちの多くが関わる暴力と麻薬販売に悩まされていないというわけではない。彼らは悩ま《されて》いて、これらの若者たちがそこから出て行くか、あるいは生き方を変えることを願っている。住民のなかには、自分の息子や甥が必死に仕事を見つけようとすれば彼らは合法的な職を得ることができたと主張する者がいる。だが職をもつ住民たちは、警官による公の場での暴力や隣人や家族同士を争わせようとする試みを、解決策であるどころかさらなる厄介ごととみなしてきたのであり、この点において、彼らはコミュニティのダーティなメンバーとかなり共通した見地に立っている。

六番ストリートの住民たちからすれば、警察に対する不信と怒りは無理もない。警察は（裁判所や拘置所、刑務所とともに）犯罪と暴力という重大な問題を解決するどころか、住民たちがすでに直面している事柄にさらなる問題を積み重ねているからである。

この真っ当な怒りは、警察が悪人だとか、彼らの行動が人種差別主義的かさもなくば悪意ある動機に促されているとみなすべきであるということを意味するわけではない。警察は手の届かない場所にいる。つまり、彼らは失業者のゲットーにいる健康な若者たちが抱える重大な社会問題に取り組む責任を負い、またそうするために威嚇と逮捕の権力をもつ、基本的には唯一の行政体である。法執行機関にいる人々の多くは、貧困や失業、そしてそれらに伴う麻薬や暴力が、住民の逮捕によっては解決しえない社会問題だと認めている。しかし、警察と裁判所は社会的な解決手段を持ち合わせていない。あるのは手錠と懲役である。

警察とコミュニティ

ここで六番ストリート・コミュニティのメンバーと、この地区で活動する（あるいは人々をそこから排除する）刑事司法機関の職員との実際の関係がどれほど複雑なものであるのかを論評することは価値があることだろう。警察はだいたい白人だとみなされ、不運にも彼らに偶然出くわす若者たちを一斉検挙するためにその地域を急襲する匿名の占領軍だとみなされる。警察に対する恐れと憎しみは明らかであり、人々の怒りと恨みが警察の職務質問中にふつふつと沸き起こるのは、なにも珍しいことではない。だが住民の多くは、何人かの警官を隣人や親戚とみなしてもいる。こうした警察との個人的なつながりは、全ての警官を外部からの侵入者とみなすことを困難にする。コミュニティ内で暮らす警官たちはそうではない警官たちより多く罵られるとは言わないまでも、同じくらい罵られるのだが。

もう一つの矛盾は、若者たちは警官に追跡されているのと同時に、女性警官と恋愛関係にあるかもしれないという事実にある。黒人コミュニティに暮らす女性たちは、付き合いのある男性たちよりも明らかに高学歴で、かつ良い職に就いていて、かなりの割合で刑事司法機関で働いている。このことは、多くの恋愛上のつながりが、警官と犯罪者との間に引かれた一線を越えていることを意味する。このような関係は、マイクやチャックのような若者たちが、更生施設の職員や刑務官、そして保護観察事務所の女性としばしば一緒に過ごす際の親密な関わりによってもっぱら広がる。もう一つ驚くべきことは、拘置所や刑務所にいる若者たちが、自分たちに面会にくる女性たちに法執行機関の仕事に応募するよう促しているという事実である。マイクとチャック、そして彼らの友人たちは、刑事司法が数少ない堅固な経済分野の一つであり、法的にこみ入った事情を抱えていない人間であれば参入するのが賢明な分野であると、大半の人よりずっとよく理解していた。

同様に、密告をめぐる倫理的な見解は全くもって流動的である。情報提供に抵抗する一般化された規範は確かに存在するが、人々は毎日のように互いを警察に通報する。さらに興味深いのは、地区に住む他の者たちを表立って通報する人々の多くは、そのことで批判されないということである。つまりこの行為は想定内のものであり、正直であろうとする、クリーンな人々の特徴の一つとして理解されている。

歴史的かつ相対的な視点における逃走のゲットー

六番ストリートという厳重に取り締まられたコミュニティを、そして拘置所と刑務所を出入りする無数の黒人の若者たちを、私たちは今日どのように理解できるのだろうか？　社会学者のロイック・ヴァカンと公民権弁護士のミシェル・アレクサンダーは、対象を絞った今日の投獄水準と、奴隷制や黒人差別といった初期の人種的抑圧制度のいずれもが、選挙権や被選挙権、移動の自由といった黒人の基本的権利を否定することから、両者の強烈な類似点を描き出している(1)。

奴隷制と黒人差別に伴う政策は、多くの黒人男性と黒人女性を逃亡者という地位に追いやる政策だった——逃亡奴隷法による奴隷身分が続いた時期、そして第一次と第二次の黒人大移動に見られた、黒人の多くが北部に移動することを抑制する、浮浪者法を含む黒人差別があった時期——(2)。浮浪者法は、飲酒や徘徊、治安紊乱《びんらん》行為やよく知られた犯罪者とのつながりだけでなく、無職や住所がないという理由で男性たちを逮捕しうると定めた。

浮浪者法は植民地時代から合衆国に存在していたが、路上生活の容疑で男性たちを一斉検挙するための大規模な取り組みは、逃亡奴隷法が撤廃され、黒人が解放されて北部の都市に移住した後に行われた。そしてこうした法律は、犯罪厳罰化時代の法律と慣行がちょうど効果を発揮し始めたため、一九六〇年代と一九七〇年代の政策から除外された(3)。

このような歴史から、合衆国に暮らす多数の黒人には、公民権の低下だけでなく、奴隷制や小作制度、北部への移住を通して、そして今日では犯罪戦争に伴う取り締まりと刑罰上の監視制度を通して、逃亡者という立場も割り当てられたように見えるだろう。この意味において、私がここで記述してきたのは、黒人の排斥や公民権の低下をめぐる長い歴史のなかでもっとも新しい段階のものに過ぎない。

しかしアメリカ合衆国の人種間関係の歴史が無慈悲な支配の一つであったと結論づけるのは正しくない。それどころか獲得と逆転があり、アフリカ系アメリカ人の公民権の質はここ数十年のあいだにかなり拡充した。取り締まりと投獄の現在の水準と人種的抑圧をめぐる初期段階との大きな違いは、厳重な取り締まりと投獄の高い水準が、《貧しい》黒人男性たちと彼らのコミュニティだけでなく、多くの貧しい白人やラテン系の男性にも大いに限定されているという点にある。教育を受けた黒人男性とその家族は、徹底的な刑罰上の監視に囲まれてはいない。警察による嫌がらせや不当な扱いを公然と被ることもあるだろうが、彼らは収監されたり、仮釈放中だったり、逮捕令状を持った状態で、二〇代を過ごしているわけではない。

＊＊＊

仮にアメリカ合衆国の都市部に暮らす貧しい黒人に対する今日の扱いが、少なくとも合衆国での人種的抑圧の初期段階といくつかの類似点を有するなら、読者はそのエスニシティや宗教、カースト、あるいは性的指向ゆえに、様々な状況で社会的・経済的な周縁へと追いやられてきた他の集団の経験を思い起こすかもしれない。国家的抑圧の手段は様々だろうが——ヨーロッパのユダヤ人から、合衆国の不法移民、そして場所を問わず、抑圧的、独裁的あるいは全体主義的体制の下に生きる人々に至るまで——歴史を通して迫害されてきた集団の経験は、時間と空間を超えて驚くべき共通性を示す。

生きられた経験のレベルで、こうした事例はすべて、大規模集団に対する基本的権利の否定を伴い、いくつかの極端な制裁のリスク——収監、排斥、国外追放、拷問、あるいは死——は、多くの人々が直面している現実の可能性となっている。限定的な権利と脅迫的で極端な制裁の組み合わせは、人々が制約を回避して当局を避けようと努力することで、日常生活を犯罪化させる。私たちは頻繁に、規定どおりの身元確認と所持品検査だけでなく、外出禁止令、そして日々の暮らしのための技術となっている言い逃れや潜伏、秘密厳守の実践を目にする。偽造文書と禁制品を扱う闇市場は、そうして栄える。私たちはまた、情報提供者たちを啓発するための警察による取り組みと、自分たちの利益のために互いを警察に引き渡す人々を通じて、情報提供者たちの致命的な問題を目の当たりにする。当局は熟練の情報提供者を育てるだけでなく、自分の自由か大切な者の安全のどちらかを選択せよと迫りながら、友人や隣人、家族同士をくり返し対立させる。住民たちは国家的暴力をストリートで頻繁に経験し——人々が殴られたり、首を絞められたり、蹴られたり、公共の場で撃たれたりするなど——、またどこにでもいる当局が保護と調停にはほとんど役に立たないことを知る。低下した権利と極端な制裁という迫り来る脅威は、コミュニティの社会機構レベルで理解され——例えば、法的リスクを引き受けることは、犠牲と個人的な愛情の振る舞いとして理解される——、法的制約とその減少は重要な社会的区分となり、とくに当局から多少は安全であるかを見分ける区分となる。

確かにこれらの事例は、類似性と同じくらいに多くの相違性を含んでいる。多くの場合、当局に捕まった人々は一般住民に戻ることはない。一度あちら側に行ってしまうと、戻ってくることはなかった。拷問と死の恐怖は、収監や国外追放の恐怖と同じではない。しかしこれらは十分に共有されているため、ある者の深い知識が他の場所で生きている人々の経験について何かを教えてくれるだろう。明らかに、現代のアメリカにおけるゲットーは、そうした事例の中に位置づけられる。

こうした関係を踏まえれば、私たちは合衆国のゲットーをこの時代の最後の抑圧的な体制の一つとして理解することも可能である。私たちの自由民主主義のなかで機能するものが、ほんの数ブロック先に暮らす多くの人々にはまだ知られていない。表向きには人種差別的なカースト制度が廃止され、また黒人の大統領が選出され再選を果たした国家において、都市部の分断された地区に暮らす貧しい黒人男性と黒人女性に極めて懲罰的な体制を課そうと、私たちは同時に莫大な税金を投じて大量の刑事司法機関の職員を配置しているのである。

エピローグ　六番ストリートを離れる

新しい学びが得られなくなったら研究プロジェクトを終えるべきだと言う人がいる。私には普通はそういうものだという確信がもてない。いずれにせよ、私は「飽和」という段階に達したことなどなかった。十分に理解したので、そこを離れて自分の調査結果をまとめ上げるべきときだと感じたことも決してなかった。

最終的に、研究資金が底を尽き、学位論文を執筆して職を得なければならなくなって、私はそこを離れた。そのときまで、六番ストリート・ボーイズが私の元から去っていったとき——というより、私たちの知っているグループが消滅したのだが——、自分が六番ストリート・ボーイズの元から去ろうとしているとも感じていなかった。二〇〇八年、チャックは銃撃で命を落とした他のメンバー二人と共に亡くなった。スティーブはその翌年に自殺したが、その悲劇の原因は彼がＰＣＰに一層依存するようになっていたことだと考える者もいれば、彼がチャックなしではやっていけないことにあったと見る者もいた。マイクは連邦刑務所に収監され、二〇一一年に戻ると、別の地区に引っ越して洗車の仕事に就いた。チャックの真ん中の弟のレジーと末弟のティムは長期刑で州北部の刑務所に入った。アンソニーは州刑務所で三年から五年の刑に服し、二〇一三年に六番ストリートに戻ってすぐに警察に射殺された。隣人によれば、覆面捜査中の警察が路地で駆け寄ってきたとき、アンソニーは彼らを四番ストリート・ボーイズだと思い込んで発砲したという。アレックスはずっと以前にブロックから去り、その地域の外に引っ越していた。

　フィラデルフィアに戻ると、私は今でもアイシャや彼女の家族と会っている。また、今では定職に就き、子どもやパートナーと一緒に暮らしているアレックスやマイクを訪ねてもいる。レジーやティムとは、手紙や電話で連絡を取り続けているだけでなく、私がその地域にいるときは時折、刑務所に面会に行っている。レジーとティムは収監されていることに退屈して本はどうなっているかと尋ね、私たちはときどきその話をした。だがそれ以上に、私たちは過去によって、そしてもはや私たちのそばにいない男性たちの記憶によって、互いに結びついていると私は信じている。

謝辞

寛容と友情の一〇年間に対して、私はミス・ディーナと彼女の孫であるアイシャとレイに感謝を述べたい。それから、ミス・レジーナと彼女の息子のマイク、また、ロニー、アンソニー、スティーブ、ジョシュに、テイラー家のミスター・ジョージ、ミス・リンダに、そして彼女の息子たちであるチャック、レジー、ティムに感謝を述べたい。長年にわたって、マイクとチャックとレジーはかなりの調査支援と草稿に対する意見を提供してくれた。レジーに至っては刑務所の監房から。

私の両親であるウィリアム・ラボフとジリアン・サンコフは、最終稿に至る節目節目で、本研究の草稿に極めて重要なコメントを提供してくれた。彼ら、そしてまた妹のレベッカ・ラボフとデルゲルシオ家全員の揺るぎない支援のおかげで、本書を完成させることができた。

ペンシルベニア大学では、イライジャ・アンダーソンが、六番ストリート・ボーイズの奮闘について私が書いた卒業論文を指導してくれた。私が彼のアイデアからどれほど多くの着想を受け続けているのかが本書に表われていることを願っている。デイヴィッド・グレイジアン、チャールズ・ボスク、ランドル・コリンズ、マイケル・カッツらもまた、都市民族誌を執筆する一人の若者に活気に満ちた知的コミュニティを提供しようと、イライジャとともに時間と助力を惜しみなく与えてくれた。これらの初期の指導者たちからは、ペンシルベニア大学を離れた後も、助言と支援を受け続けており、彼らから多大な恩を受けている。

プリンストン大学では、ミッチ・ドゥニアが、どの大学院生よりも注意深く、私に社会学を指導してくれた。民族誌とは、オフの時間と余談のなかで伝えられる一連の感覚と実践のなかで、教師から学生に伝授される伝統である。長年にわたり、ミッチは彼自身のみならず彼が教師から教わったアイデアを伝えながら、これらの民族誌のあり方を教え込んだ。彼が他のどの教えよりも強調したのは、人々に敬意を払いながらその社会的世界を調査することの重要性だった。調査と本書の執筆に対する彼の貢献は、私がここで到底披瀝し切れるものではない。彼は本当に類い稀な教師である。

ヴィヴィアナ・ゼリザー、ポール・ディマジオ、デーヴァ・ペイジャー、コーネル・ウエストは、ミッチに加わり、かつてないほど優れた博士論文審査委員会を組織した。マーヴィン・ブレスラー、ブルース・ウエスタン、マーティン・ルーフ、パトリシア・フェルナンデス゠ケリー、サラ・マクラナハンもまた、時間と助言を惜しみなく提供してくれた。これらプリンストン大学の教員へと通じる扉は、常に私に開かれていた。それゆえ、本書の中核をなす議論は彼らに負っている。

本研究の一部は*American Sociological Review*で発表された論文を元にしている。編者のヴィンセント・ロシグノ、共編者のランディ・ホドソン、査読者のスティーヴン・ロペス、フィリップ・カシニッツ、ジャック・カッツ、パトリシア・アドラーは、私に非常に重要な意見をくれた（ありがたいことに、論文が受理された後に彼らの名前が明かされた）。

ロバート・ウッド・ジョンソン財団の健康政策プログラムとミシガン大学は、私が博士論文の改訂に必要とした時間と資金を提供してくれた。アナーバーでは、トレヴォン・ローガン、エドワード・ウォーカー、グレガー・マットソン、サラ・クイン、ブレンダン・ナイハン、グレアム・ブーシェイ、セス・フリードマン、ジャミラ・ミッチナー、クリストファー・バイルといった、きわめて優秀なポスドク研究者グループが、各章の草稿を熟読してくれた。

UCLAでは、社会的相互行為論と都市生活研究に従事する研究者コミュニティが、非常勤の客員研究員に研究スペースと激励を与えてくれた。彼らの支援と助言のなかでも、私は特にジャック・カッツ、ロバート・エマーソン、ステファン・ティンマーマンズ、ブランドン・ベリーから恩義を賜った。

ウィスコンシン大学では、エリック・オリン・ライト、マーラ・ラブマン、ジョーン・フジムラ、ダグ・メイナード、ジョン・デラメイター、パメラ・オリヴァー、モニカ・ホワイト、ムスタファ・エミルベイヤーが惜しみないコメントをくれた。心の底から彼らに恩を感じている。学部ゼミである「ザ・ゲットー」の学生たちからは、初期の草稿に対して適切な助言を受けた。私が大学院生の頃に講義を共同で受け持つよう誘ってくれたミッチ・ドゥニアに、そしてミッチと共に教えた、プリンストン大学、ローマ大学、クラコフ大学、ウィスコンシン大学マディソン校の学生たちにも、深く御礼申し上げる。また、マディソン校の民族誌セミナーの学生たち、ニューヨーク市立大学大学院センターのメソッドワークショップの参加者、ハーバード大学正義・公正ワーキンググループ、UCLA民族誌ワーキンググループに、各章の草稿に関する綿密な読解と有益な助言に対して感謝を述べたい。

この研究と執筆のプロセスを通じて、たくさんの人々が本書の検討会を主催し、本の一部を読み、時間をかけて私の思考を大いに形作ったプロジェクトに言及してくれた。他の人々は、大学の教室でも六番ストリート・コミュニティでも上手くやることにくじけそうになっていたときに、友情を深めてくれた。こうした寛大な友人や仲間たちのなかには、エヴァ・ハリス、レベッカ・シャーマン、サラ・ゴールドリック＝ラブ、ヒラリー・レーヴィ、アレクサンドラ・マーフィー、マファルダ・カルディム、テオ・ストリーノポロス、キャスリーン・ノーラン、フォレスト・スチュアート、コリン・ジオーマック、ジョセフ・イウジィ、ジョヨン・リー、ジェイコブ・エイブリー、マライア・レン、スザンナ・グリーンバーグ、ニッキ・ジョーンズ、ローラ・クローソン、コーリー・フィールズ、マシュー・デズモンド、アナ・ハスキンス、ジョン・サットン、マリオ・スモール、ロィック・ヴァカン、ポール・ウィリス、ウィリアム・コーンブラン、テリー・ウィリアムズ、メーガン・コンフォート、イッド・テイヴォリー、フレドリック・ウェリー、ブライアン・ケリー、クリストバル・ヤング、グレン・ラーリー、ハビエル・アウジェロ、モニカ・ホワイト、マリオン・フォーケイド、ダイアン・ヴォーガンがいる。

キャロル・スタック、ハワード・ベッカー、ハーバート・ガンズはとても貴重な文通相手だった――私は彼らが遠方から教えてくれたすべてのことに感謝する。ハワード・ベッカー、ロバート・エマーソン、ジャック・カッツ、デイヴィッド・ガーランド、ブルース・ウエスタン、スザンナ・グリーンバーグは、最終稿を丹念に読み込み、それぞれが本書の改善に大いに繋がるコメントを提供してくれた。ダグ・ミッチェルは、シカゴ大学出版局の編集グループの要という評判どおりである。彼とティム・マクガヴァンやレヴィ・スタールといった彼の同僚たちと仕事ができたことは、すばらしい贈り物だった。

執筆の最終段階で、モルゲン・ミラー、マルティナ・クノヴェック、エスター・スボージャー、ヘザー・ゴードン、カトリーナ・クィサミン・キング、サラ・ウゴレッツ、マチュー・カーニー、ギャレット・グレインジャーによる見事な調査能力と編集協力を頼りにさせていただいた。シカゴ大学出版会のサンドラ・ヘイゼルからは最終稿に対して多大な知恵と編集上の助力を賜った。

本書をレジーとティムの兄であるチャックに捧げる。彼がいつも見せてくれた愉快さと精神的な強さは、私たちの記憶のなかに生き続けている。

付録　方法論ノート

いかなる社会科学的研究を評価する場合でも、調査者が知っていると主張する事実を、当人がどのように発見したのかを学ぶのは有益である。本書の元になった研究にとって、このことは一人の若い白人女性が、どのようにして二〇代で、フィラデルフィアの低所得者層が暮らす黒人居住地区で、警察を巧みに避ける黒人の若者たちと過ごすことになったのかを説明することと同義である。以下で私は、どのように本研究が生まれ、どのように調査が始まり、そして実施されたのか、どのような困難が生じ、それをどのようにして乗り越えようとしたのか、研究プロジェクトがどう展開し、完了に至ったのかについて記述する。読者は、私のアイデンティティがどのようにして私自身の研究内容に影響を与え、グループ内外の人々が地区にいる私の存在をどう感じたのか、六番ストリートでの年月が私にどう影響したのかについても知ることになるだろう。

発端

私がペンシルベニア大学の一年生だった頃、デイヴィッド・グラジアンは、学部生向けに都市民族誌を教えていた。デイヴはシカゴ大学出身の新規採用された教員で、直接観察を通じて都市生活を研究する伝統の影響を受けていた。最初の授業で、彼は私たち学生が社会生活を観察し、フィールドノートをとることのできる調査地を選び出すよう指示した。最初、私はフィラデルフィアのダウンタウンにある自主制作映画のレンタル店、TLAで働くことにした。私は自分の関心が、小難しい芸術作品を気取った映画について内輪の会話に興じるかなり気取った従業員と、奇抜な映画をちらっとだけ観るが大抵最新のハリウッド映画のなかから選ぶような、ずっと知識や意欲のない客との関係にあると考えていた。このアイデアは完全な失敗に終わった。店の主人は私を雇わなかった。理由は、私が映画をよく知らないから、というものだった。

私が次に試した場所は、大学のキャンパスの西端にある大きなカフェテリアだった。私はそこで、週に二、三度友人の学生たちと食事をとっていた。そこでもまた、私は従業員と食事客との興味深い緊張関係に気づいた。大部分が白人でかなり特権的な学生たちは、年配の黒人女性たちのことで不平不満を並べながら始終過ごしていた。その黒人女性たちは、昼食や夕食を調理していたのだが、私の目にはそれらの従業員がとても愉快で有能であるように映った。私はそこで働き、従業員たちが学生たちをどう捉えているのかを理解したいと思った。

大成功！　応募した翌週に仕事が決まった。

私は、小柄で無口な六〇代の黒人女性であるミス・ディーナに雇われた。彼女は地下フロアで大半が黒人の従業員たちを管理していた。ミス・ディーナは大学のカフェテリアに三〇年勤務し、そのうちの一五年間はマネージャーの立場にあった。同年の秋、私は彼女の下で、サンドイッチ作りと食事の注文をとる係を主にやりながら、週に二度働いた。

最初の週に、私はカフェテリアの従業員が学生たちとのやりとりに気を揉む暇がないことを知った。それよりも、彼女たちは労働組合解体をめぐる内輪もめで紛糾していた。ペンシルベニア大学は既に学生労働者の雇用を停止しており、黒人のカフェテリア従業員たちをほぼ全面的に、労働組合員から民間の食品サービス会社で働くパートタイム労働者に入れ替え始めていた。組合の従業員が定年退職したり病気休暇に入ると、その人たちを、週に二五時間以内だけ働きこの外注会社を通じて賃金が支払われる二〇代の男女に置き換えていった。私はミス・ディーナが、彼女の終生の友人たちに取って代わったこうした新人たちを忍耐強く教育するのを観察した。従来の組合員の女性たちとパートタイムの若い従業員たちとの対立が、私のフィールドノートの焦点になった。
二、三ヶ月が経過して、ミス・ディーナの従業員たち――組合員と非組合員――の多くが、あまり文字が読めないことが分かった。私は、彼女が従業員たちに便宜をはかろうと、雇用関係書類にその場で記入させるのではなく、書類を自宅に持ち帰らせて翌日持参させる選択肢を提案していることなどに気づき始めた。サンドイッチ作りの仕事では、サンドイッチを包むラップに、ターキー&スイスチーズ、ハム&チェダーチーズ、ピーナッツバター&ゼリーなどと表示された小さな白いラベルを貼り付ける必要があった。サラダ作りの仕事では、二種類のサラダしかなく、両者は容易に区別できるためラベルの貼り付けは必要なかった。ミス・ディーナは、従業員たちがどちらで働きたいかを選べるように、サラダ作りとサンドイッチ作りを二つの部屋に分けた。従業員たちは、サラダ作り用に割り当てられた部屋で働きたいと、たくさんの理由を並べ立てた。作業用の椅子の座り心地がいいとか、音楽がもう一方よりも好みといったことである。これらのまったく正当な理由とともに、いくつかの隠れた理由があった。サラダ作りの部屋では、従業員は活字を一切目にすることなく仕事を終えられたのである。

従業員たちが病欠の電話をかけてきたり、育児をしなければならないとき、ミス・ディーナはサラダ部屋からサンドイッチ部屋に人を移さざるを得なくなった。この不測の事態に対処するため、彼女はサンドイッチ用のラベルをイラストで印を付けたマニラフォルダに入れる仕組みを考えた。その結果、従業員たちは、ターキー&スイスチーズには星印を、ハム&チェダーチーズにはスマイルマークを貼ると覚えることができた。このやり方に適応できず、ラベルを間違ったフォルダに戻した者も時々いたので、ミス・ディーナは、各営業日の最後にフォルダを確認し、ラベルを入れ直した。彼女が腎臓結石を患って不在だったある週、職場に行った私は、四〇個のピーナッツバター&ゼリーのサンドイッチにターキー&スイスチーズのラベルが貼られていたことに気づいた。

識字能力の低い従業員にとっての別の問題は、出退勤確認のために使用しなければならないタイムカードだった。タイムカードは一階のマネージャー室近くの壁にかかった縦長の金属製のフォルダにびっしりと挿してあった。壁には七〇以上の名札が並んでいて、名前が小さな筆記体で書かれていたので、私は自分のカードを探し当てるのに一分以上かかっていた。上級マネージャーたちが時間を集計するために毎日カードを取り出すため、壁に並んだカードの位置を覚えることはできなかった。

従業員たちは様々なやり方でこの問題に対処していた。二、三人の年配女性たちが時計の下に立ち、誰かに尋ねられると、壁掛けの時計は進んでいて、賃金の全額が支払われるように最後の時間が過ぎるのを待っているのだと答えていた。彼女たちが待っているあいだ、「長身の」人物が彼女たちの代わりにカードの記録をつけておこうかと持ちかけ、彼女たちは丁寧に礼を言っていた。

パートタイム従業員として加入し始めていた若者たちは、タイムカードの問題を解決するために別の方策を採った。彼らは先に仕事を切り上げると言って、後でタイムカードに記録するよう別の階にいる友人に頼んでいた。最初、私は彼らが時間をごまかしていると考えたが、すぐにそれほど頻繁に行われているわけではないと気づいた。大抵の場合、彼らはシフトを終えてから職場を出ており、働いた以上の時間を記録しているように見えただけだった。労働時間のごまかしに見えたのは、壁に並んだ自分の名前を探し当てられなかったという事実を隠す方法だったのである。

ミス・ディーナは見て見ぬふりをしただけでなく、これらの方策を一つの管理術として積極的に取り入れた。彼女は、追加のナプキンを運んだり、注文を取るときに個人的に一部の従業員のタイムカードを記録していた。観察を続けているうちに、彼女が一階と二階で働く一部の従業員たちの出退勤の記録を手伝ってもいることに気づいた。

一階のマネージャー室に座っている二人の白人男性には、黒人従業員のほぼ全員が怠惰で、気難しく、明らかに不正直な人たちに見えていた。彼らには、女性たちが些細な理由でサンドイッチ部屋での仕事を拒否し、若者たちが時間をごまかし、中年女性たちが時計の付近でたむろしているように見えた。ある時、ミス・ディーナが帰宅したあと、そのような不服従を見過ごしているとして、彼らが彼女を激しく非難するのを私は耳にした。彼らはまた、親戚や友人を雇用していると彼女を責めたが、私は彼女がそうするのを見たことはなかった。管理業務に伴う緊張にもかかわらず、ミス・ディーナは仕事から大きな誇りと喜びを得ているようだった。私の知る限りでは、従業員たちの大半が彼女を尊敬し、信頼していた。

私は、デイヴィッド・グラジアンの授業の最終レポートを書き上げ、学期が終わるとカフェテリアのアルバイトをやめた。

＊＊＊

翌年の秋、私はミス・ディーナに、家庭教師を必要としている人を知らないかと尋ねた。彼女はすぐに、娘の息子で母親と一緒に彼女と同居する高校三年生のレイと、息子の娘で数ブロック離れた場所で母親や兄弟と住む高校一年生のアイシャという、二人の孫を紹介してくれた。ミス・ディーナは、レイが大学進学を目指すきちんとした少年だと言った。逆にアイシャは、トラブルに事欠かないということだった。英語、歴史、大学進学適性試験の準備に関して私がレイとアイシャの家庭教師になることで話はまとまった。

家庭教師になる動機として覚えているのは、同僚たちが仕事のためにやってくる、主に白人向けのキャンパスの外にある、彼らの自宅や近所での生活を理解したい、というものだった。きわめて乏しい識字能力しかない多くの人々と一緒に働いた後、私は、識字の問題にも強い関心を抱いた。いずれにしても家庭教師の仕事は、一人の若い中流階級の白人女性が、労働者階級と貧困層が暮らす都市部の黒人地区で過ごす妥当な理由であるように思われた。

初めてミス・ディーナの家に車で出向いたとき、私は正しい住所にたどり着けなかった。レンガ造りの二階建て低層住宅の家並みを眺めて歩いていると、ある若者から呼び止められ、警官かケースワーカーかと尋ねられ、私のような人間がその地域にいる理由は他にないようだった。私はすでにカフェテリアで働く唯一の白人であることには慣れていたが、そこにいる学生とその周辺地域の多数派は白人だった。夜間の家庭教師としてミス・ディーナの自宅に通い始めた頃、私は白人がまったくの少数派である世界に足を踏み入れた(1)。

ほっとしたことに、ミス・ディーナの家族は私を温かく迎え入れてくれた。彼女の娘のロシェルは、おしゃべりで溌剌《はつらつ》とした四〇代の女性であり、一時解雇されるまでダウンタウンの託児所で補助教員として働いていた。彼女と息子のレイは、両方とも私が育った裕福な白人地区のことをよく知っていて、私の文化的知識の隔たりに合わせてくれているようだった。

ミス・ディーナの孫娘のアイシャも大いに歓迎してくれたが、フィラデルフィアの黒人居住地区の外に出た経験はほとんどないようだった。北部の分断された都市で成長した多くの黒人たちと同様に、彼女は言語学者たちがアフリカ系アメリカ人口語体英語と呼ぶような話し方で話していた(2)。おまけに彼女は早口で、ティーンエイジャーのように素早くか細く話した。家庭教師を始めた頃、私は彼女が言っていることが分からないことが何度もあったので、気まずそうにもう一度同じことを言ってくれるよう彼女に頼んだ。あるいは、私は話を追っている振りをしていたが、彼女は私が彼女の話を全く理解していないことにちゃんと気づいていた。

その年度、私はミス・ディーナの自宅で週に二度、後になって三度、夜間に家庭教師としてアイシャとレイを教えた。二、三ヶ月後、私はアイシャの話にずっと上手くついていけるようになり、電話での会話もほぼ理解できるようになった。

アイシャの家族

およそ四ヶ月後、アイシャの母親は、私に会いにミス・ディーナの自宅に立ち寄った。褐色気味の肌で、短く細い髪をコーンロウ〔頭髪をいくつかの部分に分け、各部分を頭皮に沿って三つ編みにする髪型〕にしたいくぶん肥満気味の三〇代後半の彼女は、数多くの経験をしてきたからか、あるいは単に糖尿病と三人の子どもたちの世話のためか、疲れ切っているように見えた。私たちの面会は、どちらもずいぶんとぎこちないものだったが、面会を終えると、数ブロック離れたアパートに立ち寄るなら歓迎すると彼女に言われた。美術館風の静けさとビニールカバーで覆われた家具を備えるミス・ディーナの清潔な家で数ヶ月間過ごしたが、これは大きな前進だった。拡大家族と隣人たちから成るひとまとまりの世界が、私に開かれていった。

私はアイシャの家で過ごし始め、彼女の母親や姉のみならず、たくさんの親戚、友人、隣人たちと知り合うことになった。私たちは彼女の住むアパートの階段に腰かけたり、料理したり、街角のコインランドリーで服を洗濯したり、テイクアウトの中華料理店まで散歩したりした。一緒に地区を歩き回るとき、アイシャはデリカデッセンの店員として働くいとこや、ストリートの露店でＤＶＤを売っているおじ、小さなシーフード料理店を経営している別のおじに私を紹介した。彼女の家族は、何世代にもわたってフィラデルフィアに住み続けていた。彼女は大勢の隣人たちを身近な親戚のようにみなしていた。

私はアイシャの家族とミス・ディーナの家族とのあいだに社会的な距離があることに少しずつ気づき始めた。ミス・ディーナの冷蔵庫は中身が一杯であることが多く、家族は電気やガスの使用で問題を抱えておらず、レイは夜間に大学進学適性試験や大学受験に備えて勉強していた。私は家族の誰かが玄関口の外階段に腰掛けているのを目にしたこともなく、隣近所との関係は礼儀正しいが淡白なものだった。二年間彼らの家で平日午後のほとんどを過ごすなかで、私はこの家族が二度だけ訪問客をもてなすのを目にし、そのうちの一度は別の街に暮らす親戚だった。対照的にアイシャは、比較的貧しいブロックにある低所得者向けの八番地のビルの四階に、母親と妹と一緒に住んでいた。そのアパートには家族や隣近所の人々が絶え間なく出入りしていて、アイシャの家族もかなりの時間を隣人のアパートで過ごしていた。そこは彼女たちが家族の一員とみなす三人の子どもがいる家庭だった。

アイシャの母親は、生活保護を受けるまでしばらく麻薬を売っていたと私に打ち明けた。アイシャが幼い頃、外出の際には母方の祖母がアイシャの世話を引き受けた。祖母は驚くほど鮮やかな赤色に染めた髪で、コニャック好きの痩せた六〇代の女性だった。中学生の頃、アイシャは祖母と落ち合うために街角のバーに行き、そこで店の客と談笑し、夜遅くに祖母と一緒に家路につくといった生活を送っていた。私がアイシャと出会うまで、彼女はこのバーを第二の家とみなし、好きなときに出入りし、少額を借りたり、何かをつまんだりしていた。

アイシャと出会って最初の数ヶ月間、彼女はしばしば退学か落第かというぎりぎりの局面にいるようだった。私たちが初めて会った週、彼女は担任の顔面を殴りつけて停学処分になっていた。私はのちに、州北部の刑務所に収監されているミス・ディーナの不肖の真ん中の息子を通じて、彼女がミス・ディーナの孫娘なのだと知った。翌年のイライジャ・アンダーソンの都市民族誌の授業で、私は《まとも》と《がさつ》のあいだの緊張関係について学び、ミス・ディーナとアイシャの家族の分断が一層理解できるようになった。

地区に引っ越す

大学二年生の中頃、私が住んでいたアパートの賃貸契約が満了し、さらにアイシャや彼女の家族からの勧めもあり、私は彼女の家のそばで部屋を探し始めた。しかし、これは難しいことだと分かった。アイシャが暮らす地区を含む市内の黒人地区で、私に快く部屋を貸すような不動産業者を見つけられなかったからである。ある業者たちは携帯電話に返事を全くよこさず、別の業者たちはリストに掲載されたアパートは私が借りたがるようなものではないと言ったり、借りられてしまったと言った。最終的に、アイシャの姉が私の代わりに数回電話をし、指定された場所に何度か同行してくれることになった(3)。

ミス・ディーナの家から二、三ブロック離れた場所にあるワンルームの物件に引っ越すとすぐに、私はペンシルベニア大学に通いながら、アイシャの拡大家族や友人たちと、もしくはミス・ディーナの家で、一週間のうちの大半を昼夜にわたって過ごし始めた。このときすでに、私は母親や娘、おばや祖母の経験――アイシャのコミュニティにいる女性たちの内輪の世界に関心を抱くようになっていた。私がペンシルベニア大学のキャンパスで過ごす時間はほぼ社会学部に限定され、そこで自分が取り組んでいたフィールドワークに基づく最終レポートを提出できるような授業をいくつか取ろうとした。私はアイシャの高校生活より長い三年半以上も家庭教師を続けたが、私の役割は徐々に家庭教師から友人兼隣人に変わっていった。

六番ストリート・ボーイズと出会う

二〇〇二年一二月、アイシャの一四歳のいとこであるロニーが少年院から戻ってきた。彼は歳のわりに小柄で、ズボンの擦り切れた裾は歩くときに引きずられ、それまでの長い道のりでボロボロになった。肌の色は薄く、髪は巻き毛で、柔らかな声をしており、アイシャに会うと彼はにっこり微笑んだ。私はロニーの不在中に彼のことをほとんど聞いたことがなかったが、彼が戻ったその日、アイシャは通りで彼を迎えようと駆け出し、彼を抱きしめ、その日の午後はそばを離れなかった。私はそのとき初めて彼女の本当の笑い声を耳にした。

ロニーの母親がクラック中毒を主な理由に彼の面倒を見られないと分かったときにアイシャのおばが彼を世話したことから、二人はいとこ同然になったのだとアイシャは私に言った。アイシャと私が出会う前年に亡くなったこのおばは、彼のことについて何一つ理解していない祖母に彼を任せた。少年院への出入りはそれから程なく始まった。

今回戻ってきたときロニーは高校一年生だったが、無断欠席生徒指導員から逃げ回ったり、停学処分を受けたりしながら、平日のほとんどを教室の外で過ごした。彼はアイシャの家からおよそ一五ブロックほど離れた六番ストリートと呼ばれる地区で祖母と一緒に暮らしていた。ロニー自身が語るように、彼は自称、ストリート育ちのトラブルメーカーだった。ダンスの上手な彼は、近くを通りかかった人に即興のショーを見せようと、軽やかに信号停止中の車から飛び降りたりした。

ロニーはアイシャに恋人がいないことを聞きつけると、六番ストリートの二、三軒離れた場所で暮らす物静かで黒めの肌をした一四歳の若者である友人のトミーを彼女に引き合わせることにした。トミーは背が高く、内気で、ルックスがよかった――ロニーのいたずらっぽさとは正反対だった。アイシャは彼に首ったけだった。彼女は毎週午後に一、二度バスで六番ストリートに通い始めた。アイシャは彼女に同行する私を、時に彼女の家庭教師として、また時に彼女の名付け親の娘、あるいは単に姉だと紹介した。

●デート

ある日の午後、ロニーやトミーと一緒に六番ストリートでぶらぶら過ごしていると、ロニーは彼の昔からの兄貴分だというマイクが私と会いたがっていると言ってきた。そのことをロニーから聞いていたアイシャによれば、マイクはロニーの祖母の隣家で生まれ育ち、《格好いい》ということだった。

そのときまで、彼女の知り合いのいろいろな男の子たちに私を引き合わせるというアイシャのたくらみに私は抵抗があったが、アイシャの提案を一〇代の子との友情による心からの贈り物と理解して、いつも丁重に断っていた。しかしマイクの話を聞く数週間前、アイシャの弟の誕生日会に参加する機会があった。そこで私は、アイシャの母親と他の親戚とのあいだで交わされた、心をかき乱されるような会話を耳にした。ケーキを食べた後、親戚の女性は、アイシャの母親にそっと、私がアイシャや彼女の女友達と長時間一緒に過ごしているのはなぜかと訊いた。アイシャの母親は、私が彼女の娘と甥の家庭教師で、この近所に住んでいるからだ、とはっきり答えた。その女性は、この家庭教師の仕事から私が一体何を得ているのかと尋ね、アイシャの母親は大学のためにやっているのだと思うと答えた。彼女は私がアイシャをどこに連れていくのかを知りたがった。アイシャの母親は、私が彼女を図書館、書店、そしてときどき外食に連れていく、と言った。私がどこかの男性と一緒に出かけたりしているのか、と彼女は疑問を呈した。彼女には恋人はいないと思う、とアイシャの母親は答えた。その女性は、私に恋人がいないことで、まるで何かの疑いの確証を得たかのように頷いた。アイシャの母親はそれから、私が「姉同然」で「家族の一員」だと答えた。

恥ずかしさと気疲れで私は誕生日会の場を離れた。本当のことを明かすことも何かを言うこともせず、私はその女性が、私には話題にするような恋人もいないのだから、高校生の少女に何やら興味を抱いているということを匂わせたのだと想像した。少なくとも、私に恋人がいないこと、そしてアイシャや彼女の女友達と長時間過ごしていることは奇妙なことだった。私に対するアイシャの母親の接し方が変わったようには見えなかったが、アイシャや彼女の一〇代の女友達と接する私の動機が怪しげなものだという噂が出ているかもしれないと、私は恐ろしくなった。その後、男性と引き合わせると持ちかけられたので、私はすぐに同意した。その相手こそ、ロニーの兄貴分のマイクだった。

二〇〇三年一月にロニーが私たちを紹介したとき、マイクは二二歳——私よりも一歳年上——の痩せた若者だった。私たちは二、三回短く電話でおしゃべりした後、一度、六九番ストリートの映画館で本当にぎこちないデートをした。それはグループデートだった。私はアイシャと彼女の女友達の一人を連れていき、マイクは二人の男の子、ロニーとトミーを連れてきた。私たちはマイクが所有する一〇年落ちのボンネビル——車両というよりボートに近い——に乗り込み、若い子たちは後部座席にぎゅうぎゅう詰めにされ、私はマイクの隣の助手席に座った。アイシャはトミーとのデートに心躍らせているようだった。彼女が連れてきた女友達は、ロニーよりも二五センチ以上も小柄な彼といちゃつこうと頑張っていた。

映画館までドライブしていたときにマイクが彼自身について最初に教えてくれたのは、銃撃で太腿の上部を負傷し、少し前に理学療法の長期コースを終えたばかりだということだった。私は傷跡を見たがっていたのだろうか？　彼は、変なことをしようとして身体を見せているわけではないと弁解しながら、銃弾が腰の骨に入り込んだ部分を私に見せようとジーンズをずり下げた。私は後に、彼がサイコロゲームの後、強盗を企てた男性に撃たれたのだと聞いた(4)。

私たちはポップコーンとグミを買って、映画が始まるまでビデオゲームで遊んだ。私は映画館のなかで唯一の白人だったが、その心構えはできていて、周囲の誰かにジロジロと見られたり、何か不穏なことを言われたりすることはなかった。だが映画が始まるとすぐに、事態は悪化していった。良質なアクション映画だと考え、アル・パチーノとコリン・ファレルが出演している『リクルート』はどうかな、と提案してみた。蓋を開けてみると、その映画はとくにアクションもコメディ要素もない、退屈な台詞に溢れ、黒人がまったく登場しないことがわかった。一五分もするとマイクとロニーは眠り込んでしまった。アイシャの女友達は――おそらくグミとシェイクを口にしたせいで――気分を悪くしてしまったため、私は彼女に付き添って映画の大部分をトイレで過ごした。帰り道で私は、上映時間がかなり遅かったことで一緒に過ごした若者たちが居眠りをしていたことに気づき、自分のことがみっともなく無責任に思えてきた。車で帰宅する途中、私は映画について何か――実際何を言ったのか書き留めておらず、思い出せもしないのだが——言ったが、その一言でロニーとトミーは爆笑し、アイシャは「彼女は私たちとは育ちが違うのよ」と言って私の発言を取り繕おうとした。

女の子たちを家まで送った後、私はマイクにロニーの準備不足のデートプランについて冗談を言った。

「君はダサくなんかない」とマイクは率直に言った。「それにいい感じの身体つきだ」

「ありがとう」

「君はただ、そう、どう振る舞ったらいいか分からないだけさ」

マイクはそのとき、私が彼の地区に暮らす男性たち——邪魔な（取るに足りない）男ではなく真剣な交際に値する男性たち——の興味を引くには時間がかかるだろうということを的確に説明したのだった。第一、私の服装はダサ過ぎた——まともなコーディネートではなかった。足の爪は剝き出しで、不揃いだった。いずれにせよ一月にビーチサンダルを履いていたなんて、どうかしていたのではないか？ なぜ真冬に短パンとサンダルを履いたんだという質問に私は答えることができただろう。私にはスニーカーが必要だった——白のエアフォース1〔ナイキが販売するカジュアルスニーカー〕ならよかったと彼は考えていたのだ。私の話し方はおかしく、もうちょっとハスキーな声で話してもよかった。加えて、私にはきちんと歩き、姿勢を正す方法が分からなかった。私には人をじろじろ見つめる悪い癖があり、その癖はとくに私が白人の少女であるため無礼だった。それに、私はあまりにも一生懸命に好かれようとしていた。私は、何も言わずにやられっ放しでその場に突っ立ったりせずに、誰かが自分を侮辱する際は自分を擁護すべきだった。そして、私はあれほど気前よくなるべきではなかった。なぜ私はあれほど頻繁におごるとしゃしゃり出たのか？　挙げ句の果てに、ぼさぼさの髪のせいで寝起きのまま髪を整えずに家を出たように見えていた。こうした批判に対し、私は精一杯言い返した。

「えーと、そうね、巻き毛みたいなものだから、とかしたりしないの」

マイクはイラっとして首を横に振った。

このとき私は次のようなことを言った。「はいはい。なおさら私がとっても変で魅力的じゃないって思わせてくれてありがとね」

デートは恥ずかしくてたまらないものだったが、二週間ものあいだアイシャや彼女の家族とおしゃべりするネタを私にくれた。そのおかげで、誕生日会にいたあの疑い深い女性が引き起こした、人々がアイシャやその女友達に対する私の動機をどう見ているのかという切実な不安を私は乗り越えることができた。

●マイクが私の面倒をみる

デートがあまりにひどかったので、私はマイクから二度と連絡はないだろうと考えていた。驚いたことに、彼はそれから数週間、何度も私に電話をかけてきた。彼は私がどう過ごしているのか、女の子たちや私が元気でやっているか訊いてきた。あるいは、ノースイースト・フィラデルフィアにある倉庫なのだろうが、仕事に行く途中だと言っていた。あるとき、彼は喧嘩沙汰になって手に傷を負ったと、私に話した。彼はおそらく弟分の一人と一緒にアイシャの住むブロックに車で来て挨拶をすると何度か約束したが、実際にはそうしなかった。これらのちょっとしたやり取りが、彼はまた電話してくるのか、私は本当に彼のことが好きだったのか、それとも彼が煮え切らない態度を取るので気になっているだけなのかといった、アイシャと彼女の家族とのたくさんの会話のきっかけになった。

私に対する人々の振る舞いが変わったかどうか確信はないが、私はマイクとのデートが、アイシャの隣人や親戚たちと意気投合する手助けになっていると推測した。仮に私が困惑の種だったとしたら、今や地区内の私の存在は、黒人の男たちのことが好きな白人女性の一人だった。

みんなで映画館に出かけてからすぐに、ロニーは姉妹の恋人と殴り合いになり、加重暴行罪で再び少年院に送られた。アイシャはすっかり気落ちしてしまった。マイクもまた、とくに彼の別の親友で隣人でもあるチャックがその頃収監されていたため、ロニーと離れ離れになることを嘆いた。チャックは暴行や警官からの逃亡に加えて校庭での喧嘩で告発され郡拘置所に入れられていた。

おそらく、マイクが私に電話し始め、六番ストリートに立ち寄ると言い始めたのは、彼の交友関係に一時的な空白が生じたためでもあった。あるいはロニーやチャックがいなかったこととは何の関係もなかったかもしれない。たぶん、マイクは単純に玄関前の階段で一緒に座る白人の恋人を――不器用でダサい服を着ているにせよ――持ちたかったのである。彼の動機が何であれ、私は彼のおじの家、留守になった友人チャックの家、そしてコミュニティ中の家々で彼と過ごし始めた。少しずつ、マイクは私を交友関係のある他の若者たちに紹介した。

ある晩、彼は私が州発行のIDを持っているかどうか聞こうと一〇時頃に電話をかけてきた。私は持っていると答えた。すると彼は「俺と一緒に車に乗ってくれ」と言った。私たちが地元の警察署まで車で行くと、そこでマイクは、チャックの弟であるレジーの釈放のため、私に署名するようそれとなく示した。レジーは、同じ高校の少年への暴力的な脅迫と喧嘩で勾留されていた。(噂によると、その暴力的な脅迫は「てめえ、ぶっ飛ばしてやる」という言葉だった)。書類に自分が母親だと書き込んだが、カウンターの後ろで働いていた女性たちには私たちが血縁関係にないことは明らかだった。一五五センチの私を見下ろす、がっしりした黒い肌の一五歳の少年が通用口から現れると、彼は私ににやりと笑い、「おう、母ちゃん、俺を迎えに来てくれてありがとな」と声をかけてきた。

このときはまだ、私は週に二度、アイシャと彼女のいとこであるレイの家庭教師をしていた。私は自分が携わる研究が、ミス・ディーナと彼女の娘、アイシャと彼女の母親と姉妹、アイシャが付き合っている他の一〇代の少女たち、通り向かいの隣人、彼女の三人の子どもたちなど、女性たちの世界と関わるものだと確信していた。だが、私のフィールドノートはますます、六番ストリート一帯にいるマイクや彼の友人たちに関するものになった――彼らは、時にアイシャの友人や家族と重なり、時に重ならなかった。

私がマイクや彼の友人たちと以前よりも多くの時間を過ごすことになったのには、自分が一〇代の少女たちに淫らなことをしていないと示すこと以上に、おそらくいくつもの理由が存在していた。一つの理由として、私は『オール・アワー・キン』(5)、『メイキング・エンズ・ミーツ』(6)、『ノー・シェイム・イン・マイ・ゲーム』(7)を読んでいて、ワーキングプアの人々や生活保護を受けながら悪戦苦闘する女性たちの暮らしについて多くを学んでいた。私には、アイシャとその家族や友人たちに関する自分のフィールドノートが、これらの三冊がすでに述べていることにどれほどの内容を付け加えられるものなのか自信がなかった。他方で、マイクと彼の友人たちは一つの謎だった。彼らは多少なりとも仕事をしていたが、同時に大っぴらにしていない収入があるようだった。彼らは逮捕され、保釈金を払って家に戻り、それぞれの保護観察官との面会に出向いた。彼らは喧嘩をしたり、自動車が盗難に遭ったり警官に押収されたりした。それは、まったくの混乱と無秩序だった――私自身、刻一刻と生じることを把握し切れないほどの。

二〇〇三年三月の下旬、春が提出期限のペンシルベニア大学の学士論文で、私が彼の生活について書くことをどう思うかマイクに尋ねた。私たちは、彼の名前と地区の実際の位置を非公開にし、彼が書かないでほしいと考えるいかなる出来事も書かないという条件で合意した。その後の数週間、私は、六番ストリートでつるんでいるチャック、スティーブ、アレックス、アンソニー、そして他の若者たちにこの話を切り出した。その後、私は彼らの母親たち、恋人たち、他の親戚たちともそのことで話し合いを持った。

●マイクが警察に捕まる

マイクとつるみ始めて二、三ヶ月が経過した頃、彼はパニック気味に、警察が彼の捜索でおじの家にさっき家宅捜索に入ったことを伝えようと朝四時に私に電話をかけてきた。マイクはベビー・ママの家にいて、彼のおじは、警察は次はおまえのところに行くだろうと警告するために彼に電話をかけてきた。警察は銃撃容疑でマイクの逮捕令状を取っていた。マイクは私に、銃撃戦には関わっていないと話し、その翌週、私のアパートも含めた友人たちのアパートに隠れ、そのあいだに身の振り方を考えていた。

これは、いわば裁判所への出頭拒否、訴訟費用の滞納、あるいは保護観察・仮釈放の遵守事項違反を理由とする勾引状ではなく、新たな重大犯罪を理由とする「収監状」であったため、複数の警察組織がマイクの捜査に積極的に乗り出し、マイクの家族や友人宅で家宅捜索を行い、彼のおじ、母親、二人の子どものベビー・ママを尋問し脅した。警察を必死で避けながら二、三週間を過ごし、彼は弁護士を一人雇って自首した。彼は郡拘置所から私に、朝と夜に一度ずつ割り当てられた一〇分間を使って電話をかけてきた。そして私は、彼の友人たちや彼が交際していた女の子と三者通話で話したり、ブロックで起こっていたことを確認したりしていた。

マイクは、フィラデルフィア最大の郡拘置所であるカラン・フロムホールド矯正施設（CFCF、地元では〝F〟として知られる）で勾留されていた。ノースイースト・フィラデルフィアの州道沿いにあるピンクとグレーの建物だった。拘置所や刑務所にいる人物を訪ねたのは初めてだったので、私は待合室にいる他の女性たちにとても怯えていた。CFCFの面会者は、呼ばれるまでに五時間も要するため、女性たちが互いに会話し、品定めする時間が十分にあった。こうした女性たちの一部は互いに顔見知りだったが、ときに彼女たちは露骨に私にいやがらせを言ったり、誰と面会する予定なのか聞いたり、どのように付き合ったのか、なぜ黒人を選んだのかを聞いてきた。

マイクに面会するという試みは当初、失敗に終わった。一度目は、私の衣服が拘置所の面会規定（白いTシャツは禁止、ビーチサンダルは禁止、パーカーは禁止、お尻の丈よりも長い上半身の服は禁止）に従っていなかったせいで、二度目はマイクの面会時間が二、三時間前に上限に達していたためで、そして三度目は夜間の受刑者数を確認できなかったときに刑務所長がすべての面会を取り消したからである。私はそれからだいたい一週間でコツをつかんだ。
二、三週間後、マイクは別の受刑者と喧嘩沙汰になり、独房に移された。真っ暗闇のなかで三日間を独りで過ごした後、母親のミス・レジーナと祖母は、彼を家に帰すために一五〇〇ドルの保釈金を工面した。ミス・レジーナと私はそのお金を納付するため、裁判所の地階にある保釈事務所に行った。それから、私はマイクが釈放されるまで、州道沿いにある郡拘置所で六時間も待った。

マイクが釈放されたのは夜で、私たちは午前二時半頃に車でブロックに戻ってきた。ほとんどの人が寝入り、地区は静まり返っていたため、彼は誰かの目を覚まさせて彼の帰宅を祝ってもらうことができなかった。私たちはしばらく車で辺りを走り、その後マイクは、車を黒いトラックに横付けするよう私に言った。彼が助手席側のドアをノックすると、すぐに一人の男性が座席から起き上がり、ドアを開けた。

この人物がアンソニーで、汗とタバコの臭いを漂わす、髪がぼうぼうに伸びた二三歳の痩せた男性だった。どうやら彼は以前、六番ストリートにあるおばの家に住んでいたようだったが、おばの財布からお金を盗もうとしているところを見つかり（彼は激しく否定したが）、家から追い出されていた。私たちは祝いのタバコを代わりばんこに吸い、マイクが別れを告げると、アンソニーはまた寝に戻っていった。マイクは肩をすくめてみせた。「やつはホームレスなんだけど、それでも俺たちの仲間なのさ」。その後、私が尋ねると、彼は一年以上ものあいだ六番ストリートの色んな場所に放置された車の中で生活しているとマイクは言った。

マイクが銃撃容疑で指名手配されているという知らせを初めて受け取ったとき、私は激しく動揺し、今回の事件はマイクの人生において特別で重大な経験だと考えた。彼が保釈されて家に戻るとき、彼の最初の公判期日が翌月に予定された。その日が近づくと、私は彼にスーツを買うよう強く勧めた。彼は拒否したので、せめてカーキ色のズボンとネクタイを捜すよう彼を説得しようとした。代わりに、マイクはジーンズとスニーカーとぱりっとアイロンがけされた白いTシャツで出廷した。

最初の聴聞会は、六番ストリートから約一・六キロメートルの距離に位置し、彼のコミュニティと隣接する複数のコミュニティを受け持つ警察署内にある小さな法廷で行われた。私たちがセメント造の建物に近づいていくと、彼は知り合いの若者に気づき、互いの裁判について細かな情報を交換しながら、その若者と一緒に煙草を吸った。私たちがその建物のなかに入っていったとき、彼は自分よりも若い、名前だけ知っている男性たちと握手していた。私たちが大きな木製パネルの貼られた法廷の被告人側の座席に着くときまで、彼は、裁判を控える一〇人以上の若者たちに声をかけていた。私たちが待っているあいだ、彼は証言するのを待ちながら壁にもたれて立つ三人の警官の裏話を耳打ちした。マイクは二人の公選弁護人に気づき、ブロック出身のどの男性たちが、それまでに受けた様々な裁判で彼らの弁護を受けてきたのかを私に教えた。

その他の驚きは、これらの若者たちの多くと比べて、マイクのジーンズとTシャツがフォーマルな正装に見えたことだった。あるいは、少なくとも彼の服は新しく、清潔で、アイロンがかかっていた。何人かの被告人たちの服に穴が空いているのが見えた。別の被告人たちはもじゃもじゃの髪だったり、靴紐のない擦り切れて薄汚れた靴を履いていた。この殺人未遂事件はマイクにとっても彼がつるんでいる男性たちにとっても重大ではなく、今に始まったものでもないことを私は理解し始めた。事実、これはマイクにとって過去二年間で三度目の刑事事件だった。彼はある裁判の公判期日を終えたばかりで、少し前に別の裁判の保護観察期間を満了したところだった。私は少しずつ、この地区の多くの若者たちが定期的に逮捕され、令状が出された状態で暮らし、切れ目なく公判期日に出廷し、警察を必死で避けていることに気づいた。そして公判期日に彼らが用意した衣服や靴から判断するに、この男性たちは貧しかった――それも、以前の私にはきわめて絶望的に見えていたマイクの経済状態よりもはるかに貧しかった。

●六番ストリートで場と折り合いをつける

私が六番ストリートでロニーやマイクと過ごし始めた当初、彼らの隣人たちや親戚たちはたびたび私が白人だと言って、私がそこにいる理由を尋ねた。初めて出会ったときのアイシャの友人や隣人たちと同様に、彼らが私がしていることを訝《いぶか》しんでいたとは思わない。なぜなら私は、アイシャを介してそこに来ていて、すでに一連の家族の絆を通してロニーやマイクと繋がっていたからである。彼らは、私と出会う前にも、ロニーのいとこ、おば、祖母と一緒にいる私を半年にわたり「その辺で見かけて」いた。その後、マイクが保釈されて戻ってくると、彼は名付け親の娘、もしくは単に妹と私を呼び始めた。ときどき私も近所に住んでいると言った。

マイクはこの地区に暮らす若者たちのあいだである程度の影響力を持っていたため、彼の義理の妹であることは、私にかなりの正当性を与えた。マイクは単純に自分の妹が「無職で、刑務所を頻繁に出たり入ったりして、ハッパ〔マリファナ〕を吹かす野郎のせいで台無しにされる」のが我慢ならなかったため、私はセックスや恋愛の対象ではないということが確定したようだった。

マイクが私に対して後見的な兄貴分関係を選択した理由をどう説明したらいいか分からない。一人っ子の彼はときどき、妹が欲しいとよく思っていたと言った。私たちが出会ったとき、マイクには彼を追いかけるかなり多くの女性たち、すなわち彼の二人の子どものベビー・ママであるマリーや、かつての恋人たち、彼が不定期に会っていた無数の同じ地区に暮らす女性たちがいた。この地区に暮らす多くの若者たちと同様に、マイクは無一文のとき、ときどき寝る場所と食事や少額の現金をもらってこれらの女性と寝ており、彼女たちとのセックスをしばしば日課のようなものとして話していた。そのこともあって、彼はセックスを求めない女友達を欲しがっていたのだろう。あるいは、彼自身、女性たちとそれほど頻繁に寝ることを楽しんではいなかったのかもしれない。理由が何であれ、マイクにある種の妹として認められたことは大きな幸運だった。

公認の妹、いとこ、記録者として、チャック、マイク、彼らの友人たちと過ごす私の役割は、男性の仲間内で女性の仲間が果たす役割に似ているかもしれない。仲間関係にある男たちは、彼らのグループに属する二種類の女性たちを仲間と尻軽女に区別している。尻軽女とは、仲間内のメンバーと寝る女性たちであり、仲間内で共有されるセックスの対象と見られている。仲間とは、誰とも寝ることなく、おおむね性的対象にはならず、ジェンダー中立的な相棒としての役割を果たす女性たちである。

私はしばしば、六番ストリートのグループ内で唯一の女性だった。

二三歳の誕生日に、マイクは地元のモーテルでパーティーを開いた。彼は部屋を借り、訪問客のために、二〇〇ドル相当の度数の高いリキュールの他に五〇ドル相当のマリファナを持ち込んだ。スティーブとアレックスは、緑色の砂糖衣でコーティングされた大きな誕生日ケーキの費用を割り勘した。しかし、誰もお皿とフォークを持ってくるのを思いつかなかったため、ケーキは食べられないまま放置されていたが、レジーがにやりと笑って「おい、俺はすごい《腹ペコ》だぞ」と言って素手でケーキに摑みかかった。そのときチャックが収監されていたため、一五歳のレジーは兄の友人たちとの楽しい時間を過ごした。

マイクはパーティーに女性を一人も招待していなかった。そのため、誕生日イベントでは、一五人の男性たちが酒を飲み、テレビでミュージックビデオを見ながら、小さな部屋にひしめき合っていた。夜も更け、マイクが酔っ払うと、マイクとほとんど面識のない男性たちが、窓枠の下に散らばっていたお酒が半分入った瓶を手に取り、部屋を出入りし始めた。一時頃になると、マイクは膝の上に銃を構えて窓枠の下に座り、訪問客用に買っておいた酒に触れようと入ってくるやつは銃で殴りつけるぞと脅し始めた。彼は、誰も部屋にも酒にもカンパせず、払ったとしてもたった一二ドルのちんけなケーキだけかとしばらく毒づき、それから眠り込んでしまった。

私は、マイクが完全に酔いつぶれていると思っていたが、その後彼は「クソったれ、俺の金をどこにやった?」と叫び始めた。どうやら誰かが、マイクが酔っ払って寝転んでいるあいだに、彼がジーンズの脇ポケットに押し込んでいた札束を取ったようだった。

スティーブは自分の銃を取り出し、マイクの金を返せと言いながら、銃を誕生日会の訪問者たちに向け始めた。私はそれまで誰かが銃を取り出すのを見たことがなく、すぐに機会を見計らい誕生日会を飛び出した。私がどうにかエレベーターに向かう通路を進んでいると、スティーブが背後から走り寄ってきて、何度も謝った。

「悪かった、アリス。失礼な真似をするつもりはなかったんだ。なあ、分かるだろ。俺が、あいつらが仲間につけ込むのを放っておけないって。やつらはあいつが酔ってるからちょろい相手(いいカモ)だと考えてるんだ。《ちょろいやつ》とかふざけんな。《いやなやつら》なんだよ、A《アリス》」

「うん、分かった。あなたはいい友達よ、スティーブ。ただ、私、疲れちゃったの」

一五分後、お金が「魔法みたいに」ベッド脇のテーブルの上にまた出てきて、全員を許したから誕生日会に戻ってこないかとマイクは電話をかけてきた。

＊＊＊

マイクの相棒で義理の妹という役割があっても、セックスや恋愛の話が持ち上がらないというわけではなかった。収監されたとき、男性たちは拘置所に入れられて自分が恋愛対象として私に興味を持っていることに気づいた、という手紙を頻繁に書いてよこした。私はこれをコミュニティの言葉で拘置所話として記録した。一例を除けば、この興味、少なくともその露骨な言い回しは、男性が家に戻って、様々な女性たちと関わるようになると終わるようなものだった。

私たちの仲間内の外では、人々は、私がこのブロックでやっていることや、マイクやチャック、そして別の若者たちと私の関係がどうなっているかについて、異なる解釈をしていた。六〇代の黒人男性で私が部屋を借りているアパートのオーナーは、マイクを私の友人と言っていたが、私たちが恋人同士であるとも匂わせていた。六番ストリートの一部の住民は、私が六番ストリートの誰か、あるいは複数と寝ているとすら考えていたが、若者の恋人たちのなかには、このことを始終疑っている人もいた。公衆の面前、裁判所、刑務所の待合室に出かけると、私たちはときどき恋人同士とみなされた。大概、私は警察の呼び止め、所持品検査、家宅捜索のあいだに無関心を装われていたが、警官たちはときどき、私が麻薬や黒人男性（警察の言葉で「黒いペニス」）との性的関係を求めていると人々から思われていることを匂わせた。対照的に、地区のなかには私がレズビアンであると考える人たちもいたが、これはなぜ私が男たちとつるんでいるかを説明する上で役に立った。ミス・レジーナは、私が彼女の息子であるマイクの相棒で、私が男だったらよかったのにとよく言っていた。ある人々は、私が出身地区で友達を作ることができないちょっとした負け犬ではないかと考えているようだった。マイクと私が本を出す可能性について相談を始め、私がこの点をチャックや他の友人と話し合っていたときですら、こうした解釈と疑念はなくならなかった。

＊＊＊

人々は、私がフィールドワークを行うあいだ、「どのようにプライベートと折り合いをつけたのか」と尋ねた。私が教養あるまともな家庭出身の白人女性であるという点を考慮すれば、これは妥当な疑問である。実際、私は白人、教育、富といったもの以上の特権を有していた。私の父は有名な社会学者でありフィールドワーカーだった。父は私が幼い頃に死去したが、父の思想は少女時代の家に漂っており、大学に入学するまでに私は父の本の一部をすでに読んでいた。私の母と継父もまた教師であり、フィールドワークに従事していた。文化人類学者だった母〔ジリアン・サンコフ。一九四三〜〕はパプアニューギニアやモントリオールで調査を行い、社会言語学者に転向した。そして有名な言語学者である継父〔ウィリアム・ラボフ。一九二七〜〕は、マーサズヴィニヤードやフィラデルフィアだけでなく、ハーレムやマンハッタンの別の地区で研究をしていた。私の両親は金銭面で十分な援助をしてくれただけでなく、私がやろうとすることを理解し、私が取り組んでいたプロジェクトに良い影響を与えようと、彼らの経験を伝えてくれた。

この特異な生い立ちは、一人の大学生としてこの研究に取り組む上での自信と資源を、そして結果的には自己を確立し様々な方面で挑戦する年月を私にもたらした。亡き父の影が、無難で先の予想がつく状況からさらに前進するよう私の背中を押してくれたのかもしれない。おそらく、私の生い立ちと、それが私にもたらした過分な知識と自信もまた、教員たちを仕事に駆り立て、私への教育にきわめて柔軟に時間を費やしてくれた一助になったのだろう。またそのことが、私を支え、新たな社会環境に伴う強い戸惑いに直面しつつも私を前進させ続けたのかもしれない。

これらの利点はどれも社会学者のランドル・コリンズ〔一九四一年〜。社会階層を専門とする米国の社会学者。主な論文に「教育階層における機能・葛藤」がある〕が状況的支配と呼んだものに、少なくともそう頻繁には、言い換えられるようなものではなかった(9)。六番ストリートで私はしばしば自分を一人の間抜け、よそ者、時に無力な小娘のように感じていた。フィールドワークという行為は、とくに自分自身や自分が知っているものからかけ離れたコミュニティ、仕事、生活を理解しようとするとき、つつましいものになる(10)。多くの状況において、知識不足のせいで、私は社会的ヒエラルキーの底辺に置かれた。私は、友人や隣人、家族も含め、マイクとチャックの好意で六番ストリートにたむろしていた。彼らは私がやっていることや私がジレンマに陥っていることをきちんと分かっていた。私が留まれるのか出て行くのかは完全に彼ら次第だったのである。

●基本的な調査知識を獲得する

マイクや彼の友人たちの身に起きていることを描き出そうとする私の当初の試みは、地区、警察や裁判所、地元の麻薬取引、男女関係に関する知識不足のせいで、最初はほとんど進展がなかった。この数ヶ月間にわたる混乱は、誇張では全くない。出来事や会話についていけているようには思えず、人々はとても忙しいか、私の質問にいちいち答えることに苛立っていた。私の間抜けさは、単に内面的なものではなかった——人々は、実際に起きていることに対する私の理解がどれほど鈍いかで、あからさまに不満や困惑を表していた。

少なからず、私は言語上の障壁を乗り越えようと闘っていた。マイクとチャックは、言語学者がアフリカ系アメリカ人口語体英語と呼ぶ言葉を使用していて、アイシャの母親やおばとは異なり、彼らは私の都合に合わせて話し方を変えることはそれほどなかった。さらに、彼らはアイシャやアイシャの女友達以上にスラングを多用した。私は彼らが使用している文法や語彙をどうにか理解しなければならなかった。

以下は、二〇〇五年夏の夜更けに、チャックの自宅裏口のポーチで交わされたやり取りである。

付近を二、三台の車が走っている。そして、彼らが車でやって来ると、チャックとスティーブはこれら隣人の不倫について話し合う。チャックはスティーブに、「ラマーがこそこそ歩いているのを見たか？　あいつはたぶん家に戻ったぜ。すぐに戻ってきたぞ」と言って、二人とも笑う。

「よう、誰が弟分か分かってるだろ、分かってるだろ？」とチャックが言う。「あのラマーがおまえの弟分だろ」

「いや、あいつは違う！」とスティーブが笑って反論する。「俺はこいつらをみんな馬鹿にしてるんだ、A《アリス》」と私に言う。

スティーブは「俺は出かけてくる、A《アリス》。一発かまして（cock）くる」と言って、恋人に会いに出かける。アンソニーにこのセリフについて質問すると、彼は《ペニス（cock）》という言葉が男性生殖器だけでなく、女性とのセックスも意味すると説明する。また、隣人たちの深夜の活動についての会話で私は、破裂する（to burst）、うめえ（to yam）、放り出す（to chuck）、頭がいかれる（to nut）といったオーガズムを意味する四つの新しい単語を学んだ。

混乱はこの言語上の障壁より深いところで起きた。私は、人々の身振りや動作を誤解していたため、彼らが生じさせている出来事の意味を理解できなかったのである。

以前、私はロニーが数人の少年たちと殴り合いをしているのを目撃した。そこでそばにいた二人の少年たちと共に、私は喧嘩に割って入り、仲裁しようとした。私だけが、ロニーを若者から引き離そうとした。ロニーが喧嘩していたのは彼だと思ったからであるが、彼もまた喧嘩を仲裁しようとしていたのだ。男たちのうちの一人が、「そいつじゃない！　そいつじゃない！」と叫び始めた。

なんてひどい間抜けなんだ、と私は思った。誰が喧嘩をしていて、誰が間に入って二人を引き離そうとしていたのか、私は見分けることができなかった。その日の午後に目にしたそれらの光景は、私をさらに惨めな気分にした。

●差異に対処する

民族誌家のなかには、差異が研究にとって価値あるものだと主張する人がいる。つまり、特異な経歴、ジェンダー、人種は、現地の人々やネイティブの人々には見えないものを見えるようにし、民族誌家のよそ者としてのアイデンティティは、彼らにある種の特別な地位を与え、扉を開くという。また、よそ者としての状況が、人々に、彼らがいなければ言わずに済まされるような物事を説明するように促す。彼らの新参者としての失敗や不手際が、ともすれば曖昧な状態に留め置かれるような社会構造を明らかにするというのである(11)。

私はこのアプローチを取らなかった。むしろ、私にはこうした経験がない。いくつかの面で、私のアイデンティティは足手まといであり、克服するために相当な時間と労力をかけなければならないものだった。とくに、六番ストリートでの最初の数ヶ月間、一人の若い白人女性の存在は、あからさまな怒りや目に見える脅威でないにしても、人々を不安にさせていたようだった。社会学者のセント・クレア・ドレイク〔一九一一～一九九〇。アフリカ系アメリカ人の社会学者。ケイトンとの共著『ブラック・メトロポリス』で名高い〕やホレス・R・ケイトン〔一九〇三～一九七〇。社会学者〕が黒人コミュニティのいかがわしい下層民(lower shadies)と呼んだものに精通していないこと、その地区を熟知していないこと、そして私の家族背景がまったく異なることから、私は始終何が起きているか理解できず、出来事についていくため懸命に取り組まなければならなかった。私という奇妙な存在が状況を変えてしまうのではないかという懸念とその影響を最小限にしようという努力に気を取られるあまり、マイクや友人、隣人にとって、日常生活がどんなものなのかについての私の理解はなかなか進まなかった。仮に民族誌家の過ちが何かを明らかにするということが事実だとしても、私にはそうした過ちを犯すほどの余裕などなかった。ここでは、警察に呼び止められた際の余計な一言で、一人の男性の自由が奪われうるのである。

多くのよそ者がやっているように、私は自分の異質性を冗談にすることで緊張を和らげることを学んだ。実際、私は着実にマイクやチャックの態度と振る舞い方をよりいっそう多く取り入れていったが、軟弱なロックミュージック、スシ、ドレッシング抜きのカット野菜といった、白人が大学で覚えそうな嗜好を私も持っているに違いないという彼らの期待にうわべだけ応えることを学んだ。私といちゃつくことに関心がありそうな六番ストリートの若者たちを相手にしながら、私は冗談めいた性的なひやかしへの対処方法と、ロマンチックな関係になろうとする感情抜きで私のそばにいたいと思わせる絶妙なバランスを保つ方法を学んだ。

グリニッジ・ヴィレッジのストリートの物売りに関する研究で、ミッチェル・ドゥニア〔一九六一〜。アメリカの社会学者・民族誌家〕は、白人で中流階級のユダヤ人としての自らの立場が固定的なものではなく、状況に応じて大なり小なり表面化するものだと述べている(12)。同様に、私のジェンダーは、生じる出来事によって明確になったり不明確になったりもした。警官が私の所持品検査でその場に女性警官を呼び寄せなければならなかったときのように、女性としての私の立場が、時として人々の意識に浮かんでくるようだった。だが、銃撃戦や麻薬取引、強盗について、あるいは主なパートナー以外の女性たちとの向こう見ずだがロマンチックな関係について男性たちが話し合うときに私が周囲にいることが許された際のように、あたかも名誉男性のようにみなされる状況も数多くあった。

私がユダヤ人であること、もしくは、父方の出自から半分ユダヤ人であることは、おそらくは名字がめったに用いられなかったため、それほど彼らの印象に残ったようには思えなかった。レジーは、ギャンブルで勝った後に儲けを配分しなかった別の男性のことで、あいつは「ユダヤ人のように振る舞っていた」と言って私に不満を漏らした。


「誰かユダヤ人を知ってる?」と私は尋ねた。

「いいや。ひどい言いようだな」

「ねえ、あなた、私がユダヤ人だって知らないの?」

「おまえがユダヤ人? 白人だろ」

「私は半分ユダヤ人なの、レジー。神に誓ってね」

「おまえのどこに顎ひげがあるんだよ」と彼は笑った。


私のユダヤ人としてのアイデンティティがすぐには認識されない一方で、私の白人としてのアイデンティティはすぐに認識された。確証はあまりないのだが、マイク、彼の友人たちや家族は、私がそばにいないとき、人種について、また取り締まりや投獄といった人種政策について頻繁に話し合っていたと私はほぼ確信している。私がそばにいるときに彼らはこれらの話題について話し合ったが、私がそばにいないときほど自由にでも頻繁でもなかったと思う。

もし私が白人であることが誰もが忘れることのない不変の事実であったなら、その点もまた明確になったり不明確になったりしているようだった。まるで私が白人であることが、私自身の特性というだけでなく、そのときの状況や相互行為の産物であるかのように、である。
ある年の冬、二人の白人女性警官が六番ストリート界隈に出没し始め、若者たちを追い回し、人々をストリートで呼び止め、彼らの名前を照会し、家々を捜索した。ある週、彼女たちは、新しい逮捕令状や以前の令状を根拠に、地区に住む一一人の若者たちの身柄を拘束した。マイクとチャックと彼らの友人たちは、後になって私に少し弁解することになったが、彼女たちを白いビッチと呼び始めた。

アレックス：どうやら白いビッチどもがやって来たみたいだな。おう、すまん、A《アリス》。
アリス：気にしないで。彼女たちはどこに行くのかな。

しばしの謝罪が済んだ後、私がこれらもっとも忌むべき警官と同じ皮膚の色とジェンダーであることは、人々の意識に一層浸透したようだった。
私は六番ストリートにすっかり馴染んでいたわけではなかったが、毎日、毎月姿を見せることで、そうした場面の一部として期待されるようになった。街角にある食料品店を経営するプエルトリコ系の家族は、親しみを込めて私をバニラと呼び始め、最終的にそれはニルに短縮された。約一年後、グループ内の若者たちは、妹、いとこ、「昔から」の「ダチ」と私を呼び始めた。ハワード・ベッカー〔一九二八年～。逸脱論を専門とし、第二世代のシカゴ学派と目される米国の社会学者。主な研究に『アウトサイダー』がある〕が指摘しているように、人々が日々目にする物事や人物に特別な注意を払い続けるのは実際不可能なのである(13)。

しかし、人々が私に慣れた後ですら、私が白人であることは、特定の時と場所、特定の人間集団のあいだでは解消し難いものだった。

刑務所と拘置所の面会室は、一旦コツをつかめば、私にとってもっとも気楽な公共の場だった。刑務官は世慣れていて、白人女性が黒人男性に面会に来ても目をぱちくりさせたりはしない。実際、州刑務所で黒人男性に面会に来る女性の多くが白人だった。私の感覚では、郡拘置所ですら、黒人ないしは白人居住地区で公然と見かける以上に異人種間カップルは多い。私はしばしばこのことを地区の異人種間カップルが公衆の面前では姿を隠す方法を習得していたが——例えば深夜に街角の食料雑貨店に行くといったように——、面会室ではこのやり方は不可能であるからだと考えた。あるいは、受刑者は彼らのコミュニティに住む一般的な人々以上に異人種間で交際する傾向があるのかもしれない。

法廷、保釈事務所、保護観察事務所は、少なくともフィラデルフィアのダウンタウンか学区にあり、マイクと私が比較的気楽にいられる別の公共空間だった。おそらく、共有された法律上の苦難と懲役に対する集合的恐怖が、法廷の被告人側にいる白人と黒人とのあいだで何かしらの絆を築き上げるのに役立っていた。人種的境界を越えた気軽な会話は、これらの法廷内の座席という場を、イライジャ・アンダーソンがコスモポリタンの天蓋(Cosmopolitan Canopy)

と呼んだものに変えているのかもしれない。コスモポリタンの天蓋とは、多様な人々が居合わせ、自民族中心主義的な意見を持続的に抑制し、お互いを寛大に扱うような場である(14)。

裁判所に加えて白人居住地区やセンターシティ〔フィラデルフィア市中にある、大きな商業地区と居住地区のある区域〕の様々な建物に一緒に出かけることがきわめて困難な場合もある。一部の異人種間カップルが知っているように、人前に二人で現れるという取るに足らない行動は、堪え難いレベルの緊張を生み出すことがありうる。マイクと私がペアで現れると、人々はしばしばひどく困惑したため、私たちは歩道で互いに少し距離を置いて歩くことを学んだ。その結果、通行人たちは私たちが必ずしも一緒だとは気づかなくなっていた。私たちはよく、商店、バー、レストランに別々に入っていったため、店員、接客係、警備員は、私たちに同時に話しかけなくてもよくなっただろう。

チャック、マイク、レジーと私が、アンダーソンが自民族中心主義が色濃い場所と呼んだ(15)市内の白人居住地区に行ったとき、時に人々は公然と無礼な態度を取ったり、ラストオーダーが終了したとか、入店禁止だと私たちに言ってのけた。自分たちが最悪の日に人々に出会ってしまったという思いを抱いたこともあった。皮膚の色以上に、私たちの年齢と明らかな階級上の相違が、こうしたやりとりへの強い非難に影響した。しかし、こうした反応が、白人の若い女性を連れた黒人の若者たちという見方、きわめて「ゲットー的」に映る黒人男性たちを連れた中流階級の白人女性という見方、あるいは白人の空間にいる黒人男性たちという見方から生じているのかどうか判別することは困難である。

公共空間や白人系の居住地区に加えて、六番ストリートにおける大勢での社交の集いは、私にとってプレッシャーであり続けていた。七年間、私は三度の年配者の葬儀のみならず、銃撃で死亡した地区の若者たちの葬儀に九回参列した。私は葬儀よりも稀な出来事である結婚式と並んで、これらの行事に怖れを抱くようになった。これらの行事は不可避的に私が何者で、故人や結婚するカップルとどのような関係があるのかをまさに知ろうとする、それまで会ったことのない人間や親戚たちを引き寄せた。大きな集いはまた、私が身に付けていなかった特別な動作や振る舞いを含み、大勢の人々を前に場を台無しにしてしまう可能性を伴っていた。そしてそれらの集いは、様々な参加者が一堂に会する場所だった。つまり、私的な関係を公に見せる場だったのである。

方法論的には、自分の居心地の良さに従って調査を進めないことが肝要だった。つまり、自分にもっとも居心地のよい場所や状況を、つまり自分が居合わせるときは必ず六番ストリートボーイズと私とで二人種になるグループに気楽な時間を提供するような人々や場所を、なるべく重要視しないように注意を払っていた。

自分の人種的属性が文脈に従って明確になったり不明確になったりしたが、私の振る舞いや態度もまた徐々に変化していった。社会構築主義的伝統のなかにいる研究者たちは、認識としての人種に対して、振る舞いとしての人種について記述してきた(16)。類似したアプローチで、レジーは、時に周囲に私を「黒人の娘に」変えたと誇らしげに吹聴しながら、言葉、衣服、動作という点で私を教育することを自らの使命と考えた。もちろん彼は文字どおりの意味でこう言っているのではない。彼は、人間が獲得しうる一揃いの振る舞い、態度、世界への適応に言及していたのだと私は考えている。

私はレジーが期待したほど、常に真面目な生徒だったわけではなかった。私が州外に住むある家族の結婚式に出席してから地区に戻ってきたとき、まるでその三日間が、彼が丁寧に教えてくれた一切を台無しにしたかのように、彼は白人女性のように再びしゃべり、振る舞うようになったと私を非難した。翌年の夏、私が両親とともに街の外で二週間を過ごすと、マイクはこの空白期間が私から「黒人的なものすべてを奪った」と主張した。

●壁にとまったハエになる

私が自分の異質さの影響を抑えようと取り入れたもっとも一貫したテクニックは、社会的縮小――可能な限り存在感を小さくすること――だった。私という奇妙な存在で事態が混乱しない状況で六番ストリートの住民たちの生活がどんなものであるかを明らかにすることが目的であるため、私は社会的空間の中でなるべく目立たないようにしていた。

背景に溶け込んでいくことに取りつかれてしまった。玄関口の階段に座るとき、私は自分より大きな人間の後ろか、屋内との境目に座っていたため、付近を通る人々の目に必ずしも私は映っていなかっただろう。これは、人々が不格好な、もしくは傷跡のある手足を隠すために習得するような方法だが、私の場合は身体全体を隠すことを学んだのである。私はまた、それほど多くを話さないしやらない、強く意見することのない物静かな人間になる術を身につけた。

私は自分がどれくらい上手くやっているのか試すことを思いついた。もし誰かがある過去の出来事についてエピソードを語り、そのあいだ私がいたかどうか覚えていないならば、私はかなり上手くやったということが分かる。もしマイクやチャックが、私が寝床に向かうか部屋を離れてから全く違う会話を始めるか別の声の調子になり始めたら、私は自分の存在が彼らの意識の中心にあったと推定し、私はそれを実際に試そうとしていた。

背景に溶け込むことは、場面への私の影響力を減らしただけでなく、同時に私が人々に負わせるあらゆるリスクを制限するためのテクニックになった。取り締まりに関する古い文献で警察は、いつもと違うものを目にしたときに警戒し始めるとされているだけに、これはとりわけ重大だった。私は周囲をうろつくというだけでマイクとチャックの警察との遭遇を増やしていたのだろうか？　しばらくして、これは事実ではないと確認した。六番ストリートのような黒人居住地区で現在運用中の犯罪厳罰化政策は、異常な何かに対して行われているわけではない——警察は私の存在にかかわらず、呼び止めを行い、家宅捜索を実施し、付近を通行している男性たちの所持品検査をするために、日常的に地区に押し寄せていた。それでも、可能な限り目立たないようにするに越したことはなかった(17)。

実践のレベルでは、場面を変化させないという私の目標は達成困難だった。ある人物の言葉や行動が奇妙で異質なものを創り出しているかどうかを理解するためには、まず何が普通なのかを学ばなければならない。それまでに経験したいかなるものとも全く異なる場面において、私がこれを達成するには数ヶ月、時に数年かかった。

暴力を例にとろう。ブロックの若者たちは自分たちや愛する者に怪我を負わせ、罵る人物をぶちのめしたり、銃撃すると頻繁に公言していた。例えば、ある日の午後、私はスティーブとチャックと玄関口の階段に座っていた。スティーブは、レジーがその地区にふらっとやって来たとき、中身を抜いたフィリーズの葉巻でマリファナの葉を包んでいた。

レジー：こいつをぶちのめそうと思ってるんだ。
チャック：誰だ？　デヴォンのことか？
レジー：そうだ。俺はあいつがいけ好かねえ。

最初、レジーとマイクがこうした脅しをかけるとき、私は何が起こるのかと待ち構えながら、壁にとまった抜け目のないハエのようにそばで静かに座っていた。その後、こうした脅しが聞こえる範囲にいる人々がしばしばその人間を叱りつけ、時には身体的に引き止める役目を引き受けることを、私は学んだ。実際、若者たちやときに女性たちは、大概、引き止めてくれる誰かが周囲にいるときに、暴行や銃撃をすると公言していた。こうして、人は自分の命を危険に晒すことなく自分の名誉を守ることができる。もちろん、口先ばかりというわけではない――出向いて銃撃すると公言する者たちは少なくともしばらくのあいだ本当にそうしたいと考えている。いずれにせよ、数ヶ月後には、友人、妹、いとことして、男性たちは私に引き止めてくれることを期待していると気づいた。これに失敗すると、約束を果たさざるを得ないという危険に彼らを晒すことになっただろう。かくして、私は誰かの車の鍵を奪ったり、銃を隠したりしても、ぼけっとそばに座っているのと同じように、出来事の結果を変えるわけではないことをしばらくしてから学んだ。扉を塞ぐことが、壁に溶け込む方法だった。

●ルームメイトたち

私がマイクと出会ったとき、彼はノースイースト・フィラデルフィアの倉庫で夜間の仕事をしていた。母親が彼のために見つけ出した時給七・五ドルの素晴らしい仕事だった。さらに収入を得ようと、彼は地区に住む大勢の男性たちや、彼の友人のチャックとスティーブを不定期に雇用すクラック・ビジネスの散発的な仕事で稼いでいた。私たちが出会ってすぐにマイクに二人目の子どもが生まれ、出産に伴う忙しさから、彼は二週間職場に顔を出さなかった。彼は倉庫での仕事を失い、フルタイムのクラック販売に転向した。

その年のもっと後に、チャックは郡拘置所から戻ってきた。クラスメートの顔を雪に押し付けた校庭での喧嘩をめぐる裁判を待ちながら、彼は拘置所で九ヶ月間過ごした。弟のレジーとは異なり、チャックは身柄を拘束されるまで定期的に学校に通っていた。裁判を待ちながら拘置所で過ごしたその数ヶ月間のあいだに、彼は就学期間を丸々一年間失った。裁判の棄却で翌年の秋に高校に戻ると、彼は再び三年生として学籍登録しようとした。そのとき彼は一九歳で、学校の事務員は学籍登録するには歳を取り過ぎている、と言った。

チャックが帰宅してから数週間、チャックとマイクは職探しに走り回った。彼らはインターネットを介して、あるいは直接出向いて、ターゲット〔米国のミネソタ州で一九六二年に創業されたスーパーマーケットチェーン〕、ウォルマート、マクドナルド、ウェンディーズ、Kマート、ペットスマート〔米国のアリゾナ州で一九八六年に創業されたペットショップチェーン〕、タコベル〔一九六二年創業のタコスを中心とするメキシコ料理を提供するファストフードチェーン〕に応募した。二人は、彼らの携帯電話の通話があまりに頻繁に途切れ、求人用の信頼に足る連絡手段でなかったため、私のアパートの固定電話や私の携帯電話を連絡先として登録した。彼らは毎晩やって来て電話機を操作するか、午後に会うと誰か電話してこなかったかと尋ねた。応募先は全く電話をしてこなかった。

一本の電話すらなく数週間が経つと、チャック、マイク、そして彼らの親友スティーブは、お金を出し合い、販売用にいくらかのクラックを買った。ある時期、彼らは日中に麻薬を小分けにし、袋詰めにし始めた。それから、午後から晩にかけて、それを地区の人々に直接売りさばいた。大抵、これらの顧客は彼らの親と同世代で、誘惑されやすく意思の弱い者たちで、推測するに、格好いいものとして流行した八〇年代にクラックを吸い始めた者たちだった。だが、マイクとチャックはよく販売用のクラックを切らした。彼らの売人が逮捕されるか、単に接触できなくなるか、あるいは彼らがこの「元締め」に支払う代金が警察の呼び止めや所持品検査の際にポケットから押収された結果、彼らはその人物にお金を返せなくなり、追加の麻薬を手に入れることができなくなった。彼らは前の週に十分に稼いで、それから何も売らずに過ごすこともあった。マイクとチャックは時折、一流の麻薬の売人になるという野心を語ったが、パートタイムで気の進まない方便《たづき》として販売に関わっていた。二人は他に収入がなくなったり、生活のために少額の金をくれていた女たちや家族のメンバーが困窮したとき、その仕事に取り掛かった(18)。とくにチャックは、クラックへの、また、彼自身の母親と同様に麻薬で身を持ち崩し、自分の力で生きていけなくなった人々にクラックを売りつけることへの嫌悪感を、しばしば露わにしていた。

二〇〇三年春、マイクは母親が郊外に引っ越すときに残した、六番ストリートのアパートの賃貸権を失った。私たちはアパートを片付け、彼は母親の家に戻った。この時期、マイクとチャックとスティーブは、暇つぶしか洗濯のため私のところに立ち寄るようになった。彼らはしばしば、ソファの上で映画を見ながらそのまま眠り込んだ。夜更けに母親の家に戻るのがかなり不便であったため、マイクは私のところにますます多くの持ち物を置きっぱなしにするようになった。しばらくして私は、何度も無銭泊するつもりなら公共料金や食費を分担すべきだと彼に告げた。徐々に、私たちはルームメイトになっていった。マイクは広いリビングにあるソファベッドを選び、チャックはその隣にあるそれより小さいソファを選んだ。スティーブは、六番ストリートにある彼の祖母の家、数ブロック離れた恋人の家、そして私たちのリビングに順番に寝泊まりしていた。

ルームメイトになることは、段階的な、そして行き当たりばったりのものだったが、その結果、研究の深みは大いに増すことになった。私は今やそのブロックで起きたことと家で起きたことを毎日のように比べることができた。また、私は出来事や会話が生じるときにノートを取ることもでき、私の周囲で出来事や会話が生じたときはしばしリアルタイムでノートパソコンに書き留めていた。これは、チャック、マイク、他の若者たちが、このフィールドノートを付けているときに私の肩越しにそれを読み、私が書いた内容を訂正し、私の書いた内容にコメントするということも意味した。二、三度、マイクとチャックはテレビを見ているときにノートの一部を読み、「なあ、彼女はふざけたことすべてを理解してるぞ!!」と感想を言った。ごくまれに、誰かが「これは書くんじゃない」、「俺は今からふざけたことを言うが、これは本に載せないでくれよな」と言っていた。こうした場合には、私は配慮して彼らの要求どおりにした。

＊＊＊

この数ヶ月間のあいだ、私はローカルな麻薬取引の末端レベルの仕事についてたくさん学んでいた。また、私は地区の男女関係についても学んでいた。会ったことのない人はほとんどいないほど、六番ストリートできわめて長い期間を過ごしていたので、物事はそれほど扱いにくいものではなくなり始めていた。

私がこの時期に直面した一つの問題は、マイクとチャックと彼らの隣人や親戚が、私に同性の友人が全くいないと考えていたことだった。年齢を重ねて関わるべき仕事と家庭を持つとき、友人はそれほど大事なものではないかもしれない――しかし、とくに緊密な社会的ネットワークと拡大家族の絆をもつコミュニティ内で二一歳になっても友人がいない場合、その状態は大きな汚点になりうる。私は徐々にレジーの恋人、アイシャの姉、私と同年代の他の女性たちと親密な友情を育んでいったが、人々は私と同じ外見で私の出身コミュニティの同性の友人がどこにいるのかを知りたがった。彼らは、どんな女友達がどのくらい、どこにいるのかを私に尋ね、ここでも出身コミュニティでも私が出不精気味なのかと、大いに不思議がった。

ときどき、私は高校時代の友人や大学の二、三人の女友達についても話すようになったが、すると、レジーとアレックスに彼女たちとのデートをセッティングするよう頼まれた。マイクの妹であるため、私とは接触禁止だったが、私の女友達たちにそれは適用されなかった。女友達はどこにいる？　妹はどうなんだ？　彼女はどこにいるんだ？　彼女は黒人の男が好きか？

ときに、マイクとチャックとアレックスの不釣り合いな立場をはっきりさせて、自分がこうした社会から距離を置いているという考えに、私は苛《さいな》まれた。まるで、六番ストリートの黒人男性たちには私の白人の妹や女友達はもったいないと私が言っているかのようにである。また時に、私は男女の外出やイベントを悲惨なものにしてしまった。

その年の私の二二歳の誕生日パーティーで、小中高以来の白人の友人たちがディナーパーティーを催すためにアパートにやって来た。アイシャと彼女の友人たちが大勢で入ってきたとき、中学校以来の私の親友は、すぐにブリーチーズとクラッカーを彼らに差し出した。アイシャは、円いチーズをケーキだと思い込み、すっぱい表面を舐めただけで床にそれを吐き出した。高校以来の友人の一人は、マイクとチャックとスティーブが入ってくると仰天し、彼らの到着から数分もしないうちに偏頭痛がすると言って部屋を出て行った。私は憤慨し、恥ずかしい思いでいっぱいになり、何度も謝罪した。

●他人の靴（立場）で歩く

壁にとまったハエである以上に、私は参与観察者になりたかった。私は、内側から彼らの日々の心配事と些細な達成を理解するため、マイクとその友人、隣人たちのそばで生活し、働きたかった。参与観察という手法は、自分をそれまでの生活から切り離し、自分が知りたがっている人々が従う下らないことに、自分自身を可能な限り従わせることを伴う(19)。誰もが自分をよそ者扱いするときにこれをどう実行するのか？　皮膚の色も階級もジェンダーも異なるときに？

実践のレベルでは、私たちのあいだにある区分は、参与観察を混乱した試みに変えた。そもそも私は明らかに男性でないにもかかわらず、マイクとチャックと彼らの友人たちの態度、行動、日課を身につけようとするべきだったのだろうか？　あるいはその代わりに、私は彼らと関わりを持つ女性の役割を果たそうとすべきだったのだろうか？　これは女性たちの世界がストリートの生活からかけ離れた領域であった点を除いて、道理にかなっていた。確かに、逃亡中の男性の恋人や母親の経験は、実際に当局から巧みに逃れている当の男性の経験とは異なっている。徐々に、私は両者の一部を身につけようとしていった。

警察に関する民族誌でジェニファー・ハントは、研究対象とした警官たちが、日々の生活で、良識ある女性、ビッチ、同性愛者といった三つの役割のうちの一つをどのように女性に割り当てているのかを描き出した。しかし、研究を通じて彼女は、「ストリートの女性研究者」という「どちらにも当てはまらない」新たな役割を上手に扱いながら、これらのカテゴリーの外側で仕事をやり遂げた[20]。

私は若いブロンドの女性として六番ストリートにやって来たが、私の体型、話し方、ファッション、性格一般は、いくぶん私を変てこで魅力のない存在にした。マイクや彼の友人たちと二、三ヶ月間過ごした後、私は美しさや女性らしさの理想からはるかにかけ離れていった。それは、ある面ではフィールドワークを実施するための方策であり、また、別の面では参与観察者として男性的な態度、ファッション、習慣、さらには言語さえ採用していたためだった。

警察との関係はどうなのだろうか？　警察がマイクとチャックと彼らの友人たちの元にやっ

て来たとき、彼らが私を一貫して無視し続けたことは、多くの点できわめて幸運なことだった。私がそばをうろつくことで誰かをさらに大きな危険に晒さなかったことは明らかに私を安心させた。だがそのことは同時に、所持品検査、逮捕、懲役を私自身が経験することをも困難にした――すべてこれらの若者たちにとって基本的な経験である。私は試しにわざと逮捕されるべきだったのだろうか？　実際に逮捕されたとしても、私は出身コミュニティの誰とも知り合わずに、白人女性として、また初犯の受刑者として、女性拘置所に行くことになったはずである。これは、マイクとチャックとレジーが収監される際の経験とは著しく異なっていただろう。さらに、警察が私をいつも無視したことを考えれば、身柄を拘束されるためにありとあらゆることをしなければならなかっただろう。そんなことをすれば、当局を避けるために膨大なエネルギーを注いでいる六番ストリートの男たちの目には狂気の沙汰と映ったに違いない。ブロックに私を置いておくことが安全で合理的なのかと彼らに疑わせる原因にすらなりえた。

その代わりに、私は彼らの逃走術を学び、逮捕されないように最善を尽くすべきだったのだろうか？　警察が私に関心を抱いていないことを考慮すれば比較的容易なことかもしれない。しかし、少なくともここで私は、彼らがどのように世界を眺め、どう世界に適応したのかといったことを身につけるつもりだった。結局、私は覆面パトカーを特定し、家宅捜索を事前に予防し、犯罪の証拠となる物品や行動を隠す方法を習得するという第二のアプローチを採った。「アプローチ」と言うとまるで過度な協力をしていたように響いてしまうかもしれない――私は単にマイクとチャックと彼らの友人たちと一緒に過ごすことで、この方針を採ったと考えている。それでも、私が理解しようとしている若者たちがきわめて頻繁に逮捕され、しばしば一度に複数の罪状を抱え、青年期の半分を拘置所、刑務所、裁判所の監督下で過ごすことを考慮すれば、彼らとともに刑事司法制度下へ移行しなかったことで、私は多くのものを逃したのである。

麻薬取引は、また違った難問だった。私は間違いなく、チャック、マイク、スティーブの傍らでクラックを売ることから多くを学んでいた。だが、売買は大抵男性の仕事であり、女性の出る幕はなかった。これは、粘り強い交渉術や暴力といった、私が持たない技能を要するものだった。チャック、マイク、彼らの二人の友人たちは、これをある程度は売人から銃で金を奪い取る行為に次ぐ無謀な仕事とみなした。法律的にも肉体的にもリスクがあることは言うまでもないが、この仕事は道徳にもとるものだった。彼らは裕福な家庭出身なのにその種の仕事に手を染めたがる地区内の若者たちに不信の眼差しを向けた。こうした理由で、私は、女性であり比較的裕福な家庭出身の人間として、クラック取引に手を染めるのはおかしな行為だと見えたのだと思う。他方で、そうでなければどんなやり方で、とくに逮捕と懲役が日常化した犯罪厳罰化の時代に、私は麻薬取引で働くことがどのように感じられるかを学べるのだろうか？最終的に私の参与観察は、麻薬取引に従事する男性たちと同居する恋人や母親たちが晒されている状況に近いものになっていった。

六番ストリートの生活のいくつかの側面は、順応が比較的容易で、道徳的なジレンマとはほとんど関係のないものだった。二、三年後、私は菜食をあきらめて、ワインクーラーやクルボアジェやヘネシーといったお酒を飲み始めた。私はきわめて少ないお金で、また安定しない額で暮らしていた――本当の貧しさそのものではないにせよ、私は支払わなければならない請書があるのに、支払いに充てるお金がないというストレスをじかに感じていた。私が習慣にしなかったことの一つは、マリファナの吸引だった――マリファナの吸引は記憶を抑制し、反射神経を鈍らせた。また、吸引はフィールドノートを付ける上で邪魔になった。私は大抵晩に、時には午前中から昼にかけてノートを付けた。そうしたノートは、私が苦労して理解しようとした複雑な世界を構成するために利用しうる主要な記録になった。私にはフィールドをおろそかにする余裕はなかった。

私はメディアとの接触を、チャックと彼の友人たちが観る、読む、聴くものに制限した。それらは主流のヒップホップやR&Bミュージック、ギャング映画だった。大学の課題とは別に、私は、彼らが収監中に読む「アウトロー小説」や私たちの知る誰かが殺害されたときの記事など、マイクや彼の友人たちと同じものを読んだ。

私は自分の社会生活を可能な限り六番ストリートの世界に限定して、フィラデルフィアのそれまでの友人たちの多くと交流を断った。もちろん、地区でますます多くの時間を過ごすようになったため、私の旧い友人たちも私との関係を断った――こうした関係のいくつかは、私が送る奇妙で危険に満ちた生活に向けられた辛辣な言葉とともに終わりを告げた。

私はちょうどいいタイミングとわずかな合間と人々の喧騒のなかで眠る方法を学んだ。それに、銃撃音と他の大きな衝撃音を区別し、警察がやって来たときに逃げ隠れ、私服警官の車種、髪型、身振りを特定するといったことも。自分や他の誰かを大きな危険に晒すことなく呼び止めを切り抜ける方法や、何の情報も自白しないよう尋問中に黙秘する方法を学んだ。追跡、逮捕、公判期日、勾留、釈放を経験するために、逃走中の男性と密接に繋がる女性になる方法を学んだ。私が少しずつマイク、アイシャ、そして彼らの友人や家族のようになる方法のいくつかは、慎重に計画されたものだった。ヒップホップを評価したり警察を恐れたりといったことは、時が経つにつれ自然に身に付いていったものもあった。

民族誌家が、自分が属さないコミュニティの完全なメンバーになることは実際には不可能である(21)。あえて言及するほどのことではないが、これは私についても言えることだった。私がこれまで経験してこなかった状況や出来事を除いたとしても、私の出自やアイデンティティは、自分が観察対象としている人々のものとあまりに異なっていたため、直接経験している出来事や状況への自分の反応は必ずしもあてにできなかった。つまり、私は他人の感情や経験に対する自身の反応から一般化を行うことに注意深くならなければならなかった。

こうしたあらゆる苛立たしい障壁と共に、持続的な観察や関係には多くの利点があると言える。私がマイクとチャック、そして彼らの恋人と母親たちが経験している内容を正確に理解できない場合、私は様々な方法でその内容に迫った。私は確実に当初よりも理解できるようになっていった。

事態が悪化する

二〇〇四年、大学三年生の後期、マイクの殺人未遂の裁判が、一年半に及ぶ月一回の公判期日の後にようやく終わろうとしていた。別の事件の勾留期間を終える前に保釈金を用意したため、彼は法律上どっちつかずの状態だった——法律上は指名手配されていないが、勾留中の状態で、警察に呼び止められるか裁判所に現れれば身柄を拘束される公算が大きかった。公判期日に、マイクの母親と私は裁判所で緊張しながら彼の弁護士がやって来るのを待っていた。訴訟手続きが進められ、建物に入る必要があるかを聞くために、マイクは数ブロック離れた場所をうろついていた。もし弁護士が現れなかったら、マイクは出頭拒否で逮捕令状が出され、その後実際に警官たちが彼を捜索することになっていただろう。マイクが苦労してお金を支払った弁護士は、四五分以上遅刻するのが決まりごとで、それが悩みの種になっていた。

この問題が起きていたことに加えて、マイクと私は、六番ストリート界隈とアパートまでナンバープレートなしの乗用車が私たちをつけていることに気づき始めた。その上、マイクの保護観察官が、連邦捜査官がマイクに対して立件を検討していると知らせてきた。さらに悪いことに、レジーが郡拘置所から戻ってきていて、彼は、不在中に兄のチャックがどうにか握りつぶしていた四番ストリート・ボーイズとの抗争を再燃させた。マイクはある晩、車の側面に七発の銃弾を受けてアパートに戻ってきた。私たちは警官の目に触れないようにその車を車庫に隠した。州刑務所での長期刑を見越して、出廷せずに公判期日を消化するという不安定な待機状態でやりくりしていたので、マイクは防弾チョッキを着用し、私たちのブロックにいる不審車両を監視し始めた。スティーブ、チャック、レジーは、銃撃をも懸念しているようだった。私たちが互いに離れた場所にいる場合には、三〇分おきくらいに携帯電話のショートメッセージをチェックしていた。

《そっちは大丈夫か》

《おう》

《了解》

学校では事態が急速に悪化していた。私は各学期に余分の授業を取り、夏のあいだ授業に出ていたので、一年早く卒業し、大学院に進学できるはずだった。だが、私は今年の最終学期を乗り切れないのではないかと考え始めた。私には六番ストリートの出来事や緊急事態に集中する以外のことが難しくなっていた。

私が学業から脱落する最初の現実的な兆候は、約束のすっぽかしだった。私は歴史学者のマイケル・カッツと会う約束をしていたのだが、その場に行くこともキャンセルすることもしなかった。私はその数日後に、人々が夢中になったり疲れ切ったときに、夢や数年前に見た映画をぼんやりと思い出すような気分でその約束を思い出した。マイケルは寛大にも改めて約束をしてくれたが、私はまたすっぽかしてしまった。私は彼が研究室にいるのではないかと期待して一週間後に訪ねたが、彼はいなかった。私が心配になったのは、自分が深く敬愛していた教授との約束を守らなかったというよりも、むしろそのことで罪悪感を覚えなかったことだった。六番ストリートに住むマイクとチャックと二人の友人たちの目まぐるしく変化する運命と乏しい資源の真只中では、将来のどこかにあるべき約束は、具体的な可能性や義務的な契約というよりはそのとき限りの望みとして理解されていて、私もその同じ態度を受け入れ始めていた。

イライジャ・アンダーソンは、私がマイク、チャック、スティーブと暮らすあいだにとっていたフィールドノートを基にした卒業論文の指導を引き受けていたが、彼との間でも同じことが起きた。私はイライジャからどういうことなのかと問いただすメールを受け取った――どうやら私たちはリーディング・ターミナル〔一八九三年にセンターシティに開業したショッピングセンター〕にあるダウン・ホーム・ダイナーで会うことになっていたようだ。このときのすっぽかしは、マイケル・カッツにしてしまったもの以上に問題だった。というのも、私は約束をしていたことすら思い出せなかったからである。単に時間や義務に対する態度でなく、記憶そのものが変化している、ということがはっきりとした。非常に有能なフィールドワーカーであるイライジャは、後に著書『*The*

Cosmopolitan Canopy（コスモポリタンの天蓋）』のなかでこの経験について触れている(22)。

同年の春、それまで先延ばしにしていた科学や統計学といったいくつもの必修科目を受講しなければならなかった。これらは特筆すべきこともこれといった評価にもならない、フィールドワークとは関係のない科目だった。私はこれら危惧していた必修コースを履修したのだが、授業には出ず、単位を落としたことすら覚えていなかった。とくにF評価が成績証明書に現れ始めてから、私はこの失態にも恐怖を覚えた。

大学院進学の望みが私の救いだった。必修単位の大部分の取得を証明できたため、まだ三年生だったが、私を受け入れてくれるのを期待して、ひどい成績でUCLAとプリンストン大学を受験した。私はどちらの大学院にも入れなければ、ペンシルベニア大学をおそらく中退することになると想像していた。大学の残りの年度を修了しながら六番ストリートにも留まる方法がないことはもう明らかだった。この時点で、私はなおもフィールドノートを日々付けていたが、別のほとんどの点で学問の世界を放り出していた。アカデミズムの規則や義務は次第に重要ではなくなっていった。警官たちがアパートの周囲をうろつき、連邦捜査官たちがマイクの事件を捜査する状況で、これまで彼らが私を逮捕するために行ってきた脅しは――逃亡犯を匿い、逮捕を妨げ、アパートに麻薬を所持していた容疑で――ますます現実的なものになっていった。自分が間もなく刑務所に送られるという見通しは、大学院に合格する可能性と同じくらいに思えた。周囲の状況にしばらく戦々恐々としていると、刑務所行きの可能性がほとんど救済に感じられるようになった。

同年の春、マイクの殺人未遂事件の裁判は一年以上にわたる月一回の公判期日の後に結審した。弁護士の助言に従い、彼はその晩にグレーターフォードに移送される最中に、銃所持の罪を認め、州刑務所での懲役一年から三年の司法取引に応じた。軍用ブーツ、空の薬莢、ギャング映画のコレクションがそこら中に散らばる静かなアパートの一室で、私はプリンストン大学の大学院に合格したことを知った。

再結集

マイクが身柄を拘束されたとき、チャックとスティーブがマイクの招きでアパートに滞在していたため、私は三人のルームメイト全員を失った。ルームメイトどころか、ブロックに出入りする権利をも失った。私はまだ、アイシャが暮らす地区で、彼女の家族や友人たちとずっと過ごしていた。マイクが州刑務所に収監されてから、私はマイクがどうしているのかを知りたがる六番ストリートのかなりの数の男たちと接触し続けた。だが、私は当時、単なるマイクの知り合いだった――マイクが収監されている状態で私が六番ストリートに出入りする理由はなかった。そこで起きていることを十分に理解する前に、私はブロックから閉め出された。

三年次も残り数ヶ月間になってから、私は、ペンシルベニア大学のキャンパスのある建物を警備していた人物を通じて知り合った男たちのグループとつるみ始めた。これらの若者たちは、六番ストリートからおよそ一五ブロックほど離れたフィラデルフィアの似たような黒人居住地区で暮らしていた。しかし彼らの一部は、合法的な仕事と、さらにはきちんとした住所も持っていた。運転免許証も所持していた。日中は合法的な仕事に従事し、晩にはビールを飲んでビデオゲームに興じるといった彼らの日常は、マイクの友人グループの不安定さと将来性の欠如とは著しく対照的だった。私は、銃や麻薬、警察との唯一の繋がりがビデオゲームという形を取る男性たちの平穏さと安全をありがたく感じた。

カルチャー・ショック

九月、プリンストン大学での授業が始まったが、私はニュージャージー州に引っ越すよりも、フィラデルフィアで自分の研究を続けることに決めた。私は六番ストリート地区から一週間に二、三度授業に通い始めた。プリンストンという裕福な白人が暮らす郊外の町にある、木々が立ち並ぶキャンパスへのこの日帰り旅行にはなかなかなじめなかった。初日、急に現金が必要なときに盗めるテレビとパソコンの位置を頭に入れながら、社会学部の教室を下見している自分に気づいた。私はUターンしたせいで警察に停車させられ、その後もそれまで気にも留めていなかった通りにある指定線の一〇センチ外側に駐車したことで別の違反切符を切られた。

学生たちと裕福な都会人たちは、おかしな話し方をしていた。彼らのしぐさは私には見覚えのないものだった。不思議な匂いを発し、私には分からない冗談で笑っていた。人は自分とは無縁のコミュニティで居心地悪く感じることがあるが、他方で自分を仲間と認識する人々のなかで居心地の悪さを感じるのである。

私はまた、学期のあいだ寮で生活せず、他の大学院生たちと付き合わないことでどれほど損をしているかに気づき始めた。プリンストンの学生たちはインディーズ系ロックバンド——私にとっては白人の音楽である——について話し、名前も聞いたことのないワインや輸入ビールを飲んでいた。彼らは気の利いた雑談をし、eメールで冗談をやり取りしていた。彼らはまた、iPodで音楽を聞き、Facebookをチェックしていた。私は明らかに学内で付き合う相手を見つけ損ねてもいた——学生たちの多くが、誰かと一緒に大学院に来ていた。私はメディアをマイクや彼の友人たちが読んだり見たり聴いたりしているものに制限していたため、時事問題に関わる会話についていけなかった。そのため、あらゆる政治的な議論で、恥をかかないように黙り込む術を身につけた。その上、私は糖質オフダイエットやヒップスターのような文化的な流行の変化を逃した。自分の悩みや感情について語る、スキニーパンツをはいたこの白人男性たちは何者なのだろうか？　彼らはとても女性的だったが、女性たちとデートしていた。

私は白人の群れに、不快さと不自然さ以上に恐怖を抱いた。彼らは私の周囲に群がり、集団で行動した。私は、白人の群れが小さな空間に集まるであろう状況を避けるため、大学院のオリエンテーションを欠席した。カフェテリア、図書館、バス停や駅で、数少ない黒人たちがどこにいるか探して彼らのそばに座ると、自分の鼓動が鎮まり、両肩から力が抜けていくのを感じたものだった。

何よりも私は白人男性を怖れた。とはいえすべての白人男性ではない。どちらかと言えば感じがよく、年齢が五〇代未満で、髪の短い白人のアメリカ人男性たちを怖れていた。私は何が何でも、若い白人男性の大学関係者を避けた。ある程度は、私は彼らが警官ではなく、おそらく自分を殴ったり、侮辱したりしないと理解したが、彼らが近づいてくるとどうしても汗が吹き出し鼓動が速まった。オフィスアワーはもってのほかだった――彼らとだけで部屋にいることができなかった。廊下で彼らとすれ違わなければならないとき、まるで逃げ出す準備をしているときのように、鼓動が速まるのを感じていた。当時の社会学部には有色人種の教員がごく少数しかいなかったため、アドバイスを受ける際、私は女性たち、非アメリカ系の男性たち、訛りがあったり一般的な警官からかけ離れていたりする男性たちに執着した。引退した教授たちは感じがよかった。私は七〇代のユダヤ系の特任教員であるマーヴィン・ブレスラーの自由研究コースを取った。

私はまた、風船の破裂音や調理台から落ちるフライパンの音など、突発的な音で自分がパニックに陥ることに気づいた。そのせいで、近くでの素早い動きにもパニックになった。私は、激しいどしゃ降りのなか、もう一人の大学院生とともにプリンストン大学を出た。信号待ちをしていると、運転手の一人が私たちの車のほうに歩いてきて、運転手側の窓を乱暴に叩いた。彼女が窓ガラスを叩いたとき、私は自分の顔を守るために両腕をかざし、彼女が私たちに向けるあらゆるものから身を守ろうとした。彼女が私たちの方にやってきた理由に気づいたとき――彼女は車のヘッドライトが消えていることを警告しただけだった――私は同乗者の女性の隣で突然泣き出した。彼女は自分も最初なんの音か分からなかったと優しく言った。その後、ミッチ・ドゥニアとニューヨークのレストランに入るとき、鳥の群れが垂木から飛び立ち、私たちのすぐ頭上を飛び越えていった。私はレストランの外に出て、胸に手をやって数分間佇んだ。ミッチがやって来て優しく言った。「ごめん。君を不安にさせちゃったね。どこか他のところで食べる?」。ちょうどその頃、チャックの一人の友人が、バーの外にある私の車から出るときに撃ち殺された。一発の銃弾が自動車のフロントガラスを貫通し、私たちが逃げ出したときにその友人の血が私の靴とズボンに飛び散った。私は状況が落ち着くまで、数日間、プリンストンにあるミッチの予備のアパートに滞在した。

これらのプリンストンへの訪問はまた、私が性的かつジェンダー的なアイデンティティについて相当な混乱をきたしていたことをはっきりさせた。若者たちとつるみながら黒人居住地区で六年間過ごした後、私はセックスにほとんど興味を失くしていた。大学生活を通じて、私は誰ともデートをしなかった。私はときに、鏡に映った若い女性の姿に気づき、不意に驚くことがあった。自分のジェンダーや性的アイデンティティを無視することは、私が六番ストリート・コミュニティの理想の女性像に順応できなかった点を考慮すれば、それほど難しい生き方ではないように思えた。つまり、私は大して「グラマー」ではなく、適切な服装ができず、ダンスを踊れず、黒人ではなかった。私が再び中流階級の白人研究者たちと付き合い始めたとき、そうした人々の一部から、若く、少なくともそれなりに魅力的だとみなされたことは衝撃だった。この点に加え、彼らは私が六番ストリートの男性たちと性的な関係を持っているか過去に持っていたかもしれないということにこだわった。私と会い、研究プロジェクトについて聞いたとき、そのことが真っ先に彼らの頭に浮かんだことであるかのようにである。

マイクや彼の友人たちと同じようにものを考え、ものを見ることからくる混乱もあった。社会学部のオリエンテーション期間に仲間の大学院生たちと面談する際、私は素早く同級生の女性たちを品定めした。女子学生が目の前を通るとき、私は振り返って彼女を褒めるようになった。これは、私たちが六番ストリート界隈で暇つぶしのときにやっていたことだった。玄関口で立ったり座ったりしながら、女性たちがそばを通り過ぎるのを眺め、彼女たちの様々な特徴についておしゃべりするのである。この女性が振り返るとちょうど私が見つめているときで、実際に見つめられていることに彼女は気づいた。私はなす術もなく立ちつくしていたが、顔には明らかに露骨なひやかしが表れていただろう。彼女がこの出来事を覚えているかどうかは分からないが、彼女と友人になることはなかった。

不器用な人付き合いとアイデンティティの混乱はともかく、一週間に二、三回のニュージャージーへのドライブは多くの面で役に立った。一時間のドライブは、六番ストリートの混乱や切迫から私をある程度遠ざけるとともに、私が目にしている物事を考える機会を与えた。

私はまた大量投獄について初めて学んでもいた。当時の社会学部にデヴァ・ペイジャーとブルース・ウェスタンの二人がいたことから、ウォレス・ホール研究所は刑務所ブームの原因と帰結に関する研究活動の拠点となっていた。無数のトピックやテーマで試行錯誤した後、私はデヴァとブルースの影響とミッチの指導を経て、自分の研究プロジェクトが大量投獄とそれに伴う取り締まりと監視のシステムに対する現場の視点に位置づけられうることを見出した。私は、米国における黒人貧困世帯の生活への刑事司法的介入の大規模な展開を実証していくことになった。

大学院の初年度の春まで、私は週末に州刑務所にいるマイクに面会し、ペンシルベニア大学を離れる少し前に出会った男性たちのグループとフィラデルフィアで毎晩過ごしていた——彼らは正規の仕事で働いていた。私は彼らがマイクやその友人たちとどう異なるかについて多くを学んだ——例えば、彼らのうちのある者が失業すると、クラックの販売に転向する代わりに、友人や親戚たちの援助に頼った。このグループは法的にこみ入った事情をほとんど抱えておらず、警察が近づいてきても逃げ出さなかった。彼らの中には、マイクやその友人たちとどちらかと言えば暮らしぶりが似ている兄弟やいとこがいた。けれども、彼らはこの種の男性たちやそうした関係がもたらすリスクをなんとしてでも避けていた。

＊＊＊

ある日の夜、チャックの弟で今や一八歳になろうとしていたレジーが、六番ストリート・ボーイズと少し関係のある男性がサイコロゲームで強盗を働こうとして四番ストリート・ボーイズの男性を殺したと電話で知らせてきた。すぐに彼のおじの家の地下室に来るように、とのことだった。そこには男性たちが今後の対応を練るために集まっていた。

私は四時間も洗濯機の上に座りながら、発砲した男の軽率さを五人の男性たちが叱り、この死亡事件がどんな影響を及ぼすのか、また、じきに間違いなく自分たちのところにやってくることが明らかな連中を銃撃するのかどうか、やるとすればいつやるのかといった議論に耳を傾けていた。私はその四時間で、それまでこの地区で三年間学んできたこと以上に銃による暴力について学んだ。

結局、誰も解決策を出せなかった。計画はまとまらず、私たちは午前三時頃に解散した。

この緊急事態のあいだ、彼らはどういうわけか私に六番ストリートに戻ってくるよう懇願しているようだった――マイクと関わりのある人物としてではなく、私自身の力を理由に。レジーは、少なくとも六番ストリートに住む一人の滞在客として、またグループの重要な記録者として、私がこれらの重要な出来事を見逃すべきではないと感じているようだった。

その後の数週間、四番ストリートの若者たちは、六番ストリート地区で車を乗り回し、ブロックの人々に向けて発砲した。チャックは首筋に銃弾の破片を浴び、スティーブは右腿に銃弾を受けた。隣人たちは外出をやめ、子どもたちに屋内で遊ぶように言い聞かせた。マイクは刑務所から、この危険な時期に私がブロックにいるのを許しているのかと憤りを伝える切迫した手紙をチャックとレジーに送ってきた。私はマイクの反応にかなり腹を立てたが、思い返してみると、刑務所にいたマイクは、若者たちが聞く耳を持たず、彼抜きで事態が動いていると感じていたのかもしれない。

その年の夏までにマイクと私は仲直りし、チャック、スティーブ、レジーは拘置所や刑務所にいた。大学院の四年間を通じて、私は六番ストリート付近に住み続け、大学に週に二、三度通い、残りの時間の大半を使って、アイシャや彼女の家族や友人たちと同じくらい、地元に戻っていたグループのメンバーたちとつるんでいた。週末には州内を移動して拘置所や刑務所に入れられたグループのメンバーと面会した。チャックとマイクの家族はすでに私のことを知っていたが、私たちが一緒になって警察に対処し、公判期日に出席し、面会のための長いドライブをするうちに、私は他の若者たちの家族とも知り合いになった。

州刑務所で刑期を満了し、マイクは二〇〇七年に六番ストリートに戻ってきた。男性が家に戻るときにしばしば起きることなのだが、留守中に彼を十分に気遣わなかったことを理由に、マイクは最初の二週間ほどを、ブロックの仲間たちに毒づきながら過ごした——彼らは彼にあまり面会せず、手紙の返事をよこさず、約束した通りに送金せず、マイクが以前にデートをしていた様々な女の子たちと性的な関係を持ち、さらにはそのことで嘘をついていた。時が経つにつれ、彼はそのことを赦し、忘れていったようだった。事態は平静を取り戻したように思えた。

その年の夏、チャックはA・ブーギーというあだ名を私に付けた。それがグループのメンバーの多くが刑務所から手紙を送るときなどに私を指す呼び名になった。今や、私がそのブロックに戻ったときに人々がしばしば語っていたのは、実際に六番ストリートに住んでいなかったので文字どおりではないのだが、私はいまや六番ストリートの人間だ、ということだった。

銃撃とその顚末

二〇〇七年夏、一つの悲劇が六番ストリートのコミュニティを揺さぶり、私だけでなく六番ストリート・ボーイズの生活をも一変させた。多くの者たちにとって、その事件は他の出来事、関係や慣習が、それ以前と以降とで区分されるほど重要なものになった。一部の者たちにとっては、麻薬を売り、警察を巧みに逃れようとしながらストリートで過ごす青年期の終焉を示す出来事だった。
水曜日の夜一〇時頃、マイクが電話をかけてきて、チャックがテイクアウトの中華料理店の外で頭を撃たれたと言った。その知らせを聞いたとき、マイクは夕食を買おうとその付近を歩いていた。末弟のティムはチャックと一緒にいて、彼が倒れるのを目撃していた。私は、数年前に銃弾がマイクの耳の上をかすったときのことを思い出し、どのくらい深刻なのかとマイクに尋ねた。

「《頭》に銃弾を受けたんだ」とマイクは言った。「どんだけひどいと思う?」

私は病院に直行すべきか、それとも郊外でマイクを拾うのに車で一時間かけるかどうかを話し合った。マイクは最終的に迎えにくるよう私を説得し、私は車を発進させた。私たちは黙り込んだままフィラデルフィアに車で戻った。チャックが無事ではないかもしれないという考えは理解し難いものだったため、私は理学療法、痛み、憂鬱を伴う長期の治療について考えをめぐらせた。彼を元気づけるためのリストを頭のなかで作った。前日に、チャックとチーズフライといった軽食やタバコを分け合ったり、郡拘置所にいる彼の真ん中の弟であるレジーに面会しようと計画を立てていたことを思い出した。チャックは、四番ストリート・ボーイズとの緊張がその日とくに高まっていたとは感じていないようだった。事態は過去数週間のあいだに沈静化していた。彼らはチャックを不意打ちしたのだろうか? 私は、マイクが前の月に家に戻って来る前に、チャックと州刑務所にいるマイクに面会するためにドライブしたときのことや、マイクを笑わせようと面会室に入ったチャックがどれほどおかしかったかを考えた。私たち三人が初めてルームメイトになった二、三年前のことも。

私たちが病院のそばまで来たとき、マイクは、チャックの母親、恋人、ベビー・ママを除いて、女がこのタイミングでそばにいるべきではない、と私に言った。病院にはたくさんの男たちが集まっていたが、ひどい問題が起こったばかりなので、彼らは女性たちが聞くべきでないようなばかばかしいことを話していた。

彼の言うとおりだった。私たちが車を止めると、ERの外の角に大勢の男性たちを見た。私が数えた限り二七人の若者たちが病院から通りを挟んだ向こう側に立っていた。そして、まるで六番ストリート・ボーイズが丸ごとダウンタウンに運ばれてきたかのように、二人の白人の警官が通りを挟んで立ち、彼らに視線を向けて互いに話をしていた。私は男たちの多くに見覚えがあり、彼らの一部は未決令状や係属中の裁判を抱えていた。彼らは明らかについさっき銃撃を受けた男性と関わりがあるため、この場にいるのは多大なリスクを冒すことだった。それは尊敬と愛情と自己犠牲を伴う行為であり、チャックのための寝ずの番だった。

マイクは、おまえはお呼びじゃないと言わんばかりに私を一瞥し、彼らと挨拶を交わすために向かっていった。私は車を停め、代わりにERのほうに歩いていった。男性たちの一群は私が通り過ぎても一言も発さず、会釈すらしなかった。

待合室は警官と順番待ちをする患者たちで一杯だった——チャックの事件はその晩に発生し

た三つの銃撃事件のうちの一つだった。カウンターにいる女性に彼の名前を告げると、彼は集中治療室に入っていて、近親者しか入室できないと言われた。フィラデルフィアのダウンタウンで今や不審者になっている外の男性たちのそばをまた通り抜けたくはなく、チャックをこのおかしな場所に残したくないと考えているうちに、私は病院のウィング部分で道に迷い、ついには別の道に出てしまった。車での帰り道、スティーブや他の男性たちが私を無視したのは、私がそこにいるべきではないと考えたからなのか、もしくは単にフィラデルフィアの白人居住地区で私たちが知り合いだったり一緒にいてはいけないことになっているためなのかと私はあれこれ考えていた。おそらく、彼らは深い悲しみと誰がチャックを撃ったのかを考えることで、胸が一杯になっていたのだろう。そこでは男性たちだけの会話が交わされていた。

私が家に戻ってしばらく経つと、マイクが私に電話してきて、警官に歩道から立ち退かされ、警官たちは病院のなかで待っていたチャックのおじと恋人に自分たちは帰らなければならなくなったと伝えたという。彼は、彼ら全員がチャックの母親の家に戻っていて、何か知らせがあるまで彼の母親と一緒にいるつもりだと言った。それから、チャックの容体について最新情報があるかどうか、私に尋ねた。

「私は家よ」

「帰ってたのか？」

「あそこにはいるなって私に言ったでしょ」

マイクは私が何も理解していないことに不満そうな様子で、電話を切った。私がすでに帰っていたことへの彼の驚きといらだちに十分勇気づけられ、私はすぐに車で病院に戻った。チャックの家族、友人、隣人はすでにいなくなっていた。受付係に尋ねると、チャックはもうＩＣＵにはいないと言われた。彼はＮＩＣＵ、すなわち神経集中治療室に移されていた。コンピューターで彼の記録を確認すると、受付の白人女性は眉をひそめ、彼と知り合いなのかと私に尋ねた。どういう質問なのだろうか？　そうです、と私は答えた。彼が頭部を撃たれたことを知っていますか？　はい。彼女は私の身元を尋ね、私は迷わず拘置所のチャックに面会するときと同じことを言った。私たちはいとこなんです。

そのとき三〇代前半の白人男性の医師が受付を通りかかり、彼は私に道順を知りたいのかと聞き、ＮＩＣＵまで付き添うと言ってくれた。すでに午前三時を過ぎていた。私たちは締め切られてもぬけの空になったウィングを一緒に歩いていったが、白衣を着ていれば白人男性を怖れないことに気づいた。私はいとこが頭部を撃たれたのだと彼に説明した。私たちが無数のセキュリティドアを通過してＮＩＣＵに入っていくと、チャックのいる部屋のドアの前に出た。

チャックは高く固定されたベッドに横たわっていて、上半身はギプスで覆われ、保護帯が首に巻きついていた。頭部は首を伸ばすように高く持ち上げられ、分厚い包帯が頭部を覆っていた。顔面は膨れ上がり、まるで別人のように、見たことのない顔つきをしていた。壁に掛けられた小さなテレビがコマーシャルを流していて、彼は画面と向き合うようにもたせかけられていた。まるで、コマーシャルを見ているかのように。医師は何か質問があれば自分に聞くようにと言って、私に名刺を渡した。

医師が立ち去るとすぐに、部屋にいることはできません、と看護師は言った。チャックの容態はかなり危険だったのである。彼女は家族の代表者がおじと祖父であり、彼らにしか情報を明かすことはできないのだと説明した。分かったと私は答えた。しかし、誰も私に立ち去るように言わなかったので、私はチャックの部屋の外の廊下で一時間、また一時間と残っていた。私はいわば見張り番だった。

六時頃に多数の人間が機器を持って緊張した面持ちでやって来て、そのうちの一人が家族の電話番号を尋ねていた。知っていると私がはっきり答えると、一人の看護婦がスピーカーを手に取って「コードブルー」〔容態急変などの緊急事態に使われる救急コール〕と叫んだ。一人の男性が入ってきて、臓器提供プログラムの担当者だと名乗った。彼は、チャックが脳死状態で、脳は機能しておらず、銃弾が無数の破片となって突き刺さって出血多量を引き起こしていると言った。チャックの心拍は停止し、彼らは心肺機能を回復させようと試みた。しかし、それは脳死状態にある彼から臓器を摘出するためだった。私はそこで考えた。昏睡状態ということなのか？　彼らはそんな理由で彼を生かしておいていいのか？　私はチャックの母親であるミス・リンダに電話をかけた。私にはチャックが死んでいるのかどうか分からなかったからである。もしそうなら私はそんな事実を彼女には伝えたくなかった。そのため、私は臓器担当の男性に電話を渡した。彼は、とても気の毒だがチャックの脳は銃弾の無数の破片を浴びて死んでいる、と彼女に告げた。彼は必要としている人々の元に臓器を贈ることを希望するかどうか彼女に尋ねた。彼女は望まないだろうと私が言った通り、彼女は彼の身体の一部が他の誰かの元に行くようなことはないようにと言った。

私は彼に会わせてくれるよう頼んだが、彼らは駄目だと言い続けた。そして私は医療スタッフのいるフロアでしゃがみ込んで泣き出してしまった。それから、一人の男性がチャックの心臓は止まったと私に言った。彼は死に、医者はチャックを蘇生する意思はないと、私はマイクにショートメッセージを送った。彼は脳死状態で、彼らが救おうとしているのは臓器だけだと。マイクは返事をよこした。「そこを動くな。向かってる最中だ」

このとき、その夜に病院のあちこちを歩き回っていたのに、病院に留まる理由がないことに気づいた。私が近くをうろついていると、ミス・リンダは腹を立てるかと私はショートメッセージでマイクに尋ねた。彼はいや、とだけ返信をよこし、それ以上は何も言わなかった。

看護婦の一人がチャックの部屋に入っていいと言ったので、私は彼のベッドのそばにしゃがみ込んだ。彼の身体は再び整えられ、ギプスは取り除かれ、血はもう頭から滲み出てはいなかった。私は手すりに自分の腕を乗せ、彼の手を取った。私は彼の前で泣き出し、愛しているよと言った。ごめんねと彼に話しかけた。親切な男性看護師がやって来て、私に椅子を勧め、アップルジュースをくれた。私は一時間かそれ以上、チャックのそばに座っていた。私はサイドテーブルの上に白いペーパータオルを添えて置かれていた彼の時計に気づき、彼が時計を手に入れた日、とても質素なものであったにもかかわらず、彼がどれほど気に入っていたかを思い出した。それから時計を手に取り、自分のハンドバッグの小さなポケットに入れた。そのことは誰にも言わなかった。

私がそうして座っていると、アレックスとともに、交際したり別れたりを繰り返していたチャックの恋人であるタネーシャが部屋に入ってきた。私は急いでそのときまでいたチャックの傍を、素敵な看護師が持ってきてくれた椅子と一緒に譲った。タネーシャは彼に話しかけ、彼女が目にしたことをアレックスと私に話した。彼は戦っていて、常にファイターだったため、どのように腕を動かしていたのか。彼女はどうやって救急車をここまで追ってきたのか。彼がどうして自分たちを残して逝ってしまったのか。そして彼女は彼の身体が死後硬直し始めていることに気づいた。彼女の両脚は小刻みに震えていて、今日は仕事になんて行けないと言いながら、弱々しく泣き出した。彼女は言った。「あなたは私のベビーなのよ、なんで私を置いて逝っちゃったの?」昨夜残るべきだったと彼女は言う。彼女はティムの下敷きになって地面に倒れていたチャックをどう発見したか、どうティムから電話を受け、ここに来るように言われ、その結果出先から引き返し、横たわるチャックと対面したのかを話した。ティムは取り調べのために身柄を拘束され、まだ警察署にいた。そして、彼の兄は死んだのである。

その後、刑事たちが入ってきた。私服姿の三人の白人男性たちだった。チャックが撃たれたとき、私がその場にいなかったことを知ると、彼らは私の傍を通り抜け、タネーシャとアレックスを取り調べるため彼女たちを部屋の外に連れていった。アレックスはもう六番ストリートには住んでおらず、今では定職につき、チャックが撃たれたときにその付近にはいなかったというのに。

この時点で、私は誰がチャックを殺害したのか正確には分からなかったが、見事な考えが浮かんだ。彼が撃たれるまでの数ヶ月間のあいだ、私たちは毎日ずっと一緒に過ごしていて、先の戦争でも私はその周囲にいた。私が考えていたのは、もし警察が私にわざわざ質問していれば、彼らが犯人の目星をつける手助けができたのではないか、ということだった。だが、彼らから質問されることがなかったため、私は再びチャックと部屋で二人きりになった。私は彼の手を握り、彼に話しかけた。マイクは、部屋に到着する前、病院に入るときに刑事たちに捕まった、とショートメッセージを送ってきた。

その後、タネーシャが刑事たちと一緒に部屋に戻ってきた。彼女は、聞かれたことは答えると彼らに言った。彼らは彼女に名刺を渡し、マイクが銃撃犯の身元を知っていると直感的に思うかと彼女に質問した。分からないと彼女が答えると、彼らは立ち去った。

取り調べから解放されると、マイクは部屋にやって来て、チャックのベッドのそばに立った。彼はチャックを見つめ、重々しく頷いて言った。「大丈夫だ、大丈夫だぞ」この事件は解決するということであり、おまえの仇を討つぞ、ということだった。そしてチャックを見下ろしながら、マイクはむせび泣き、息も絶え絶えに泣いた。滅多に泣いたりしない人間が出す声だ、と私は思った。

私たちはチャックのベッドの周りに座りながら、葬儀のための一時帰宅ということで郡拘置所からレジーを連れてくるかどうか話し合った。レジーが家に戻れば、彼は真っ先に誰かを撃とうとすると私は言い、「ちくしょう、誰かれ構わず死んじまう」とアレックスが言った。マイクは頷き、タネーシャも頷いた。アレックスは指で一人、二人、三人、四人と数えた。死ぬかもしれない人の数だった。それから、私たちはチャックのベビー・ママであるブリアナがどこにいるかについて話した。私たちは、彼女が町の外に出ているかもしれないと考えた。チャックの母親はその週、自宅で彼の娘たちを預かっていたからである。誰かブリアナともう連絡を取ったのだろうか？　彼女は事件のことを知っているのだろうか？

このとき、大勢のチャックの友人や隣人たちが続々と部屋に入ってきた。チャックの母親が病院にやって来るとは思えなかった——ミス・リンダは息子の公判期日以外は家を出たがらなかったし、精神的ショックと悲嘆にくれている彼女には耐えられそうもなかった。二時間ほど経ってから医療関係者が入ってきて、遺体を運びださなければならないと私たちに言った。私はこの男性と部屋の外に出て、自分たちがチャックの母親を待っていて、彼女が着くまで遺体を動かすことができないのだと説明した。彼はもう数時間チャックを部屋に留めておくことに同意した。

とうとうブロックの四人の若者たちに付き添われてミス・リンダがやって来た。彼女は部屋のなかへと歩を進め、小さく「私の息子を見せてちょうだい」と言った。私は、そのときには大きないびきをかいていたアレックスと一緒にホールの向かいにある待合室にいた。彼は前日の朝六時からずっと起きていた。

そのとき、レジーが拘置所から携帯電話に電話をかけてきた。

「レジー、知ってる？」

「ああ、知ってるぞ。兄貴が土の中に入るのを見届けに家に帰ることにした」

私はすでに人々で溢れ返っているチャックの部屋に入った。ミス・リンダは息子の手を取ってベッドの上に腰掛けていた。小声で弱々しく泣き、身体を小刻みに揺らしていた。彼女はレジーと通話が繋がった私の携帯電話を受け取って言った。「そう、そう、そうよ。いいえ、一発の銃弾だったの」そのとき携帯電話のバッテリーが切れ、彼女は私に携帯電話を返した。私は自分の兄を想って嘆き悲しみ独房に座るレジーを想像した。椅子に座るチャックの隣人のそばで、私は床にうずくまっていた。私は親切な看護師にアップルジュースと椅子をもっと持ってきてくれるように頼んでいた。タネーシャはベッドの反対側にいて、別の隣人は床に座り込み、他の二人の男性たちは窓枠部分に腰掛けていた。

ミス・リンダは息子の顔のそばで身を横たえ、悲しげにつぶやいた。「あぁ、私のベイビー、ベイビーったら」彼の手を握りしめ、「私の手を握って、ベイビー。チャック、私の手を握って」と何度も言った。彼女は彼の両腕を素早く、力を込めてこすりつけた。まるで彼の身体を温めるかのように。この姿に私もタネーシャも泣いてしまった。それからミス・リンダは不意に起き上がり、部屋から出て行った。私は彼女を追い、自分の両腕を差し伸べた。すると、彼女は私の腕のなかで大声をあげて泣いた。タネーシャがやって来て、彼女の傍に立ち、私たち二人で彼女を抱きしめた。ミス・リンダはもう出たいと言った。タネーシャは彼女を車で送ると言って、車まで付き添ってくれるよう私に頼んだ。私たちはまだミス・リンダを両側から抱きかかえていた。その後ミス・リンダはすぐに家に来るかと私に尋ねたので、私は行くと答えた。

自分の車でタネーシャの後を追っていくことになったが、どういうわけかチャックから離れる気持ちにはなれなかった。パーキングメーターに二五セント硬貨数枚を入れてから彼の部屋に引き返すと、人々が彼を遺体収納袋に納め、彼の身体を頭から足先へと包むのを見た。彼の大きなつま先にはタグが付けられていた。私は彼の持ち物を持ち帰るためERで一時間ほど待った。しかし、彼らは彼の持ち物はすでに警察署に運ばれ、証拠品として保管されたと言った。チャックが死亡した事情が理由で、遺体は市の死体安置所に移送されることになった。

私は車内で携帯電話を充電し、電源を入れるとすぐにミス・リンダから電話がかかってきた。もう車で移動しているかと聞いてきたので、そうだと答えた。彼女はもし私がそこにいられないなら、紙オムツ代として私が彼女に約束していたお金をタネーシャに渡してと言った。

タネーシャは、母親が戻るまでチャックの娘たちを世話していた。ミス・リンダはチャックの娘たちのことを心配していた。彼女の元から息子たちがみんないなくなってしまった。レジーは一万ドルの保釈金が払えずＣＦＣＦにおり、チャックは死んでしまった。そして、チャックの死を目にした一五歳のティムは今も警察署に勾留されていた。彼はチャックが助からなかったことを知らされてもいないのではないだろうか？

車内で私は自分自身の苦悩と闘っていた。それは、六番ストリートの大きな社会的集まりに常につきまとう苦悩だった。病院の外の角にいた男性たちに近寄るなとマイクに言われていたことや、何か代替的な役目を果たし、自分にしかできないことで助けになろうとＥＲに入っていったことを思い出した。また、私に鋭い視線を向けてきたチャックの恋人は、明らかに私たちの関係を疑っていたが、わざわざ口にしてまでそれを問いただそうとはしなかったことを思い出した。私は何の道理があって病院にいることができ、一晩中留まることを許可されたたった一人の人間になったのだろうか？　警察の事情聴取を免れる唯一の存在なのだろうか？　三〇人ものチャックの友人たちと親戚たちは立ち退かされ、チャックが倒れるのを目の当たりにして父親を愛する息子のように彼を敬愛していた一五歳の弟は、長時間にわたって警察署に勾留されていた。タネーシャによれば、彼はチャックが倒れるのを見て、逃げずに悲鳴をあげて兄の上にうずくまっていた。だが、私はチャックを病院に一人で残しておけなかった。彼が回復するなら一晩中そばにいてあげたかったし、死んだのなら一緒にいたかった。

その日の午後遅く、警察はティムを釈放した。勾留されていた一四時間、ずっと食事を摂らず、一睡もしなかったと、彼は私たちに言った。彼はその日ずっとほとんど何もしゃべらず、ぼんやりと遠くを見つめていた。その晩、私たちはミス・リンダの家のポーチの階段に集まった。ティムも座っていたが、眼は虚ろだった。涙がゆっくりと溢れ、彼の頬を滴り落ちた。彼はハエを払うときのように、涙を手で拭った。それから、タネーシャとマイクと私は、パンケーキ、チーズグリッツ〔粗挽きトウモロコシのリゾット〕、ターキーベーコンの夕食に彼を連れ出した。去り際に、表面にかすり傷の付いた時計を彼に差し出すと、彼はありがとうという風に頷き、時計を腕にはめた。

＊＊＊

葬儀までの数日間、ミス・リンダは家に来て一緒に過ごすように、そして、ときどき泊まっていくようにと電話をかけてきた。だが、彼女は拡大家族や町の外からやって来る人々から一人の白人の娘を守らなければならず、私はそのことに恥ずかしさを覚え、申し訳なく感じた。チャックの父方の親族は、葬儀までに家を燻蒸消毒するようミス・リンダに求めた。弔問客たちが食事したり喪に服すあいだ、壁中を這うゴキブリやハエの標的になりたくなかったからである。消毒業者が殺虫剤入りタンクを持ってやって来ると、彼は私のような白人女性が家で何をしているのか根掘り葉掘り聞こうとしてきたが、ミス・リンダは大声でお定まりの文句を口にした。「あれは肌がクソ白い私の娘よ。問題ある？」チャックのまだ六ヶ月の一番幼い娘は何人かの女性に抱かれて幸せそうにしていたが、私に抱かれると突然泣き始めた。そのため私は大いに当惑し、他の人々からは同情と好奇心を綯《な》い交ぜにした視線を浴びることになった。私は赤ん坊のあやし方も知らなかったのだろうか？　それともその子は白人女性に抱かれるのを怖がったのだろうか？　別の子ども——それまで会ったことのなかった彼女のいとこの娘——は私に気づくやいなや、私の膝に乗ってきて、その晩ずっと私の足にすがりついていた。母親が彼女を引き離そうとすると、彼女は泣き出してしまった。母親は、娘は白人が好きなのと、きまり悪そうに認めた。

私がただいるだけで起こる混乱をさらにこじれさせたのは、チャックの死後数週間のうちに私が犯した失敗だった。最初の失敗は、チャックの父親を家で見たときに抱きしめたことだった。彼はミス・リンダにお悔やみを告げるために妻と子どもたちから離れていた。ミス・リンダはその行動を、彼の最初の息子に対してだけでなく、彼女に対しても彼が愛着を持ち続けている明確なしるしだと捉えた。彼女が長年交際している恋人は葬儀に参列したが、チャックの父親の滞在中、彼女は恋人を遠ざけた。

喪中の最初の晩、私たちは戸外のテーブルに腰掛けていた。ミス・リンダは、ギャラリーの売店で購入した、Rest in PeaceのTシャツを配っていた。ギャラリーとはダウンタウンのショッピングモールで、市内のそれほど裕福でない黒人系や白人系の住民を顧客にしていた。Tシャツの表にはチャックが笑顔を湛える職業訓練プログラムの修了記念写真が、またその下には、彼の誕生日と亡くなった日付、そして「逝去したあなたを決して忘れない」という弔辞がプリントされていた。

ドアを通って歩いてくるチャックの父親が目に入った。私たちは二人とも泣き出し、彼が近づいてきたので、私は立ち上がり、彼を抱きしめた。長い抱擁ではなく、共感を込めた短いものだった。

タネーシャはすぐに、私がチャックの父親とたった今抱き合っていたとミス・リンダに知らせた。すると、ミス・リンダがやって来て、私と彼に向かって怒鳴った。彼は笑い飛ばし、彼女をなだめようとしたが、彼女の怒りは一五分経っても収まらなかった。「あんた、私はそんなことしないって分かってるでしょ!」と彼女は叫んだ。

家族でもない年長の男性を、私のような若い女性が抱きしめるのは単純に不適切だと、私はどうして分からなかったのだろうか? ましてや彼はミス・リンダの最初の子どもの父親ではないのか? 私は、ミス・リンダの悲しみを嫉妬と確執でこじれさせてしまったと考えた——私はその晩のうちにその場を離れ、葬儀当日まで近づかないようにしようと決めた。だが、ミス・リンダは朝の五時に眠れないと言って電話をかけてきて、戻ってきて一緒に過ごして欲しいと私に頼んだ。

家族は葬儀場の費用を賄うに足るお金を持っていなかった。そのため、私たちは死体安置所に連絡し、もう少しだけ遺体を保管してもらうよう頼んだ。数日が過ぎても、レジーは一時帰宅できなかった——警官たちは兄の死の状況からして、彼を出所させるのは危険過ぎると言った。

＊＊＊

臨時配置された警官の大半が地区からいなくなった後、捜索はいよいよチャックを殺害した男性を発見する段階に入った。ティムはほんの一、二メートルの距離から銃撃犯を見ており、多くの者たちがその男性の名前と彼がつるんでいた男性たちを知っていた。だが、その男性は息を潜めて隠れていた——誰も彼が隠れている場所を特定できなかった。レジーは拘置所から日々仲間たちを叱りつけた——なぜ何もしないのか、殺人犯への復讐にどれほど時間をかけているのか、自分が地元にいたらどうしているか——ので、六番ストリート・ボーイズはますます多くの銃を手に入れ、迫り来る事態に向けて臨戦態勢に入っていた。四番ストリート戦争の第三幕である。

毎晩のように、マイクとスティーブは銃撃犯とその仲間たち、あるいは有力な手がかりを持っていそうな男性たちと繋がっている女性たちを捜して周辺を車で巡った。そのうちの幾晩かは、マイクに同乗者がいなかったため、私がその相手を買って出た。午前三時頃、手に自動拳銃を握りしめ、市街を案内するマイクを助手席に乗せて、私たちは出発した。マイクが四番ストリート・ボーイズの居場所について情報を持つ他の仲間たちと携帯電話で話しながら、夕闇に紛れた家々をじっと見つめ、ナンバープレートと車種を確認していった。

ある晩、マイクは四番ストリートの男性がテイクアウトの中華料理店に入るのを見たと思った。彼は銃をジーンズに押し込み、車から降りて、隣接する路地に身を隠した。マイクが駆け戻って車に乗り込んだらすぐに走り出せるよう、私はエンジンをかけながら車内で待った。だが、その男性が食事を持って出てきたとき、どうやらマイクはこの男のことを考えていた人物ではないと思ったようだった。マイクは車に戻り、私たちは車を発進させた。

＊＊＊

チャックの死からまだ間もない時期に、私は銃撃戦について真剣に学び始めた。いつどのように撃ち合いが勃発し、進行中の対立が時の経過と共にどうなっていくのかといったことである。だが、暴力について直に学びたい、あるいは、自分の誠実さと勇気を証明したいという理由で、マイクと車に乗っていたわけではない。私が車に乗ったのは、マイクやレジーと同様、チャックを殺した人間に死んでほしかったからである。

おそらく、チャックの死は私のなかの何かを壊した。私はチャックを撃った男性を、私が知り合った男性たちと同じように無職で、警察の手を巧みに避けながら縮小していく麻薬取引の末端で成功を手にしようとしている一人の人物として見るのをやめた。私はこの男性が中華料理店の外でチャックと出くわしたとき、命を脅かされていると強く感じていたかどうかも、引くに引けないと感じていたかどうかもどうでもよかった。ただ単に、彼が私たちから奪ったもののへの落とし前をつけさせたかったのである。

振り返れば、私は、一人の男に死んで欲しいという感情がどのようなものなのか学べたことを嬉しく思っている——他者のなかにある復讐への願望を理解しただけでなく、自分自身の理性や善悪の判断を上回る感情的なレベルでそのことを肌で感じた。だが、銃を携帯する人間とこの男性を車で捜しに出かけるとはどういうことなのだろうか？　当時、そして今振り返ってみても確かに、私の復讐に対する願望は、私が目にした銃撃以上に、さらには現在も続くマイクとティムの身の安全に対する恐怖以上に、そして明らかに自分自身の安否に対する恐怖以上に、私を慄《おのの》かせたのだった。

原注

まえがき

（1）US Department of Justice, "Prisoners 1925-81" (Washington, DC: Government Printing Office, 1982), 3.

（2）Christopher Uggen, Jeff Manza, and Melissa Thompson, "Democracy and the Civil Reintegration of Criminal Offenders," Annals of the American Academy of Political and Social Science 605 (2006): 285, 287-88.

（3）US Department of Justice, "Correctional Populations in the United States, 2011" (Washington, DC: Government Printing Office, 2012), 1.

（4）Roy Walmsley, "World Prison Population List," 9th ed. (London: International Centre for Prison Studies, 2011), 3, 5.

（5）US Department of Justice, "Correctional Populations in the United States, 2011" (Washington, DC: Government Printing Office, 2012), 3.

（6）Aleksandr Solzhenitsyn, *The Gulag Archipelago* (New York: Harper and Row, 1973).〔邦訳：アレクサンドル・ソルジェニーツィン『収容所群島』木村浩訳、全六巻、新潮社、一九七四年～一九七七年〕

（7）W・E・B・デュボイスは、フィラデルフィアの第七地区の社会情勢に関する重要な研究論文の一ページ目の脚注で、「アフリカの黒人を祖先に持つ者すべてを指し示すのに、私は本研究の至るところで'Negro'という用語を用いることにするが、これはある程度非論理的な呼称である。私はさらに、八〇〇万人のアメリカ人には大文字の権利があると考えているため、この単語を大文字で始めることにする」と記している。同様の理由から、彼に倣って、本書ではBlack（黒人）という単語を大文字にした。W. E. B. Du Bois, *The Philadelphia Negro* (Philadelphia: University of Pennsylvania Press, 1899), 1.

（8）The Pew Center on the States, "One in 100: Behind Bars in America 2008" (Washington, DC: Pew Charitable Trusts), 6.

（9）Becky Pettit and Bruce Western, "Mass Imprisonment and the Life-Course: Rase and Class Inequality in U.S. Incarceration," *American Sociological Review* 69 (2004): 151, 164.

序章

（1）Katherine Beckett, *Making Crime Pay* (New York: Oxford University Press, 1997), 73; Jonathan Simon, *Governing through Crime* (New York: Oxford University Press, 2007), 241.

（2）Katherine Beckett and Theodore Sasson, *The Politics of Injustice: Crime and Punishment in America* (Thousand Oaks, CA: Pine Forge Press, 2000), 5.

（3）一九七〇年以降にアメリカの都市にある分断された黒人居住地区の住民が直面した経済的困窮と空間的分断については、Loïc Wacquant and William Julius Wilson, "The Cost of Racial and Class Exclusion in the Inner City," *Annals of the American Academy of Political and Social Science* 501(1989): 8-25を見よ。

（4）都市民族誌は、一八〇〇年代後半から一九八〇年代までの分断された黒人居住地区での不干渉主義で腐敗した警察活動を記録してきた。一九三〇年代と一九四〇年代に黒人コミュニティでの賭博と売春に対して見て見ぬふりをしていた警察については、St. Clair Drake and Horace R. Cayton, *Black Metropolis: A Study of Negro Life in a Northern City* (Chicago: University of Chicago Press, [1945] 1993), 542を、一九六〇年代の都市警察の腐敗の広がりについてはJonathan Rubinstein, *City Police* (New York: Farrar, Straus & Giroux, 1973)を、一九七〇年代に黒人青年たちの間で抗争が起きた際に警察が介入しなかったことについてはElijah Anderson, *A Place on the Corner* (Chicago: University of Chicago Press, 1978), 2を、一九八〇年代の黒人居住地区で栄えた露天の麻薬市場を容認した警察についてはTerry Williams, *Crackhouse* (Reading, MA: Addison Wesley, 1992), 84を、一九八〇年代と一九九〇年代にシカゴ・プロジェクトにおいて公営住宅事業のリーダーと麻薬の売人、そして数名の腐敗した警察官が実施した事実上の司法制度についてはSudhir Venkatesh, *Off the Books: The Underground Economy of the Urban Poor* (Chicago, MA: Harvard University Press, 2006)を見よ。

（5）Albert J. Reiss Jr., "Police Organization in the 20th Century," *Crime and Justice* 15 (1992): 56.

（6）フィラデルフィアの警察官の人数に関するデータは、連邦捜査局の統一犯罪白書（一九六〇年から二〇〇〇年まで）のものである。フィラデルフィアの推定人口は合衆国国勢調査局のものである。

（7）合衆国における犯罪取締政策の施行と展開、そして福祉の削減や市場の規制撤廃との関係についての詳細な調査については、Loïc Wacquant, *Prisons of Poverty* (Minneapolis: Minnesota University Press, 2009) を見よ。

(8) Christopher Wildeman, "Parental Imprisonment, the Prison Boom, and the Concentration of Childhood Disadvantage," *Demography* 46 (2009): 270.

(9) David Garland, "Introduction: The Meaning of Mass Imprisonment," in *Mass Imprisonment: Social Causes and Consequences*, ed. David Garland (London: Sage, 2001), 1-2.

(10) きわめて高い投獄率については、とくに、Loïc Wacquant, "Race, Class, and Hyperincarceration in Revanchist America," *Daedalus* 139, no. 3 (2010): 74-90 を見よ。アメリカの刑罰制度の拡大と、同国の政治と人種の関係におけるその重要性についてのヴァカンの理論的かつ実証的研究は、本書に重要なインスピレーションを与え、また "The New Peculiar Institution: On the Prison as Surrogate Ghetto," *Theoretical Criminology* 4, no. 3 (2000): 377-388; "Deadly Symbiosis: When Ghetto and Prison Meet and Mesh," *Punishment & Sociology* 3, no. 1 (2001): 95-133; *Urban Outcasts: A Comparative Sociology of Advanced Marginality* (Cambridge: Polity Press, 2008); *Punishing the Poor: The Neoliberal Government of Social Insecurity* (Durham, NC: Duke University Press, 2009) の実例にもなる。

(11) Devah Pager, *Marked: Race, Crime, and Finding Work in an Era of Mass Incarceration* (Chicago: University of Chicago Press, 2007), 4-5.

(12) Bruce Western, *Punishment and Inequality in America* (New York: Russell Sage Foundation, 2006), とくに

p.191を見よ。

(13)チャックと筆者は二〇〇七年に二一七世帯を調査した。

(14)フィールドワークを毎日行ったこの一八ヶ月間、警察の取り締まりを目にしなかったのはたったの五日間だった。

(15)W. E. B. Du Bois, *The Philadelphia Negro* (Philadelphia: University of Pennsylvania Press [1899] 1996.

(16)黒人コミュニティにおいてきわめて重要なこの社会格差は、アンダーソンの最初期の著書 *A Place on the Corner* に見ることができる。さらなる、そしてより形式的な展開は *Code of the Street* (New York: W. W. Norton, 1999), 35-65〔邦訳：イライジャ・アンダーソン『ストリートのコード――インナーシティの作法／暴力／まっとうな生き方』田中研之輔・木村裕子訳、ハーベスト社、二〇一二年〕の第一章 "Decent and Street Families" に見出すことができる。

(17)フィラデルフィアに暮らす、中流階級で広い人脈を持った黒人でさえ、これらの区別をある程度承知している。二〇〇七年、私は市長に立候補していた連邦議会議員チャカ・ファタ氏の政策概要を執筆する作業部会に入るよう依頼された。この部会は私と六人の著名なフィラデルフィア出身の黒人で構成され、そのうちの三人は法律家で二人は古くからの地域のまとめ役、そして一人が『フィラデルフィア・デイリー・ニュース』紙の記者だった。第一回の会議はセンターシティにある高層ビルで開催された。会議が終わり、エレベーターが動かなかったので、私たちは階段を使った。二階に近づくと、ドンドンと叩く音がし、少し話し合った後にさらに音を聞き、私たちは誰かがエレベーターの中に閉じ込められているのだと考えた。法律家の一人が消防署に電話しようと提案した。当局に知らせるというこの提案に、ジャーナリストは冗談を言った。「誰にも令状が出されていないことを祈るよ！」みんながクスクスと笑った。

第一章

（1）「そうとも（"Did I"）」は、おおよそ「もちろんそうだったとも（"Did I ever."）」を意味する肯定表現である。

（2）《弟分（young boy）》と《兄貴分（old head）》という言葉は、少なくとも一九七〇年代からアフリカ系アメリカ人のコミュニティで使われてきた。これらの言葉は、年長者と年少者あるいは少年との師弟関係を意味し、兄貴分が弟分の面倒を見ることや、弟分が兄貴分に服従することを暗に意味している。イライジャ・アンダーソンは *A Place on the Corner* (Chicago: University of Chicago Press, 1978), p. 225 の脚注で、《兄貴分》という用語について初めて言及し、『ストリート・ワイズ』で兄貴分と弟分との関係について詳細に述べている。「兄貴分と弟分の関係は、本質的には指導者と被保護者の関係である。兄貴分は弟分よりたった二歳年上ということもあれば、三〇ないし四〇歳年長ということもある。弟分は通常少なくとも一〇歳に達している。弟分は素直に兄貴分の生活年齢や世間的な経験にしたがった」(Elijah Anderson, *Streetwise: Race, Class, and Change in an Urban Community* [Chicago: University of Chicago Press, 1990], 69〔邦訳：イライジャ・アンダーソン『ストリート・ワイズ――人種・

階層・変動にゆらぐ都市コミュニティに生きる人々のコード』奥田道大・奥田啓子訳、ハーベスト社、二〇〇三年、七一頁。ただし右の引用文は一部訳語を改めさせていただいた）。アンダーソンは続けて、世間体を説く昔ながらの兄貴分たちは、まともな仕事がほとんどない労働市場に直面する新しい世代の弟分に対する自分たちの役割をどうにか維持しようとしていると説明する。ストリートでの生活で育った新しい兄貴分たちは、過去数十年間の伝統的な男性の役割モデルに取って代わりつつある（Elijah Anderson, *Code of the Street* [New York: W. W. Norton, 1999], 145-146 も見よ）。アンダーソンの考察と同様に、六番ストリートの兄貴分たちは、どのようにしてまともな仕事で成功するかではなく、身体的に危険で厳しく取り締まられる麻薬取引で生き残るための方策を弟分たちに教える。

（3）マイクとチャックは時々、彼らの友人のグループは、ギャングあるいは共同体（collective group）とでも呼べるかどうかを議論した。フィラデルフィアにはクリップスやブラッズ〔ロサンゼルスのギャング〕のような、街あるいは市全域で幅を利かせるギャングはいないが、その代わりにストリートを拠点とする小さなグループがある。マイクやチャック、そして彼らの友人たちは、六番ストリートへの帰属意識によって互いに結び付いていた。つまり彼らは、六番ストリートが通るブロックで育ったか、あるいは近親者がこの地区へ引っ越したため、ここで過ごした者たちなのである。彼らのうちの五人は、「6th street」というタトゥーを腕に彫っていて、その五人や他の者たちが拘置所から私に送った手紙は、ニックネームの後に「6th street」や「4-ever-6」などと書いた。彼らはときに、自分たちのことを六番ストリート・ボーイズや、チーム、部隊《スクワッド》、派閥《クリーク》、あるいはブロックと呼んだ。またあるときには、自分たちが共同体やグループであることを彼らは強く否定したが、わざわざ議論したという事実が、異議があるというよりもむしろグループのアイデンティティを支えているようだった。フィラデルフィアの中学校と高校のバスケットボール選手たちについて書かれたスコット・ブルックスの民族誌で、ジャーメインは街のギャング・システムについて簡潔に説明している。「きっちりストリートごとになってるんだ。Dストリートに行けば、ここが縄張りだというやつらがいる。Hストリートを縄張りにしてるやつらもいる。Kストリートも、Jストリートも、そしてPストリートも同じことさ。俺たちはブラッズとかクリップスとは違うんだ。ストリートごとなのさ」(Scott N. Brooks, Black Men Can・t Shoot [Chicago: University of Chicago Press, 2009], 149)。

(4) 一九六〇年代のフィラデルフィアについての著作で、ジョナサン・ルビンスタイン(*City Police* [New York: Farrar, Straus & Giroux, 1973])は、警察官が「活躍」——警察官の仕事は統計的に計算され、実績や優秀さを判断するために非公式に用いられうる——を示す必要性を考察している。

第二章

(1) 男女が関わる追跡で、少なくとも私が観察した全ての事例では、女性が追跡する側だったことは注目すべき点である。つまり、女性は警察役だった。女性が男性を連れ戻そうとしている家は、男女どちらからも拘置所や刑務所と呼ばれていて、男性が家に連れ戻されるとき、本人や周囲は彼女に閉じ込められる、と言った。つまり、女性は警察でもあり看守でもあった。女性が男性を力ずくで家に連れ戻すというこのゲームにも似たやりとりは、次章で取り上げるように、身近な男性たちの逮捕と投獄において、女性が本意か不本意かを問わず果たす重大な役割に対応している。

（2）一一一の事例は、一人ずつの集計ではない。〔一つの事例で〕二人以上が警察から逃走しているケースもある。

（3）警察から逃走する若者たちに関するこれらの数値と描写は、私が直接観察した事例による。私は自分が観察したものよりずっと多くの追跡について話を聞いたが、これらのナラティブをデータとして使用しなかった。自分の観察と、その後語られた同じ出来事についての人々の描写を比較すると、有名な人々が出てきたり、逃走が入念に企てられていたりしつつも、結局は警察に捕まるなど、追跡と逃走の報告には偏りがあるとの結論に達した。私の観察では、ほとんどの場合、若者たちが警察を目にして走り出すと、警察が彼らを追いかけることはない。警察が追いかける場合、若者は大抵捕まらずに逃げ切り、成功した逃走は通常、創造力に富んだものでも凄まじい努力を伴うものでもない。むしろ、追跡する警官の足が遅くなったり、スピードを上げるのをあきらめるため、若者は大抵きわめてありふれたやり方で逃げる。追跡についての話自体は面白いが、若者たちが実際に警察から逃走する方法と、その結果としての成功率を知るのに適切なデータではない。

（4）フィラデルフィアでは、交通違反の罰金を怠納したり、これらの違反に関する公判期日に出廷しないと、裁判所が逮捕令状を出すことが可能になる。これらの交通違反の罰金の怠納で投獄され

ることもありうる (Philadelphia County, 33 Pa.B. Doc. No. 2745 and Pa.B. Doc. No. 03–1110)。

（5）何らかの犯罪被害に遭っても人々が法律に頼らない理由は数多く存在する。法的に危うい立場にあることは、まさしくそうした理由のうちの一つである。法に対する不信感についての考察に関しては、David S. Kirk and Andrew V. Papachristos, "Cultural Mechanisms and the Persistence of Neighborhood Violence," *American Journal of Sociology* 116, no. 4 (2011): 1197–1205. を見よ。

（6）警察への通報を恐れる指名手配中の男性が自らもめごとを解決するとき、その暴力は《二次的逸脱》（secondary deviance）と言える——その人物は犯罪者のレッテルを貼られているせいで、さらなる犯罪に手を染めるのである。ここでは令状がレッテルとしての機能を果たし、元々抱えていた理由以上に犯罪に手を染め、問題に巻き込まれる理由を生み出す。レッテルの研究における二次的逸脱の考察については、Howard Becker, *Outsiders: Studies in the Sociology of Deviance* (New York: Free Press of Glencoe, 1963), chap. 1〔邦訳：ハワード・ベッカー『完訳 アウトサイダーズ——ラベリング理論再考』村上直之訳、現代人文社、二〇一一年〕、および Edwin M. Lemert, *Social Pathology: A Systematic Approach to the Theory of Sociopathic Behavior* (New York: McGraw-Hill, 1951), 75. を見よ。

（7）ロニーのいとこは私が町を出ていた夏に死亡した。葬儀当日、レジーは何度か私に電話をかけて、こうした状況を私に伝えた。

（8）Viviana A. Zelizer, *The Purchase of Intimacy* (Princeton, NJ: Princeton University Press, 2007).

（9）刑務所ならびに拘置所は、所内の売店の帳簿を通して、食べ物、洗面道具、衣服、テレフォンカード、本などの品物を提供している。受刑者の家族や友人たちは、それぞれの愛する者の帳簿の口座に、米国郵便やjpay.comといったインターネット送金会社を使って送金することができるが、それには手数料がかかる。身柄の拘束時に本人がポケットに所持していた現金がこの口座に移されることもある。受刑者には通貨を所持したり両替したりすることが許されていないため、彼らがこのお金を目にすることはなく、刑務所で販売される品物に対してだけそのお金を使うことができる。大抵、受刑者は週に一度、売店の帳簿を使っての買い物を許可される。養育費やその他の罰金や訴訟費用は自動的に引き落とされる。一部の裁判所の管轄区域の刑務所では、受刑者にこの帳簿から釈放時のバスの乗車券を買うように求められるため、受刑者は釈放が認められる前に、友人や家族からそのお金をどうにか集めようとすることもある。この帳簿は、「俺の通帳にいくらか金を入れてくれないか？」というように、通帳（books）と呼ばれている。

(10)サイコロゲームの最中かゲーム後の強盗は、私が住んでいた頃の六番ストリート界隈ではきわめてよくあることだった。男性たちはかなりの額の現金を所持していて、大抵は決して警察に行けない類の人々であるため、それも当然のことである。チャックはかつて、サイコロゲーム強盗を長年にわたって主要な収入源にしている二人組について話していたが、私は彼らに直接会ったことはない。

(11)ウェットはフィラデルフィアの多くの地域で流行っていたが、スティーブは、日常的にそれを摂取していた六番ストリート・ボーイズの唯一のメンバーである。六番ストリート界隈では、ウェットは光沢のある黒く結晶化した葉の形でガラスの小瓶に入れて売られており、タバコペーパーや葉巻のラッパーで巻いて（ブラントと呼ばれる）喫煙されていた。その化学組成は私にはまったく分からないが、防腐剤の液に浸されてPCPと混ぜられた、お茶やマリファナの葉だと思う。

（12）公判日の前夜に証人のホテル代を支払うことは、その人物を出廷させないための典型的な方法である。それは、証人に埋め合わせする方法になるが、さらに重要なのは、警察が証言をさせるためにその人物を家から連れ出そうとしても、確実に不在にできるという点である。

第三章

（1）フィールドワークを実施する際、病院や診療所で人生を一変させる知らせを受ける人々についての研究を参照して、私はパートナーや息子が警察に指名手配されていることに女性たちが気づくその瞬間に注意を払うようになった。その研究では、家族は、愛する男性の逮捕令状ではなく病気のことを知るが、衝撃と混乱はどちらにも共通しており、その知らせは同じように関係性を変えるほどの影響を及ぼす。病院の患者と人生を一変させる知らせを受ける家族をめぐる二つの際立った研究に関しては、David Sudnow, *Passing On: The Social Organization of Dying* (Englewood Cliffs, NJ: Prentice-Hall, 1967), chap. 5〔邦訳：デヴィッド・サドナウ『病院でつくられる死――「死」と「死につつあること」の社会学』岩田啓靖・志村哲郎・山田富秋訳、せりか書房、一九九二年〕および Doug Maynard, *Bad News, Good News: Conversational Order in Everyday Talk and Clinical Settings* (Chicago: University of Chicago

Press, 2003), 9.〔邦訳：ダグラス・メイナード『医療現場の会話分析――悪いニュースをどう伝えるか』樫田美雄・岡田光弘訳、勁草書房、二〇〇四年〕を見よ。

（2）この会話は許可を得て私の iPhone で録音したものである。関係のない話題は除外した。

（3）周囲の人々の話では、マイクの母親は彼の父親に家に立ち寄るのはやめてとはっきり告げたわけではなかった――彼は勝手に立ち寄ったのである。

（4）乗っかり屋（rider）という用語は、ジェフ・ダンカン・アンドレイドによって取り上げられている（彼が使う綴りは rida）。彼は、「厳しい脅しの下で頼ることのできる人々を指す際の大衆文化的な言葉」と定義している。Jeff Duncan-Andrade, "Gangstas, Wankstas, and Ridas: Defining, Developing, and Supporting Effective Teachers in Urban Schools," *International Journal of Qualitative Studies in Education* 20, no. 6 (2007): 623.

（5）裁判にかけられる人々が負う法律上や金銭上の義務についての体系的な研究はほとんどない。あるユニークな研究で、ハリス、エヴァンス、ベケットは、ワシントン州に住む対象者の経済的負担を数値化している。彼らによれば、軽犯罪または重罪で有罪判決を下された者たちは、裁判所に対して生涯で平均一万一〇〇〇ドル以上の債務を負い、おそらくその法的債務にかかる利子のためにそれよりかなり多く支払うことになるという。Alexes Harris, Heather Evans, and Katherine Beckett, "Drawing Blood from Stones: Monetary Sanctions, Punishment and Inequality in the Contemporary United States," *American Journal of Sociology* 115 (2010): 1753–99. を見よ。

(6) Gresham Sykes, *Society of Captives* (Princeton, NJ: Princeton University Press, [1958] 2007), 63–83.

(7) 二〇一〇年、フィラデルフィア令状係だった二人へのインタビューの録音テープより。

(8) これらの手法を私が記述する際は、協力を得ようとする警察の取り組みに対する女性の視点を代表している。警察官の視点からの警察の任務に関する今日的な扱いについては Peter Moskos, *Cop in the Hood: My Year Policing Baltimore's Eastern District* (Princeton, NJ: Princeton University Press, 2008). を見よ。

(9) フィラデルフィアでは、男性は釈放後六ヶ月間、収監されていた拘置所を訪問できない。実際問題として、この事務手続きは受理されるまでにかなりの時間を要する。そのため、郡拘置所に収監されていた男性たちはいずれの地元の拘置所への訪問権もしばしば認められない。刑務所はまた、訪問者の氏名を照会しており、令状が出ていたりその他の法的にこみ入った事情を抱える男性たちが訪問することは危険である。訪問の第三の壁は、刑務所・拘置所の駐車場に時々配置されている警察犬班である。訪問者は警察犬による車内捜索を拒否できるが、施設への立ち入りを禁じられる。

(10) アメリカにおいて貧困家庭が受ける立ち退き要求に関する詳細な説明は、Matthew Desmond, "Disposable Ties and the Urban Poor," *American Journal of Sociology* 117 (2012): 1295–1335 および Matthew Desmond, "Eviction and the Reproduction of Urban Poverty," *American Journal of Sociology* 118 (2012): 88–133. を見よ。

(11) 先行研究は、これらがきわめて現実的な恐怖であることを示唆する。マイケル・マッソグリアによれば、収監は感染症およびストレス関連の病気にかかる可能性を高める。"Incarceration as

"Exposure: The Prison, Infectious Disease, and Other Stress-Related Illnesses," *Journal of Health and Social Behavior* 49 (2008): 56–71. 同氏は、収監が長期間の健康への悪影響を引き起こすことを示した。Michael Massoglia, "Incarceration, Health, and Racial Disparities in Health," *Law and Society Review* 42 (2008): 275–306. を見よ。

(12) もちろん、ミス・リンダがチャック、レジー、ティムを警察から守るのに長けていたせいで、警察の家宅捜索の頻度を増やした可能性はある。おそらく、彼女の強固な保護者としての姿勢が息子たちが家に住み続けるのを促したからである。他の隣人たちは、彼女の乗っかり能力を他の女性たちと比べて失うものがそれほどないことに求めた。彼女の父親が家を所有していたため、彼女を立ち退かせるのは容易ではなかった。住居がすでに悲惨な状態だったため、他の女性たちほど家宅捜索による破壊を怖れてはいなかった。また、仕事をしていなかったため、警察は彼女の雇用主に通報すると脅すこともできなかった。

(13) ミシェルはこのことを認めなかったが、マイクの弁護士は、罪状認否の際の供述書をマイクの母親と私に見せた。

(14) 法を犯す際の多くの興奮と歓喜に関する微妙に異なる記述については、Jack Katz, *Seductions of Crime: Moral and Sensual Attractions in Doing Evil* (New York: Basic Books, 1990). を見よ。

(15) 刑務所にいる男性とのロマンチックな関係についてのいくつかの驚くべき利点を含む、最愛の男性の収監に対する女性の複雑な見方を明らかにする記述については、Megan Comfort, *Doing Time*

Together: Love and Family in the Shadow of the Prison (Chicago: University of Chicago Press, 2007), chap. 5, とくに 126–27, 174. を見よ。

第四章

（1）カリフォルニア州オークランドについて書いているヴィクター・リオスは、広範囲かつ推定上の刑事司法制度に反対する若者たちの取り組みを記録し、犯罪指定に対する彼らの抵抗を記述している。Victor M. Rios, *Punished: Policing the Lives of Black and Latino Boys* (New York: New York University Press, 2011) を見よ。その中で若者たちは、警察、裁判所、刑務所に抵抗するというよりむしろそれらを自分自身のために利用している。彼らは自分の目的のために刑事司法機関の職員と訴訟手続を利用し、操る。これはおそらく、プランテーションの奴隷から専制国家の農民に至るまで、抑圧的な統治形態において長らく記録されてきた、発覚しづらい犯罪や水面下の異議申し立てにより似ている。プランテーションの奴隷についてはJohn Blassingame, *The Slave Community: Plantation Life in the Antebellum South* (New York: Oxford University Press, [1972] 1979) を見よ。専制国家の農民については、James C. Scott, *Weapons of the Weak: Everyday Forms of Peasant Resistance* (New Haven, CT: Yale University Press, 1987) を見よ。

（2）ゲオルク・ラッシュとオットー・キルヒハイマーは、黎明期の政治家と刑務所の設計者が、社会の最下層の者にさえ犯罪を思い留まらせるほど刑務所を不快にするにあたって直面した、差し迫った問題について議論している（*Punishment and Social Structure* (New York, 1939), 105–6）。彼らの研究を徹底的に論じたものとしては、David Garland, *Punishment and Modern Society: A Study in Social Theory* (University of Chicago Press, 1990), 94. を見よ。

（3）ジャック・カッツは、強盗を働こうとする者たちが被害者の抵抗の可能性をどう予期するのかについて論じている。ランドル・コリンズは、これを強盗犯たちが状況支配の確立に失敗したこととして言及している。Jack Katz, *Seductions of Crime: Moral and Sensual Attractions in Doing Evil* (New York: Basic Books, 1990); Randall Collins, *Violence: A Micro-Sociological Theory* (Princeton, NJ: Princeton University Press, 2008), 185. を見よ。

（4）W. E. B. Du Bois, *The Philadelphia Negro* (Philadelphia: University of Pennsylvania Press [1899] 1996); St. Clair Drake and Horace R. Cayton, *Black Metropolis: A Study of Negro Life in a Northern City* (Chicago: University of Chicago Press, [1945] 1993); Elliot Liebow, *Tally's Corner* (Boston, MA: Little, Brown, 1967)〔邦訳：エリオット・リーボウ『タリーズコーナー――黒人下層階級のエスノグラフィー』吉川徹訳、東信堂、二〇〇一年〕; Carol B. Stack, *All Our Kin: Strategies for Survival in a Black Community* (New York: Harper & Row, 1974); Kathryn Edin and Laura Lein, *Making Ends Meet* (New York: Russell Sage Foundation, 1997); Katherine Newman, *No Shame in My Game* (New York: Vintage and Russell Sage Foundation, 1999); Mitchell Duneier, *Sidewalk* (New York: Farrar, Straus and Giroux, 1999); and Elijah Anderson, *Code of the Street* (New York: W. W. Norton, 1999).〔邦訳：イライジャ・アンダーソン『ストリートのコード――インナーシティの作法／

暴力／まっとうな生き方』田中研之輔・木村裕子訳、ハーベスト社、二〇一二年〕を見よ。

(5) Liebow, *Tally's Corner*, 116–19.〔邦訳：エリオット・リーボウ『タリーズコーナー――黒人下層階級のエスノグラフィー』吉川徹訳、東信堂、二〇〇一年〕

(6) ペンシルベニア州では、運転免許証の取得には出生証明書かパスポート、社会保障カード、二点の居住証明（例えば、本人の名前と住所が記載された賃貸契約書や領収証）が必要である。これらの取得にも、身元の証明書と手数料が必要になる。申請者は医師による健康診断を受け、筆記試験の受験料を納め、筆記試験に合格した上で、保険付きで車両登録済みの車を用意するか、試験場でレンタルして実技試験を受けなければならない。若者たちは適切な文書を持たずに運転したため違反切符を切られ、免許証の申請手続きを始める前に罰金を納めなければならなかった。

(7) この点については、Liebow, *Tally's Corner*, 113.〔邦訳：エリオット・リーボウ『タリーズコーナー――黒人下層階級のエスノグラフィー』吉川徹訳、東信堂、二〇〇一年〕を見よ。

(8) 郡拘置所から保護観察ないし仮釈放で出所した者たちには、通常は門限がない。州が下した判決（最低一年間）から仮釈放中の者たちにはしばしば、より厳しい条件が与えられる。それには、門限を守ること、仕事を見つけること、高校を卒業すること、晩に指定された家から保護観察官に電話をかけること、他の犯罪者に近づかないことなどが含まれる。

(9) ペンシルベニア州では、仮釈放中の者は特定の家を帰住地としなければならず、その家は事前に検査を受け多くの条件を満たす必要がある。該当者は、大抵の場合、仮釈放で自分の独立住居を帰住地にすることはできない。帰住地がないまま仮釈放で出所した者たちは、更生施設に送致される。

(10) 罵倒への返事は、おおよそ次のような意味のことである。「私がビッチだと思ってるの？　あんたは何も分かってない」

(11) フィラデルフィアの元保護観察官は、普段、彼がそう言ったのだが「ベビー・ママたち」から「数えきれないほどの電話」を受けると私に語った。彼の話によれば、彼女たちは恋人たちを拘置所に入れようと電話をかけ、その後恋人が拘置所に入っていると、彼女たちは彼らを出所させようと電話をかけるという。

(12) これはきわめてよくあることである。それどころか、お金をゆすり取るためだけに他人を逮捕させる者たちもいる。彼らは裁判に証人として出廷しない見返りに、お金を要求するのである。

(13) 通話時間が非常に限られ、また郡拘置所の受刑者に許可されているのは市内通話のみであるため、三者通話の必要性がかなり高まる。刑務所の受刑者たちは一般的に、事前に取り決められたリストの番号にしかかけることができないため一層必要に迫られる。二〇〇〇年代半ば、通話を傍受している人が三者通話をかけるときに押される番号の音を捉えることができないように、受話器に息を吹きかけることで、三者通話に対する規制は克服できると考えられていた。

（1）キャスリーン・ノーランは、ニューヨーク州の貧しい黒人の生徒を受け持つ、警備の厳重な公立学校について微妙に異なる報告をしている。そこでは、帽子の着用や、教師や警察官への口答えといった生徒の行動上の問題が刑事罰となり、そのために裁判にかけられ、場合によっては少年院あるいは拘置所での刑に処される。Kathleen Nolan, *Police in the Hallways: Discipline in an Urban High School* (Minneapolis: University of Minnesota Press, 2011), 53-64.

（2）女性たちが刑務所にいるパートナーとの関係を構築し維持するための労力についての詳細な報告は、Megan Comfort, *Doing Time Together: Love and Family in the Shadow of the Prison* (Chicago: University of Chicago Press, 2007) を見よ。

（3）若者が刑務所にいるとき、面会者の数は徐々に減少していく傾向にある。それゆえ、マイクの刑期の初めに、彼の母親は彼に面会したがる友人たちや恋人たちの希望を叶えようと奮闘したが、対照的に、刑期満了が近づくと、母親は彼らに面会に行ってくれるよう懇願した。少なくとも二、三ヶ月に一度は確実に面会者がいるようにするのが目的であった。

（4）フィラデルフィアの刑事裁判所では、一つの裁判事件は三度目の予備審問に進むか棄却されなければならない。この期日以上の延期や続行はありえない。つまり、地方検事はこの時点で入手できている証拠や証言をすべて提出しなければならない。この期日は一般的に、「必須審理」として知られている。

（5）これらの記録は、マリーとマイクの会話を、看守から借りたペンで面会の申込用紙の裏に書き取ったものである。

（6）マイクとチャックは、理屈の上ではこの原則を貫いたが、彼らが拘置所に送致されたとき、彼らが近しい親戚と恋人たちに麻薬やお金を持って来てくれと頼んでいることに私は気づいた。面会室での私の経験では、主要な恋人やベビー・ママが衣類の中にマリファナや薬物の錠剤を仕込んで恋人に渡すのが一般的である。

（7）貧しい黒人コミュニティにおける食料や衣類、育児、そして他の基本的生活必需品の贈与交換の重要性については、Carol B. Stack, *All Our Kin: Strategies for survival in a Black Community* (New York: Harper & Row, 1974) を見よ。

第六章

（1）ションダが言及している薬物スクリーニングマシンは、手に付着する微量の違法薬物を検査するものである。刑務官たちは綿棒で面会者の手をこすり、それを機器にかけると、検出された薬物のレポートが作成される。

（2）これはそれほど奇妙な発言ではなかった。この地区の多くの若者たちが街と刑務所での彼らの生活についての体験記を売り込もうとしていた。

（3）この会話は許可を得て私の iPhone で録音したものである。この議論のうち無関係な要素は割愛した。

（4）「二次的な法的危険性（secondary legal jeopardy）」という言葉は、「二次的な刑務所化（secondary prisonization）」という、女性たちが投獄されたパートナーたちとの関係を通じてどのように刑務所の権力の支配下に入るかについて記述するためにミーガン・コンフォートが用いた言葉を真似ている。Megan Comfort, *Doing Time Together: Love and Family in the Shadow of the Prison* (Chicago: University of Chicago Press, 2007)。

第七章

（1）Becky Pettit and Bruce Western, "Mass Imprisonment and the Life-Course: Race and Class Inequality in U.S. Incarceration", *American Sociological Review* 69(2004): 151, 164.

（2）この時代に北部に移住することを黒人の小作人たちに促した無数の制約と困難については、Nicholas Lemann, *The Promised Land: The Great Black Migration and How It Changed America* (New York: Knopf Doubleday Publishing Group, 1992) の第一章を見よ。

（3）これらの疑念は、公民権運動の時代と公民権運動後の時代に不安を募らせる白人たちの間の強固な人脈や、犯罪厳罰化というレトリック、とくに保守的な政治家たちの人種的な意味合いを間接的に表現したレトリックの台頭を描く研究者らによって繰り返し言及されてきた。Katherine Beckett and Theodore Sasson, *The Politics of Injustice: Crime and Punishment in America* (Thousand Oaks, CA: Pine Forge Press, 2000) pp.53-54 を見よ。

（4）この会話は、会話の最中と直後に、自分自身に宛てたテキストメッセージとして書き留めたものである。他の引用と同様、言い回しと順序は実際のものとほとんど変わらないが、録音したものではない。

（5）これは彼が話をしている間、そしてその直後に携帯電話に書き込んだものである。ここで私は、ネコがテーブルに飛び乗ったことへの言及などの無関係な部分とともに、「ええ」や「うんうん」、「確かに」といった、私が発した細かな相槌を削除した。

（6）チャックの死に関する詳細な記述は付録を見よ。

（7）話している間に私はこの会話を携帯電話に打ち込んだ——引用箇所は元の発言とほとんど変わらない。

結論

（1）Michelle Alexander, *The New Jim Crow: Mass Incarceration in the Age of Colorblindness* (New York: New Press, 2010); Loi¨c Wacquant, "Deadly Symbiosis: When Ghetto and Prison Meet and Mesh," *Punishment & Society* 3, no. 1(2001): 95-133.

（2）Leon F. Litwack, *Been in the Storm So Long: The Aftermath of Slavery* (New York: Knopf, 1979)。

（3）浮浪者法は、近年では「生活の質」をめぐる取り締まりという形で再び表面化した。これらの法律は、物乞いや無賃乗車、公共の場での就寝、徘徊といった軽犯罪による逮捕につながっている。

ニューヨーク市におけるこれらの法律については、Mitchell Duneier, *Sidewalk* (New York: Farrar, Straus and Giroux, 1999) を見よ。シアトルにおけるものについては、Katherine Beckett and Steve Herbert, *Banished: The New Social Control in Urban America* (New York: Oxford University Press, 2011) を見よ。

付録

（1）当初、私は白人は誰もこの地区には住んでいないと思っていた。見かける白人は警官の制服を着ているか、社会福祉事務所で働いていた。その後、私は何人かの白人が実際にその地区に住んでいることを知った——何人かは黒人居住地区になる前の一九五〇年代からそこに住んでいた人々か、黒人と婚姻関係にある人々だった。その他は白人と黒人の両親を持つ、白人に見える子どもたちだった。この地区で働いて居住しているごく少数の白人たちは、通りでの私とのすれ違いざまにマイノリティが他の同類に偶然出会うときにする独特なやり方で私に会釈したものだった。

（2）William Labov, *Language in the Inner City: Studies in the Black English Vernacular* (Philadelphia: University of Pennsylvania Press, 1972). を見よ。

（3）私が市内の黒人居住地区でアパートを借りる難しさは、市内の白人居住地区に引っ越す黒人が頻繁に経験しそうな困難に匹敵するものとして、決して理解されるべきではない。不動産業者は私に部屋を貸したがらなかったが、私は、彼らが私のことを危険だとか、この地区の厄介者になると推測したとは思わない。彼らはまた、私のスティグマを負った立場が不動産の価値を下げるから私を断ったわけではない。むしろ、彼らはしばしば、私があまりにアパートにとってもったいなく、私が断られると同時にいかなる個人的な侮辱にも苛まれることはないと示唆した。私は、イライジャ・アンダーソンが言及する、白人と関わる際に黒人が遭遇するひどい軽蔑を経験しなかった。Elijah Anderson, *The Cosmopolitan Canopy: Race and Civility in Everyday Life* (New York: Norton, 2011), 253. を見よ。

(4) 致命傷でない銃創から回復しようとする若者たちが直面した困難については、Jooyoung Lee, "Wounded: Life after the Shooting," *Annals of the American Academy of Political and Social Science* 642 (2012): 244–57. を見よ。

(5) Carol B. Stack, *All Our Kin: Strategies for Survival in a Black Community* (New York: Harper & Row, 1974).

(6) Kathryn Edin and Laura Lein, *Making Ends Meet* (New York: Russell Sage Foundation, 1997).

(7) Katherine Newman, *No Shame in My Game* (New York: Vintage and Russell Sage Foundation, 1999).

(8) 皮肉にも、六番ストリート界隈の若者たちにとって、《仲間《バディ》》という言葉は寝床をともにする女性を意味するが、公式の恋愛関係を装うものではない。《友達《フレンド》》という言葉にも性的な含意があり、男性の友情を表現するためにはめったに使われない。男性たちは互いにダチ (homies)、パートナー、仲間 (boys)、兄弟 (my man) 等と呼び合う。

(9) Randall Collins, *Violence: A Micro-Sociological Theory* (Princeton, NJ: Princeton University Press, 2008), 186.

(10) アーヴィング・ゴッフマンは、参与観察を「進んでバカになること」と説明している。Erving

Goffman, "On Fieldwork," *Journal of Contemporary Ethnography* 18, no. 2 (1989): 128.11.

(11) この種のアイデンティティの話についての批判、そして民族誌家を中心に据えた語りに関するより包括的な批判は、デイヴ・グラジアンの未発表の論文 "The Riches of Embarrassment: The Presentation of Missteps, Mistakes and Pratfalls in Ethnography." のなかに見られる。

(12) Mitchell Duneier, *Sidewalk* (New York: Farrar, Straus and Giroux, 1999), 11–12, 20–21, 334–39 および Robert M. Emerson, *Contemporary Field Research: Perspectives and Formulations* (Prospect Heights, IL: Waveland Press, 2001), 118–19. の論考を見よ。

(13) ハワード・ベッカーとの個人的なやりとりから（二〇一三年九月一一日）

(14) Anderson, *Cosmopolitan Canopy*, xiv–xv.

(15) Ibid., 189, 191, 293.

(16) 人種の振る舞いに関する優れた現代的な論考については、Shatima Jones, "Shaping Community" (unpublished manuscript). を見よ。

(17) 私の感覚では、人種だけでなくジェンダーも、警察の私への無関心に一定の役割を果たした。フィリップ・ブルゴアは、ノース・フィラデルフィアのプエルトリコ系の居住地区でのフィールドワークから、彼がそばにいるといつも以上に人々が警察から呼び止められるようになるが、それは警察がその地区にいる白人は誰でも麻薬を買っているに違いないと考えるからであると報告している。"Criminalizing the City: 10th Annual Series of Public Conversations on Major Civic Issues Facing

"Philadelphia," Urban Studies Program, University of Pennsylvania, March 2012. というパネル後の個人的なやりとりから。

(18) 有色人種の貧しい若者たちが麻薬取引への依存と「まともな仕事」を得ることの難さを考えるときに感じる不満と恥は、過去三〇年間に及ぶ都市民族誌研究にくり返し現れる知見である。アンダーソンは、ある被告の言葉に言及しながらこの緊張を要約した。「なぜ私が仕事を得るのはこれほど困難なのだろう。そして、なぜ私が麻薬を売るのはこれほど容易なのだろう」(Elijah Anderson, presentation, Community Justice Symposium, Baltimore, Maryland, March 8–10, 2007)。合法経済の下で低賃金労働や小規模事業を始めるために、容易に参入できるが危険で不道徳な麻薬取引から手を引こうとする男性たちの苦闘をめぐる説得力のある報告については、ニューヨークの場合は Philippe Bourgois, *In Search of Respect* (New York: Cambridge University Press, 1995) を、またマサチューセッツ州スプリングフィールドの場合は Timothy Black, *When a Heart Turns Rock Solid: The Lives of Three Puerto Rican Brothers On and Off the Streets* (New York: Pantheon Books, 2010). を見よ。

(19) Goffman, "On Fieldwork," 125–26.

(20) ジェニファー・ハントは、"An Ethnographer's Journey," *Chronicle of Higher Education*, September 2010 と "The Development of Rapport through the Negotiation of Gender in Field Work Among Police," *Human Organization* 43 (1984): 283–96. において、男性警察官たちのあいだで女性警察官が自分たちの非性的な役割をどのように確立したのかについて議論している。また、*Contemporary Field Research* のエマー

ソンの論考を見よ。

(21) この点に関しては、*Contemporary Field Research* のエマーソンの論考を見よ。

(22) Anderson, *Cosmopolitan Canopy*, 40–42.

(23) コリンズ (*Violence*, 185) は、暴力と呼べるものは起きないが、怒鳴り散らしや空威張りに終わると指摘している。これは確かに、六番ストリート界隈の若者たちの事例でもあるように思われた。

訳者解説

二〇一四年八月九日。アメリカはミズーリ州ファーガソンで、ある青年が警察官によって射殺された。コンビニエンスストアからの帰宅途中、窃盗容疑の職務質問に抵抗したとして、警察官が銃を向けたのである。一二発もの銃弾が発砲され、うち半数の銃弾が命中した。射殺されたのは、二日後に大学入学を控えた、高校を卒業したばかりの一八歳の少年だったという。

警察官による容疑者射殺事件。このように言うと、治安維持を主とする職務を警察官が遂行しただけのように聞こえる。しかし被害者の名をとって「マイケル・ブラウン事件」と呼ばれるこの事件の発生直後から、地元では抗議運動と暴動が続き、人々の悲しみと怒りはすぐさま全国へと拡大した。その理由は、単に非武装だった青年に対して公権力が暴力を振るったからということではない。警察官が白人で、被害者が黒人だったからである。発砲が正当な行為であったと警察が記者会見で主張したこと、さらには事件の数ヶ月後に白人警察官が不起訴処分となったことも、国民感情ならぬ「黒人感情」を刺激した。実際、黒人と白人では、この事件に対する反応が大きく異なる。例えばある調査会社が行った調査によれば、この事件は警察による黒人男性の扱いを示すものだと思うかという質問に七四％もの黒人が「イエス」と答えたのに対して、白人でそのように答えたのは三一％に留まったという（YouGov 2014）。

日本国内ではあまり取り上げられないが、こうした白人警官による黒人男性に対する暴力は、それ以降もアメリカ国内で毎年のように起きている。例えば、二〇一五年四月にはメリーランド州ボルチモアで黒人青年が警察に拘束されて死亡した。また翌年二〇一六年七月にはルイジアナ州バトン・ルージュで、さらにその翌日にはミネソタ州セントポール郊外で同じような事件が発生した。二〇一七年四月にはテキサス州ダラスで黒人青年が白人警官によって射殺され、二〇一八年九月には同地域で同様の事件が発生した。

とくに新型コロナウイルスによって世界中が苦しんだ二〇二〇年は、黒人に対する差別や暴力でさらなる悲しみを経験した年だったといえる。二月にはジョージア州ブランズウィックでジョギングをしていた黒人男性が白人の親子に射殺され、三月にはケンタッキー州ルイビルで黒人女性が住所を誤って突然アパートに押し入った警察官によって射殺された。五月にはミネソタ州ミネアポリスで白人警察官による不適切な拘束によって黒人男性が命を失った。警察官は「息ができない」という黒人男性の悲痛な叫びを無視し、彼の首を八分四六秒ものあいだ膝で押さえつけたという。そして八月のコロラド州オーロラでは、コンビニエンスストアからの帰宅途中に警察官に呼び止められた黒人青年がそのまま帰らぬ人となった。地面に押さえつけられてパニックに陥った彼に救急隊員が強力な鎮静剤を投与したが、そのまま意識を失って心肺停止状態になり、数日後に死亡が確認されたという。

このなかには日本でも大々的に報道されたものもあるが、私たちがこうした被害者に思いを馳せる大きなきっかけとなったのは、同年九月に開催されたテニスの全米オープンだろう。大阪なおみ選手は黒人犠牲者たちの名前をプリントした黒いマスクを着用して登場し、静かに、そして力強く、抗議の意思を示した。そして「犠牲者の名前をつづるのに七枚のマスクでは足りないのは残念。だから決勝に行って全てのマスクを見せたい」という一回戦の勝利インタビューの言葉通り、彼女は三度目となるグランドスラムを制覇した。

＊＊＊

思わず目を背けたくなるような悲惨な事件が続くなか、二〇一八年五月にはある楽曲がリリースされた。俳優やコメディアンとしても活躍する黒人ラッパーのチャイルディッシュ・ガンビーノ（Childish Gambino、俳優名 Donald Glover）が歌う「This is America」である。同曲は全米シングルチャートのビルボードホット１００で初登場から二週連続一位を獲得し、二〇一九年二月一〇日に開催された第六一回グラミー賞受賞式では、最優秀楽曲賞と最優秀レコード賞、そして最優秀短編ミュージックビデオ賞に輝いた。とくに同曲のミュージックビデオの監督が日系アメリカ人だったことから、日本国内でも「快挙」として取り上げられたが、四分間の短い映像には衝撃的なシーンが溢れている。美しいコーラスと軽快なアコースティックギターの音色で曲が始まったと思いきや、チャイルディッシュ・ガンビーノは突然、頭に袋を被り手首を拘束された黒人男性の頭部を背後から撃ち抜き、そのすぐ後には聖歌隊に向けてライフルを連射する。そして彼は歌う。「これがアメリカだ（This is America）」と（ミュージックビデオの中で描かれているのは実際に起きた事件である。例えば聖歌隊が撃ち殺されるシーンは、二〇一五年六月一七日にサウスカロライナ州チャールストンにある黒人教徒が集まるメソジスト系教会で起きた白人青年による銃乱射事件を風刺したものである。また、映像だけでなく歌詞にも実際に起きた事件を想起させる様々なモチーフがちりばめられている）。

二〇〇九年にアメリカ史上初となる黒人大統領が誕生したことはまだ記憶に新しい。かつて「黒人のアメリカも白人のアメリカもない。一つのアメリカがあるだけだ」（二〇〇四年七月に行われた民主党全国大会での基調講演より）と訴えかけた黒人男性が国を代表する顔になったことで、人種差別の歴史にもついに幕が降ろされるのではないかという期待を誰もが寄せたが、二〇一七年に大統領の座に就いた白人男性による、白人至上主義的とも人種差別的とも捉えられかねない発言も相まって、近年は「人種」という社会的に構築された溝が、埋まるどころかますます深まっていく様相を呈してきた。

こうした動向を踏まえれば、二〇二〇年の大統領選挙の争点の一つが人種差別問題であったことは必然の成り行きだった。深くはっきりと分断されたアメリカに相応しいリーダーは誰なのか。結果、接戦の末に民主党候補が勝利し、人種差別問題にも希望の光が見えてきたが、「分断ではなく団結をさせる大統領に」という新大統領の誓いがどこまで実現するかはまだわからない。少なくともアメリカの人種的マイノリティは黒人だけではなく、また人種的マイノリティも一枚岩ではないことを考えれば、この問題の幕引きにはまだまだ時間がかかるだろう。であれば尚更のこと、期待しつつも現実を直視する勇気を私たち一人ひとりがもつことが求められているように思われる。

＊＊＊

本書は、こうしたアメリカの黒人問題に再び光をあてる Alice Goffman, *On the Run: Fugitive Life in an American City*, London: Picador, 2015 の全訳である。原題を直訳すれば『逃亡中：アメリカの都市における逃亡生活』となるが、分かり易さとアリスの専門性を重視し、メインタイトルを『逃亡者の社会学』とした。本書の構成について以下で簡単な解説を加える。

第一章は、チャック、レジー、マイク、アレックスといった作中の主要人物が紹介され、彼らが暮らす六番ストリートの日常がアフリカ系アメリカ人の若者たちと法執行機関の関係を軸に展開することを予感させる導入となっている。

第二章は、逃亡コミュニティのあらましが描写される。チャック、レジー、マイクといった六番ストリートの若者たちは警察官や法廷関係者の動向を注視し、自らの違法状態を隠し、警察の追跡を逃れるためのスキルを駆使し、日常生活を維持している。

第三章は、主に若者たちの日常を扱った二章とは一転して、男性たちの周囲にいる女性たちに関心が向けられる。母親や恋人、ベビー・ママ、さらには親戚といった女性たちは、六番ストリートに日々侵入する法執行機関から逃げる若者たちと彼女たち自身の身の安全をめぐってジレンマに陥っている。

第四章では、黒人貧困層の居住地区の隅々にまで及ぶ法制度が、逆に住民たちによって意図的に利用される実態が描写される。住民は日々の人間関係において様々な欲望を抱くが、他人を罰し操るために彼ら自身を拘束している制度に頼るのである。

第五章では、若者たちを縛る法制度が、実際には、彼らによって自己表現の舞台として活用されている実態が示される。素早く逃げる能力、女性の男性への献身、他人の罪をかぶる倫理的行動だったりするそうした表現は、たとえ望まれない外部の力をきっかけにするものだとしても、紛れもなく社会における様々な行為の動因になっている。

第六章は、黒人貧困コミュニティの地下経済が扱われる。過剰な取り締まりを根拠づける法制度は、その圧力に晒された者たちに固有の需要を生み出しており、その結果、声色、尿、セックスを取引する逃亡者向けの市場が形成されている。

第七章では、黒人貧困コミュニティのほぼ目と鼻の先に住むが、ストリートに繰り出すよりは部屋で過ごすことを好む、異なる階層に位置する若い男女に焦点が合わせられる。彼らは法執行機関を恐れる必要はなく、チャックやレジーのようなストリートの若者とは付かず離れずの関係にあるが、彼らのまともな暮らしはストリートの若者たちとの付き合いで時折危機に陥る。

＊＊＊

ウィスコンシン大学マディソン校での助教を経て、ポモナ大学の客員准教授となったアリス・ゴッフマンは、ペンシルベニア大学の学士課程、プリンストン大学の博士課程で社会学を専攻した。博士論文ではアフリカ系アメリカ人の下層コミュニティに対する大量投獄と取り締まりの影響をテーマにし、これが本書の原型となっている。原著書は二〇一四年にシカゴ大学出版会から出版されたが、その後一部を改訂したPicadorの普及版が一般に読まれており、本書もまたPicadorから出たペーパーバック版を基に訳出している。

On the Run の出版で注目を浴びてきたアリス・ゴッフマンについて紹介するため、まずは彼女の父親であるアーヴィン・ゴッフマン（Erving Goffman, 1922-1982）について簡単に取り上げておこう。

E・ゴッフマンは、一九二二年、二〇世紀初頭にウクライナ系ユダヤ人としてカナダに移住した一家で生まれた。カナダのマニトバ大学を卒業した後、トロント大学の修士課程で学び、さらにアメリカのシカゴ大学で博士課程を修了した。博士課程在学中に、イギリスのエジンバラ大学に在籍し、シェトランド諸島ウンスト島でフィールド調査を行った。修了後は国立精神保健研究所、カリフォルニア大学バークレー校、ハーバード大学、ペンシルベニア大学で研究・教育活動に従事し、一九八一年から翌年胃がんで死去するまで、第七三代アメリカ社会学会会長の任にあった。主な著書に『行為と演技』（一九七四年、誠信書房）、『アサイラム』（一九八四年、誠信書房）、『スティグマの社会学』（一九八〇年、せりか書房）、『儀礼としての相互行為』（一九八六年、法政大学出版会）がある。

アリスが「ゴッフマンの娘」であったことも影響してか、本書は当初、学界とジャーナリズムから惜しみない賛辞を受け、様々な読者を獲得するに至った。その影響力は大きく、ＴＥＤトークでのアリスのプレゼンテーションは、二〇〇万回も再生されている。だが、次第に著作の欠陥やエスノグラファーとしてのアリス・ゴッフマンの資質が問われ始め、スキャンダルと疑惑に満ちた著作として世に知られるようになった。簡潔にまとめると、本書を取り巻く批判は主に以下の通りである。

第一に、著者兼フィールドワーカーとしてのアリスの非合法的活動への関与である。法倫理学者のスティーブン・リュベットによれば、銃撃とその顛末（本書四五〇頁。原著書二六二頁）に関する記述が示すように、殺人という重大犯罪に彼女は共犯者として関与しようとした。マイクは実際に殺人を犯すことはなかったものの、チャックを殺害した犯人やそう疑われる人物を撃っていたら、運転手役のアリスも責任を問われていたはずだという（Lubet 2015）。これは調査者ないし研究者の調査地における振る舞いは倫理的であるべき、という世間一般の常識とも関わる批判と言えよう。

第二に、メリーランド大学のフィリップ・N・コーエンが指摘する、学術研究としての調査データの適切な収集・取り扱いと関わる問題である。アリスは五つのブロックとそこに含まれる二一七世帯のみを六番ストリートと名づけて調査地に選定しているが、コーエンが指摘するように、これらのブロックがその周囲の地域を差し置いて調査地として選び出された理由が本書では説明されておらず、また調査対象世帯が六番ストリートを代表するサンプルとして選び出された過程もまた明らかにされていない。各世帯のメンバーの正確な把握は地域の概要を描写する上で必須である。しかし、アリスは各世帯のメンバーを「週三日の居住」によって定義しているため、同一人物が二つの世帯でカウントされるのではないかという疑惑が生じている（Cohen 2015）。

一点目は一般的な社会倫理とフィールドワークが衝突した結果生じた問題である。最近では調査対象のプライバシー保護や調査目的の説明責任などの調査倫理の徹底がますます求められている。この点に配慮しながら社会統制の制度である司法・警察組織の調査でどのくらい成果を上げられるのかという問題もあるが、殺人や麻薬といった深刻な問題が分かち難く結びついている六番ストリートでは倫理と社会調査の関係が一層複雑化したと言える。

二点目は、社会調査で得られたデータの客観的有効性と関わる問題である。ここ二〇年で社会学は量的調査の方法を精緻化し、反証可能性を手にすることで、社会における自らの有用性の証明に注力してきた。民族誌の記述に際してもこの社会調査のテクニックが要請されており、アリスの民族誌でそうした方法が多少なりとも不足しているという指摘は、本書の学術的な評価を幾分下げる要因となっただろう。

第一、第二の問題はいずれも無視して良いものではないにせよ、調査地で生活し、人々の日常に浸透し、直接観察によって地域の問題を克明に記録するという質的研究に固有の魅力がこれらのせいで本書から失われるわけではない。たとえ減じられたとしても民族誌という中心的なアイデンティティは、一定の割合は残るはずだ。しかし、この著作がそもそも民族誌ですらなく、その姿が見せかけだとしたらどうだろうか。すなわち三点目の問題とは、調査データがでっち上げられたり、ねじ曲げられたりせず、「事実に基づく」という民族誌の強みがきちんと担保されているのか、という点にある。

この三点目に関して、例えば法学者のジェームズ・フォルマン・ジュニア（イエール大学）は、ニューヨーク、フィラデルフィア、ワシントンDCの市民権弁護人や被告人弁護人、またニューヘイブン、コネチカットの警察官と話したとき、アレックスやドンナのような病院で逮捕される事例（本書七〇頁。原書三四頁）について知る人物を一人も見つけられなかった、と述べている（Forman 2014）。さらに、ジャーナリストのギデオン・ルイス＝クラウスは、著作内で劇的に一部誇張を交えて記述されている警察の行為を確認できず、警察官のなかにはテーブルに銃を置いて尋問した（本書一二七頁。原書七〇頁）という事実に反論している者もいる、としている（Lewis-Kraus 2016）。

以上、アメリカ社会で本書に投げかけられた批判を三つの論点から簡単に紹介した。このなかでももっとも深刻なのは第三の指摘だが、これが本当なら彼女の民族誌の評価を落としてしまうことになる。だが、本当にそう考えて良いのだろうか。この問いに答える上で手がかりになりそうなのは、六年にもおよぶ彼女の調査を記録してきたフィールドノートの廃棄である。フィールドノートを廃棄したのは、インフォーマントを匿名化し、警察の捜査からインフォーマントを守るためだった、と彼女は語っている（Lewis-Kraus 2016）。上述のリュベットによる殺人共謀の告発を皮切りに、本書の粗探しとも呼べるような批判が匿名で大量に送られてくるようになり、さらにそれがネット上で話題になり、炎上にまで至った。おそらくこうしたコントロール不能なネット世論も、フィールドノートの廃棄をアリスが決めた一因なのかもしれない（前川 二〇一六：二一七）。

＊＊＊

確かに本書は、学術書としていくつかの瑕疵《かし》が散見される。だが、それでもなお本書が魅力に溢れた一冊であることも疑いえない事実である。とくに自分が当のアリスだったらと想像するなら、フィラデルフィアの一角で行われた調査の凄みを理解することができるだろう。人種的かつ経済的にも政治的にも周辺化された黒人コミュニティに若い白人女性が六年間ものあいだ一人で出入りするということがどれほど大変なことかは、日本社会にいてはなかなか実感しにくいことだが、それでも様々な困難があったことは容易に想像できる。社会学や人類学の民族誌的研究のなかには、調査者と調査対象者との間に築かれた信頼関係の度合いを推しはかることが難しいものもあるが、本書の記述には、まさに文字通り体当たりの調査を通して築かれたアリスと調査対象者たちの信頼関係が、行間から滲み出ている。第一の批判が指摘する非合法的な活動へのアリスの参与は、見方を変えればこうした親密すぎる関係ゆえだったと考えることも可能だろう。目前の事柄にどの程度参与すべきか／すべきでないかは、知的好奇心と倫理観のあいだで調査者が常に頭を悩ませる問題だが、本書の場合、倫理的に逸脱した行為があったとはいえ、逆にそうした行為なくして人々の現実に肉薄できたかどうかについても慎重に議論しなければならないだろう。

少なくとも長期にわたる濃密な調査をベースとした本書に登場する人物は、それぞれに波乱万丈な人生を送っている人ばかりである。重要な点は、そうした人々が私たちと何ら変わることのない「一般市民」であるという点だろう。ある意味で「どこにでもいる人物」が、アフリカ系アメリカ人という出自に加え、六番ストリートやそれに類する地区という生活環境を通じて、比類なき人物へと変貌を遂げている。本書で描かれているのは、そうした人々のアクチュアリティである。

魅力的な人物像もさることながら、本書において重要な点は、アメリカという大国が発達させてきた刑事司法制度の計り知れない影響力であり、その影響力の下で創り出されていく人々の生活世界のありようである。巨大な国家権力を身近な脅威として生きる人々は、日常生活におけるルーティーンや無数の相互行為を通じて相手との距離を見定め、刻一刻と変わりゆく不安定な状況を生き抜こうと必死に奔走している。誰もが「ホット」にも「クール」にもなり得るものの、その僅かに許された法的状態ゆえに予期せぬ事態を招来し、それは時に反転しさえする。そうした状況を生きる人々の内には、「こうありたい」という欲望や、「こうあるべき」という期待、「こうしなければならない」という抑制など様々な感情が蠢いているが、国家権力の猛威は、まるで軽く嘲笑うかのようにそれらを一蹴する。だが人々はただ打ちひしがれているだけではない。様々なネットワークや卓越した技術と知恵を駆使しながら、自らを捕えにやってくる国家権力をかわし、制度の隙間を潜り抜け、必死に逃げ回っている。国家権力もまた、そんな彼らを必死に追いかけている。このように考えると、本書の表題にもある run という言葉が、二重の意味を持っているように思えてくる。本書で描かれているのは、実に高度な

「追いかけっこ」である。そしてこのような状況もまた、「アメリカゆえ（This is America）」なのかもしれない。

＊＊＊

本書の翻訳は、立教大学異文化コミュニケーション学部の奥野克巳教授からのお声がけで、社会人類学を専門とする二文字屋と社会学を専門とする岸下が担当することになった。二〇一五年一〇月に翻訳作業を開始し、二文字屋は、プロローグ、まえがき、序章、第一章、第五章、第六章、第七章、結論の下訳を、岸下は、第二章、第三章、第四章、エピローグ、謝辞、付録の下訳を担当した。そして訳語の統一などを図りながら原稿を相互にチェックし、訳文のブラッシュアップを進めた。訳出する過程でとくに悩ましかったのはスラングである。これについては本文から読み取れる人物像に合わせて訳出した。また、刑事司法制度の違いに由来する用語の訳出にも苦労したが、これらは適宜、本文中に訳者注という形で簡単な説明を付すことで対応したのでそちらを参照されたい。

訳者らの作業が遅く、また技量不足だったこと、さらには新型コロナウイルス感染拡大の影響もあり、原書の出版から六年もの月日を経ての翻訳出版となったが、Black Lives Matter 運動がグローバルな広がりをみせている今だからこそ、黒人差別問題に関心をもつ日本の読者を中心に、テレビや新聞での報道とはまた違った視点からアメリカの現実を伝えることができればと思う。

最後になるが、亜紀書房の方々に感謝申し上げたい。とくに訳者らの翻訳作業を辛抱強く、また細心の注意を払いながら最後までサポートしてくださった編集長の内藤寛さんがいなければ、本書が完成することはなかっただろう。締め切りから逃げる訳者らを見放すことなく、捕まえ続けてくれた内藤さんに深く感謝します。私たちの逃亡生活は、これにて「完」、となる。

訳者

二〇二一年三月

引用元

Cohen, Philip N. 2015.'Survey and Ethnography: Comment on Goffman's "On the Run"' (http://www.terpconnect.umd.edu/~pnc/working/GoffmanComment-06-22-15.pdf：二〇二〇年一一月二三日最終閲覧)

Forman, James Jr. 2014 'The Society of Fugitives: How does Aggressive Police Surveillance Transform an Urban Neighborhood? A Sociologist Reports from the Inside.'. The Atlantic, (https://www.theatlantic.com/magazine/archive/2014/10/the-society-of-fugitives/379328/：二〇二〇年一一月二三日最終閲覧)

Lewis-Kraus, Gideon 2016 'The Trials of Alice Goffman' The New York Times Magazine (https://www.nytimes.com/2016/01/17/magazine/the-trials-of-alice-goffman.html：二〇二〇年二月二三日最終閲覧)

Lubet, Steven 2015 "Ethics On The Run" The New Rambler (https://newramblerreview.com/book-reviews/law/ethics-on-the-run：二〇二〇年二月二三日最終閲覧)

YouGov 2014 (http://cdn.yougov.com/cumulus_uploads/document/xrjjpqavx7/tabs_OPI_ferguson_20141118.pdf：二〇二一年三月二日閲覧)

前川真行　二〇一六「公正と信頼のあいだ―アリス・ゴフマンのケース」『RI：Research Integrity Reports』二：一四―三八。

アリス・ゴッフマン Alice Goffman

1982年生まれのアメリカの社会学者。2004年にペンシルベニア大学を卒業した後、2010年にプリンストン大学で博士号を取得。本書の元となった博士論文は、2011年にアメリカ社会学会の最優秀博士論文賞に選ばれた。ウィスコンシン大学社会学部助教を経て、現在はポモナ大学社会学部客員准教授。

二文字屋脩 にもんじや・しゅう

愛知淑徳大学交流文化学部准教授。早稲田大学平山郁夫記念ボランティアセンター講師を経て、2021年より現職。首都大学東京（現・旧：東京都立大学）大学院人文科学研究科博士後期課程単位取得満期退学。博士（社会人類学）。著作に『人類学者たちのフィールド教育―自己変容に向けた学びのデザイン』（共編著、2021年、ナカニシヤ出版）など。共訳書に、エドゥアルド・コーン著『森は考える―人間的なるものを超えた人類学』（2016年、亜紀書房）。

岸下卓史 きしした・たかし

筑波大学ほか非常勤講師。立教大学大学院社会学研究科博士後期課程修了。博士（社会学）。主な論文に、「ミルパルテンセ概念の多義性に関する実証的研究―先住民性をめぐる葛藤についての一試論」（2010年、『イベロアメリカ研究』）、「『先住民性』の多文脈化をめぐるミルパアルタ村落の民族誌―『伝統』と社会的帰属のローカリズム」（2015年、博士学位論文）がある。

逃亡者の社会学
アメリカの都市に生きる黒人たち

2021年4月9日　第1版第1刷発行

著　者　アリス・ゴッフマン
訳　者　二文字屋脩　岸下卓史
発行者　株式会社亜紀書房
郵便番号 101-0051
東京都千代田区神田神保町1-32
電話 (03)5280-0261（代表）
振替 00100-9-144037
http://www.akishobo.com
印刷・製本　株式会社トライ　http://www.try-sky.com
装　丁　國枝達也
DTP　コトモモ社

Printed in Japan

亜紀書房・アメリカを知る

それでもあなたを「赦す」と言う
――黒人差別が引き起こした教会銃乱射事件
ジェニファー・ベリー・ホーズ 著
仁木めぐみ 訳

黒い司法――黒人死刑大国アメリカの冤罪と闘う
ブライアン・スティーヴンソン 著
宮崎真紀 訳

ミズーラ――名門大学を揺るがしたレイプ事件と司法制度
ジョン・クラカワー 著
菅野楽章 訳

息子が殺人犯になった
――コロンバイン高校銃乱射事件・加害生徒の母の告白
スー・クレボルド 著
仁木めぐみ 訳

帰還兵はなぜ自殺するのか
デイヴィッド・フィンケル 著
古屋美登里 訳

兵士は戦場で何を見たのか
デイヴィッド・フィンケル 著
古屋美登里 訳

【定本】災害ユートピア
――なぜそのとき特別な共同体が立ち上がるのか
レベッカ・ソルニット 著
高月園子 訳

バッド・フェミニスト
ロクサーヌ・ゲイ 著
野中モモ 訳

飢える私――ままならない心と体
ロクサーヌ・ゲイ 著
野中モモ 訳